本书系河北省省级科技计划项目软科学研究专项：我省科技创新法规体系构建研究（215576150D）的阶段性成果。

|光明学术文库|法律与社会书系|

人脸识别侵权风险治理研究

陈瑞英 | 著

光明日报出版社

图书在版编目（CIP）数据

人脸识别侵权风险治理研究／陈瑞英著 . -- 北京：光明日报出版社，2022.10
ISBN 978-7-5194-6848-4

Ⅰ.①人… Ⅱ.①陈… Ⅲ.①人脸识别—侵权行为—研究—中国 Ⅳ.①D923.74

中国版本图书馆 CIP 数据核字（2022）第 190658 号

人脸识别侵权风险治理研究
RENLIAN SHIBIE QINQUAN FENGXIAN ZHILI YANJIU

著　　者：陈瑞英	
责任编辑：杨　娜	责任校对：杨　茹　李佳莹
封面设计：中联华文	责任印制：曹　净

出版发行：光明日报出版社
地　　址：北京市西城区永安路 106 号，100050
电　　话：010-63169890（咨询），010-63131930（邮购）
传　　真：010-63131930
网　　址：http://book.gmw.cn
E - mail：gmrbcbs@gmw.cn
法律顾问：北京市兰台律师事务所龚柳方律师
印　　刷：三河市华东印刷有限公司
装　　订：三河市华东印刷有限公司
本书如有破损、缺页、装订错误，请与本社联系调换，电话：010-63131930

开　　本：170mm×240mm
字　　数：244 千字　　　　　　　　　印　　张：16
版　　次：2023 年 6 月第 1 版　　　　印　　次：2023 年 6 月第 1 次印刷
书　　号：ISBN 978-7-5194-6848-4
定　　价：95.00 元

版权所有　　翻印必究

目 录
CONTENTS

第一章　绪　论 ··· 1
　第一节　问题背景：科技发展及规制困境 ······················· 1
　第二节　相关研究现状 ·· 15
　第三节　本书研究体例 ·· 28

第二章　问题的缘起：人脸识别技术应用衍生出的权利保护需求 ······ 33
　第一节　人脸识别技术的起源与发展 ····························· 34
　第二节　人脸识别的特征 ·· 41
　第三节　人脸识别技术的应用 ······································· 52

第三章　人脸识别技术的侵权风险 ······································· 65
　第一节　人脸识别技术侵权的显性和隐性 ······················ 65
　第二节　人脸识别直接侵犯的权利 ································ 79
　第三节　人脸识别间接侵犯的权利 ································ 95
　第四节　人脸识别技术侵权的危害 ································ 108

第四章　权利及其公共性 ·· **125**
　第一节　人脸识别研发及应用的技术思路 ······················ 126
　第二节　人脸识别技术及应用的价值共识 ······················ 151
　第三节　立法对人脸识别侵权的回应 ····························· 173

1

第五章　人脸识别技术侵权风险治理的系统方案 ……………… 181
  第一节　可能的法律方案 ……………………………… 181
  第二节　探索有效的技术方案 ………………………… 212
  第三节　构建综合方案 ………………………………… 220

第六章　结　语 ………………………………………………… 236

参考文献 ………………………………………………………… 237

第一章

绪 论

第一节　问题背景：科技发展及规制困境

作为引领未来的战略性技术①，人工智能受到各国高度重视，各主要国家和经济体相互为此出台政策和法律法规，支持和规范人工智能的研发和应用。伴随着人工智能的不断发展，其应用场景越来越广泛，颠覆了传统的经济和社会运行模式，深刻地影响甚至改变了人们的生活思维和生活方式。

但随着人工智能产品的丰富和应用场景的增多，其产生的诸多风险也开始显现。人们在体验过产品最初所带来的生活便利之后，也对人工智能所带来的不确定性和不可控性等各种风险有了感受，开始了对人工智能产品如人脸识别、无人驾驶等进行规制的尝试，提出各种方案，从数据处理到算法监管等，期望能实现"科技服务于人类"的美好愿望。但到目前为止，仅仅依靠制度规制来达成目的的希望并没有很好地实现。

作为应用场景最多、使用频率最广的人工智能标志性产品之一②的人脸识别技术，从投入使用后短时间内已获得极大应用，对社会生活产生了

---

① 2013年5月，麦肯锡全球研究院从150多项新兴技术中筛选出到2025年对经济具有决定性影响并颠覆世界的12项核心技术：移动互联网、知识型工作自动化、物联网、云计算技术、先进机器人、自动或半自动交通工具、新一代基因组、能量储存、3D打印、先进材料、先进的油气勘探开采、可再生能源。人工智能、大数据等成为其主要系统。

② 2017年工业和信息化部在《促进新一代人工智能产业发展三年行动计划（2018—2020年）》中，将"视频图像识别"列为新一代人工智能标志性产品之一。

极大影响，并具有极大的市场潜力。但其所造成的侵权问题、对社会秩序的破坏问题、对法律规定的冲击和挑战问题等，辐射到经济和社会领域，使公众在应用人脸识别时有一种被侵权的不信任和担忧心理，甚至引发恐慌焦虑。

为了避免"技治主义"，防范科技异化，保障公民权利，促进科技向善和健康发展，本书在把握科技发展现状的国际背景下，在了解和分析我国人工智能发展状况和相关法律法规与政策的基础上，以人脸识别侵权治理为切入点，借鉴学者已有的研究成果，探索侵权防范途径和方式，不仅是对人脸识别规范发展的制度探索，保障人脸识别技术合理合法使用，还可以管窥人工智能如何在制度的规范下有序发展。

一、本选题的国际背景

习近平主席曾强调："当今世界，发展科学技术必须具有全球视野，把握时代脉搏，紧扣人类生产生活提出的新要求。"[1] 科技治理也需要具有全球视野。

在研究视野上，要把对人脸识别侵权风险的治理放在全球科技发展尤其是数字经济发展的背景下进行分析。这样我们可以了解在国际科技竞争加剧的今天，其他主要国家和经济体是如何通过政策和法律支持高新科技发展的，看到国家对科技的支持和对高科技应用有效规制的重要性，为本国高科技发展保驾护航，维护国家安全和利益。

新冠疫情下的大数据排查、健康码的应用、社区管理、应急管理等，再度凸显了数字技术的不可或缺和广泛影响。一个国家能够应对技术革命催生的各种变化，并围绕数字技术建立相应竞争力，不仅将决定今后的经济增长，还会影响其地缘政治地位。在此背景下，世界各国纷纷将经济、治理和生活等领域的数字化转型纳入政府重要议程，加大资源投入与政策支持，以提高自身的数字科技竞争力[2]。

---

[1] 完善全球科技治理 更好增进人类福祉：习近平主席向2021中关村论坛视频致贺引发国际社会积极反响[N].人民日报，2021-09-25（1）.
[2] 澎湃新闻.全球数治丨2021年全球数字竞争力变化趋势[EB/OL].搜狐网，2021-12-28.

在分析背景的同时，要梳理我国对高科技发展和应用的政策支持和制度规范状况，找出存在的不足和需要努力的方向。对人脸识别技术应用所带来问题的研究和解决，可以成为对高科技应用进行制度保护和规制的探索，为我国能在国际上掌握科技发展的主动权和制定规则的话语权提供制度帮助。

（一）全球科技竞争加速

近年来，全球科技飞速发展，关键领域持续取得新的突破，各主要国家和经济体都加快了科技发展战略部署，科技竞争愈演愈烈。

自 2020 年开始，新冠疫情的发生和传播，严重影响了全球经济，而科技领域的创新活动蓬勃发展。大数据、人工智能、无人自主技术、生命科学等科技应用在各国疫情防控工作中发挥了重要作用。在此背景下，世界各主要国家和经济体继续强化国家科技战略部署，全球科技竞争也在疫情的推动下持续加速。

人工智能是引领未来的战略性技术，世界主要发达国家把发展人工智能作为提升国家竞争力、维护国家安全的重大战略，加紧出台规划和政策，围绕核心技术、顶尖人才、标准规范等强化部署，力图在新一轮国际科技竞争中掌握主导权。

2020 年 10 月 15 日，美国白宫公布《关键和新兴技术国家战略》（*National Strategy for Critical and Emerging Technologies*）指出，美国将在最高优先级的关键与新兴技术领域发挥领导作用，在高优先级的关键与新兴技术领域与盟友和合作伙伴共同做出贡献，并管理其他关键与新兴技术领域的技术风险。2022 年 2 月，美国国家科学技术委员会（NSTC）公布了新一版关键和新兴技术（Critical and Emerging Technologies，CETs）清单。最终通过推进国家安全创新基地建设和保护技术优势两大战略支柱，保持美国在关键与新兴技术领域的全球领先地位，并明确了 20 项关键和新兴技术清单[1]。这也是 2017 年的《美国国家安全战略》思想在新技术领域的体现，

---

[1] 本次清单以美国 2020 年《关键和新兴技术国家战略》为基础，对其中的关键和新兴技术领域列表做了更新和调整，新增了先进核能技术、定向能技术、金融科技、高超声速技术、可再生能源发电和储存技术。

"受2017年《美国国家安全战略》报告将中国视为主要战略竞争对手的影响，在科技领域与中国展开战略竞争进而长期维护美国的科技霸权是《关键和新兴技术国家战略》出台的深层动因"[①]。两大战略支柱如下。

一是推进国家安全创新基地建设：（1）培养高质量的科学技术劳动力；（2）吸引并留住发明家和创新者；（3）利用私人资本和专业知识进行建设和创新；（4）迅速推动发明和创新；（5）减少抑制创新和行业增长的烦琐法规、政策和程序；（6）领导全球范围内反映民主价值观和利益的技术规范、标准和治理模式的制定；（7）支持国家安全创新基地的发展，包括学术机构、实验室、配套基础设施、风险投资资金、支持性企业和工业；（8）提高美国政府预算中研发资金的优先权；（9）在政府内部开发和采用先进的应用技术，提高政府作为私营机构客户的吸引力；（10）鼓励公私合作；（11）与志同道合的盟友和伙伴建立强大且持久的技术伙伴关系，并推广民主价值观和原则；（12）与私营部门合作并进行正面宣传，以提高公众对关键和新兴技术的接受度；（13）鼓励州和地方政府采取类似的行动。

二是保护技术优势：（1）确保竞争对手不使用非法手段窃取美国的知识产权、研发成果或技术；（2）在技术开发的早期阶段与盟友和合作伙伴一起进行安全设计；（3）在平衡国外研究人员宝贵贡献的同时，通过加强学术机构、实验室和产业的研发安全来保护研发工作的完整性；（4）确保基于出口法律和法规以及多边出口制度，对关键与新兴技术的某些方面进行充分控制；（5）让盟友和合作伙伴制定自己的程序，类似于美国外国投资委员会（The Committee on Foreign Investment in the United States, CFIUS）所执行的程序；（6）与私营部门合作，了解它们当下对关键与新兴技术的理解以及未来战略规划；（7）评估全球科技政策、能力和发展趋势，以及它们可能如何影响或破坏美国的战略和计划；（8）确保供应链的安全，并鼓励盟友和合作伙伴也这样做；（9）向主要利益相关者传达保护技术优势的重要性，并在可能的情况下提供实际援助。[②]

---

① 姜潭. 美国《关键和新兴技术国家战略》评析［J］. 未来与发展，2021（5）：41-48.
② 美国发布《关键和新兴技术国家战略》［EB/OL］. 赵颖会，编译. 罗梅，校译. 中国科学院知识产权网，2020-10-18.

2020—2021年，欧盟公布《2021—2027年度财务框架》《塑造欧洲数字未来》《人工智能白皮书》《欧洲数据战略》等顶级科技战略文件，拟投入巨额资金支持人工智能、超级计算、量子通信、区块链等颠覆性和战略性技术发展。2020年12月，日本公布《第六期科学技术创新基本计划》要点草案，提出未来科学技术创新要点是发展数字技术，推动研究系统的数字化升级。2020年10月19日，英国国防部公布《2020年科技战略》，提出至少将国防预算的1.2%直接投资于科技，着力发展人工智能、数字技术等，将科技融入国防建设发展。2020年1月，韩国科技部启动《人工智能国家战略》，未来10年将投资1万亿韩元（59.4亿元人民币），研发人工智能（AI）半导体技术。

当前，我国国家安全和国际竞争形势更加复杂，国家放眼全球，把人工智能发展放在国家战略层面系统布局、主动谋划，牢牢把握人工智能发展新阶段国际竞争的战略主动，打造竞争新优势、开拓发展新空间，有效保障国家安全。

（二）加强新技术领域法制化

在科技发展和国际竞争日趋激烈的同时，各国深刻认识到谁能制定出高科技发展的有效制度规则，谁就能在国际上掌握科技发展的主动权和制定规则的话语权，从而在新技术领域加大了立法力度，用立法保护科技发展和国家安全，实现国家利益。

数据是人工智能发展的基础，作为重要的基础战略资源，受到各国重视和保护。2018年，数据安全治理成为网络治理重点，各国立法呈现一定的数据保护主义倾向。2018年5月25日，欧盟侧重于对个人数据进行跨境流动处理的《通用数据保护条例》（General Data Protection Regulation，GDPR）正式实施，成为各国数据立法的重要参考。

美国2018年8月通过的《2018年外国投资风险审查现代化法案》（Foreign Investment Risk Review Modernization Act of 2018，FIRRMA）明确将外国人投资保存或收集美国公民敏感个人数据的公司纳入审查范围。《2018年出口管制法》《出口管制条例》等规定可达到限制科技信息出境的目的。2019年，美国制定《国家安全和个人数据保护法（草案）》，强调数据本地化，严禁数据出境，明确提出："通过实施数据安全要求，加强对外国投资审查及其他目的，保护美国人民的数据从而避免外国政府对国家安全构成侵害。"2020年2月13日，《外国投资风险审查现代化法案》正式生效，严控对AI（Artificial Intelligence，AI即人工智能）等关键技术和敏感个人数据领域的外商投资，防止尖端技术数据和敏感个人信息外泄①。美国在防止本国数据外流的同时，利用立法为跨境调取他国数据提供便利，谋求"数据霸权"，2018年，美国通过《澄清境外数据合法使用法案》（The Clarifying Lawful Overseas Use of Data Act，The CLOUD Act），打破各国数据本地化政策的数据保护屏障，形成美国主导的数据主权规则体系。该法案规定，在美国政府提出要求时，任何做存储数据的美国公司都要将数据转交给美国政府。根据美国司法部公布的《云法案》宣介白皮书，位于美国境外但被美国法院认为"与美国有足够联系且受美国管辖"的外国公司也适用于上述数据转交规定。②

其他国家也制定和实施了数据保护法律。比如，埃及于2020年7月15日公布、2020年10月14日生效的第151/2020号《埃及个人数据保护法》，这是埃及第一部个人数据保护立法，通过立法规定禁止向外国转移或共享个人数据。印度内阁批准《个人数据保护法案》，规定敏感数据和重要数据都必须在印度进行存储和处理。

2019年是5G发展元年，法国制定《5G网络安全法案》。美国批准多项与5G相关的法案，如《2019年安全可信通信网络法案》《2020年5G及其他安全法案》等，保护美国5G系统和基础设施的安全。

目前，美国并不具备联邦层面关于人工智能与人脸识别的统一立法。从有限的部门与地方法规来看，美国对政府部门和非政府机构使用人脸识别系统是分别立法、分开规制的，监管思路和手段不尽相同。

2021年4月，欧盟出台了《人工智能法案》草案，这是世界范围内第一次以全面、系统的立法方式进行人工智能的治理，其中涉及公共场所人脸识别的使用。之前欧盟一直在尝试制定新的全球人工智能标准，比如，

---

① 《外国投资风险审查现代化法案》将正式生效［R/OL］. 中国贸易新闻网，2020-02-09.
② 综述：美国持续加强国家安全立法与执法力度［EB/OL］. 新华社，2020-06-26.

2018年3月，欧洲政治战略中心公布《人工智能时代：确立以人为本的欧洲战略》报告，解读了欧盟在人工智能领域的发展状况。2018年4月，欧盟委员会公布政策文件《欧盟人工智能》，提出了欧盟发展人工智能的道路。2019年，欧盟人工智能高级专家小组制定了《可信人工智能指南》，2020年，制定了《可信人工智能评估指南》。2020年，欧盟公布《人工智能白皮书》，提出人工智能研发和监管的政策措施，[①] 以保证人工智能被合法合乎伦理地使用，借此占有人工智能领域规则制定的主动权和话语权。

（三）美国用立法的方式打压我国高科技产业

在2019年达沃斯论坛上，李开复就指出，过去十年，在科技领域没有任何人能够跟美国竞争，但是在人工智能时代，中国拥有数据，就是拥有人工智能的石油，五年以后，中国在AI方面产生的应用和价值会超过美国。在中美科技竞争中，美国最担心的是中国借助国家资本的投资优势在5G、人工智能、量子计算等颠覆性前沿技术上对美国实现赶超。尤其是人工智能领域，虽然中国在人工智能的基础研究、芯片、人才方面的多项关键指标与美国还有差距，但是在运用方面走在世界的前列，最能说明问题的是人脸识别技术。由于担忧中国动摇美国在科技领域的全球领导地位，美国不断对我国高科技领军企业进行打压，常见理由就是"国家安全"。

2018年，美国政府以中兴通讯未对涉及出口管制违规行为的某些员工及时扣减奖金为由，对中兴采取贸易禁运，最终中兴以10亿美元罚款、董事会和管理层30天内换人的代价与美国"和解"。[②]

对华为的打压更是众所周知。华为是世界上最大的通信设备生产商，第二大手机生产商，5G技术的领军者。在5G技术方面，华为不仅仅是5G行业通信标准委员会的主席，更拥有相当多数量的相关专利。根据德国专利数据公司IPlytics发布的关于5G标准专利注册的调查报告，截至2020年1月，全球21500多个5G标准专利中，华为的专利注册数量世界第一，有3400多个，其次是三星、中兴、LG电子、诺基亚和爱立信。自2018年以

[①] 郭美婷，张雅婷，曹金良. 21世纪经济报道：欧盟AI立法进行时：呼吁禁止公共场所人脸识别强调数据保护[EB/OL]. 新浪网，2021-06-28.
[②] 胡堃. 完善跨境数据流动法律体系 防范美国"数据霸权"[EB/OL]. 法制网，2020-03-13.

来，美国已将超过100个中国企业和机构加入出口管制的"实体清单"，其中既包括华为及其附属公司，也包括中国军工集团、科研院校和AI领域的知名企业。①

（四）人脸识别技术的发展和应用

人脸识别系统的研究始于20世纪60年代的美国，20世纪80年代后随着计算机技术和光学成像技术的发展得到提高，而真正进入初级的应用阶段则是在20世纪90年代后期，并且以美国、德国和日本的技术实现为主，21世纪初开始走入人们的生活，给人们的生活带来了极大的便利。

但随着应用的增多，该技术侵犯公民隐私权等问题随之而来，并且呈现愈演愈烈之势。为了防范隐私权被侵犯，有些国家的有些城市开始禁止人脸识别技术的应用。比如在美国，许多州都有保护个人生物特征信息的立法，目前，在旧金山、萨默维尔、奥克兰、伯克利、布鲁克莱恩、北安普顿、剑桥、波士顿、波特兰和斯普林菲尔德等10个城市禁用人脸识别。纽约禁止学校对人脸识别的使用，在2022年7月1日之前，或是在政府部门对学校内是否适合使用人脸识别的研究完成之前，任何学校均不得购买或者使用包括人脸识别在内的生物识别技术，除非经过相关部门的特别批准②。这不禁使人们思考：针对高科技所带来的便利和问题，人们应该如何选择？绝对禁止使用是不明智的，但放任侵权行为的发生是不负责任的。所以，用立法的方式做到维护科技发展与公民权利保护之间的平衡成为必须思考和解决的问题。

（五）人脸识别设备具有庞大的市场价值

调研机构 Gen Market Insights 发布的数据显示，2017年全球人脸识别设备市场价值为10.7亿美元，而到2025年年底将达到71.7亿美元，在2018年至2025年期间将以26.8%的速度增长。③ 这说明人脸识别技术具有庞大的市场需求，根据市场供需理论，人脸识别技术拥有较大增长空间。

这就需要通过安全的技术和有效的侵权风险防范制度，来赢得市场的

---

① 中美观象．美国为何打压中国科技企业？［EB/OL］．国观智库网，2020-06-27．
② 美国纽约州立法禁止人脸识别进校园［EB/OL］．人民网，2020-12-24．
③ 《全球人脸识别设备市场研究报告》发布［R/OL］．深圳热线网，2020-08-08．

选择。其不仅对研发企业提出了要求，对制度的制定和实施也提出了要求。相对于技术的提升，制度规范更让人期待。因为人脸识别技术即使很成熟，但因为技术本身的高侵权风险，没有相应的制度进行有效规范，依然不能让人放心使用，制度规范成了人们信赖新技术、应用新技术的保障。

二、本选题的国内背景

（一）国家对科技发展的政策支持和规范

我国作为世界第二大经济体，将始终坚持走科技创新驱动发展的道路。根据中国国家统计局数据，中国研发人员总量在2013年超过美国，已连续8年稳居世界第一位。研发经费1992—2018年年均增长20.0%，远超同时期GDP年均增速。研发经费投入强度2018年提升至2.18%，超过欧盟15国平均水平，成为仅次于美国的世界第二大研发经费投入国家。

2020年，我国R&D（Research and Experimental Development，中文为研究与试验发展）经费支出与GDP之比达到了2.41%，2021年这个比值达到了2.44%，比上年提高0.03个百分点。2018年，中国科研论文数量和被引用次数均排名世界第二位。每万人科技论文数量指数从2005年的100，2010年的152.8，2015年的164.3，2019年的191.3，到2020年的191.6。发明专利申请量已连续8年居世界首位，每万名R&D人员专利授权数指数从2005年的100，2010年的230.6，2015年的337.9，2019年的429.3，到2020年的534.9。专利质量也得到同步提升，科技进步贡献率指数从2005年的100，2010年的117.8，2015年的128.0，2019年的137.7，到2020年的138.9。

1. 国家从政策上对科技创新发展给予了大力支持

（1）2021年3月，国务院公布《中华人民共和国国民经济和社会发展第十四个五年规划和2035年远景目标纲要》提出，强化国家战略科技力量，在人工智能、量子信息等前沿领域，实施一批具有前瞻性、战略性的重大科技项目。

（2）2014年"大数据"一词被首次写入我国政府工作报告。

（3）2015年8月，国务院公布《促进大数据发展行动纲要》，提出了未来5~10年的发展目标。2015年10月，党的十八届五中全会提出了"实施大数据强国的国家级战略"。

（4）2016年3月，《中华人民共和国国民经济和社会发展第十三个五年规划纲要》提出"强化科技创新引领作用""实施国家大数据战略"。2016年12月，工业和信息化部印发的《大数据产业发展规划（2016—2020年）》强调"数据是国家基础性战略资源，是21世纪的'钻石矿'"。2021年12月，印发《"十四五"大数据产业发展规划》，根据"十四五"时期（2021—2025年）是我国由工业经济向数字经济大踏步迈进的关键时期，经济社会数字化转型中数据成为新的生产要素，提出释放数据要素价值和发挥大数据特性优势，并重点部署制定数据要素价值评估指南、创新数据交易模式等工作。

（5）2016年12月，国家发展和改革委员会印发《大数据产业发展规划（2016—2020年）》，正式对大数据产业提出专门规划。

（6）2017年3月，国务院《政府工作报告》提出："全面实施战略性新兴产业发展规划，加快新材料、新能源、人工智能、集成电路、生物制药、第五代移动通信等技术研发和转化，做大做强产业集群。"

（7）2017年7月，国务院印发《新一代人工智能发展规划》，提出了我国新一代人工智能发展的指导思想、战略目标、重点任务和保障措施，同时指出：人工智能是影响面广的颠覆性技术，可能带来改变就业结构、冲击法律与社会伦理、侵犯个人隐私、挑战国际关系准则等问题，将对政府管理、经济安全和社会稳定乃至全球治理产生深远影响；要制定促进人工智能发展的法律法规和伦理规范；广泛开展人工智能科普活动。

（8）2017年10月，党的十九大报告提出，推动大数据与实体经济深度融合。

（9）2017年12月14日，工业和信息化部印发《促进新一代人工智能产业发展三年行动计划（2018—2020年）》明确："人工智能具有显著的溢出效应，将进一步带动其他技术的进步，推动战略性新兴产业总体突破，正在成为推进供给侧结构性改革的新动能、振兴实体经济的新机遇、建设制造强国和网络强国的新引擎。"并将视频图像身份识别系统列为新一代人工智能标志性产品之一，提出"支持不同地域人脸特征识别"。

（10）2020年3月，中共中央国务院在《关于构建更加完善的要素市场化配置体制机制的意见》中提出加快培育数据要素市场，大数据被正式列为新型生产要素。

在国家的强力支持下，我国的科技发展势头迅猛。总体上看，2020年，尽管受到了新冠疫情的巨大冲击和严峻复杂的国际形势的影响，但新产业、新业态、新商业模式继续保持了比较快的增长。全年"三新"经济增加值占比17.08%，比上年提高了0.7个百分点；"三新"经济的增加值比上年增长4.5%，比同期的GDP增速高1.5个百分点①。"三新"经济持续加速、占比提高。

2. 国家开始对大数据、个人信息保护和人脸识别等技术领域的政策规范进程

（1）2019年11月20日，我国组成由商汤科技担任组长单位，包括腾讯、小米等27家企业机构组成的"人脸识别国家标准工作组"。

（2）2020年10月1日实施《信息安全技术 个人信息安全规范》（GB/T 35273—2020），详细列举公民个人信息和个人敏感信息。

（3）2020年12月中央经济工作会议指出，2021年要完善数据收集使用管理方面的法律规范。

（4）2021年7月28日，最高人民法院公布《最高人民法院关于审理使用人脸识别技术处理个人信息相关民事案件适用法律若干问题的规定》（法释〔2021〕15号），为正确审理使用人脸识别技术处理个人信息相关民事案件提供了司法指引。

（5）2022年1月4日，国家网信办等4部门联合制定《互联网信息服务算法推荐管理规定》，对算法不合理应用进行整治。

（6）2022年1月4日，国家网信办、发改委等13部门修订公布了《网络安全审查办法》，落实《中华人民共和国数据安全法》等法律法规的要求，维护数据安全。

---

① 2020年我国"三新"经济增加值相当于国内生产总值的比重为17.08%［R/OL］. 国家统计局，2021-07-06.

(二) 我国相关立法状况

相对于科技的迅猛发展，我国的高新科技立法步伐较慢。数据、算法、人脸识别和人工智能等领域缺乏专门体系立法，目前，有相关内容的国家法律主要有《中华人民共和国消费者权益保护法》《中华人民共和国网络安全法》《中华人民共和国民法典》《中华人民共和国个人信息保护法》和《中华人民共和国数据安全法》等。这与人工智能在经济社会发展中的重要地位和发展前景极不相适应。

针对数据相关立法，地方较早进行了积极探索。目前制定的地方性法规主要有：《贵州省大数据发展应用促进条例》《贵阳市大数据安全管理条例》《贵州省政府数据共享开放条例》《贵阳市政府数据共享开放条例》《贵阳市健康医疗大数据应用发展条例》《贵州省大数据安全保障条例》《天津市促进大数据发展应用条例》《海南省大数据开发应用条例》《山西省大数据发展应用促进条例》《沈阳市政务数据资源共享开放条例》《吉林省促进大数据发展应用条例》《安徽省大数据发展条例》《北京市数字经济促进条例》《深圳经济特区数据条例》《深圳经济特区数字经济产业促进条例》《广东省数字经济促进条例》《江苏省数字经济促进条例》《辽宁省大数据发展条例》《黑龙江省促进大数据发展应用条例》《广州市数字经济促进条例》《重庆市数据条例》《浙江省公共数据条例》《河南省数字经济促进条例》《福建省大数据发展条例》、《上海市数据条例》《山东省大数据发展促进条例》《浙江省数字经济促进条例》《山西省政务数据管理与应用办法》《陕西省大数据条例》《广西壮族自治区大数据发展条例》《四川省数据条例》《苏州市数据条例》《抚顺市政务数据资源共享开放条例》《厦门经济特区数据条例》《南昌市数字经济促进条例》《山西省数字经济促进条例》和《河北省数字经济促进条例》等37部。

在国家层面尚未进行专项立法的前提下，加强新兴领域的地方立法，不仅对打造地方数字经济新优势、推动经济社会高质量发展具有重大意义，对国家数字经济立法也是有益探索。

2020年12月召开的中央经济工作会议确定2021年要抓好的重点任务之一就是"要完善数据收集使用管理方面的法律规范"。

(三）我国的人脸识别

1. 发展和应用

2015年3月16日，马云在德国汉诺威IT博览会（CeBIT）开幕式上，向德国总理安格拉·默克尔（Angela Merkel）与时任国务院副总理马凯演示刷脸技术，为嘉宾从淘宝网上购买了1948年汉诺威纪念邮票，正式开启了我国人脸识别技术应用的时代。目前，我国已成为世界上人脸识别技术发展和运用最快的国家，排名全球前四的人脸算法技术均为中国公司持有。应用规模世界第一，积累数据世界第一。

调研机构Gen Market Insights发布的数据显示，我国是人脸识别设备最大的消费区域，2017年占全球比例的29.29%，2023年将达到44.59%。2020年人脸识别的市场规模达2000亿元，其中通关安防产品达700亿元，在线支付达500亿元。在金融、公安、考勤、交通等领域被普遍应用，未来将会在各行各业获得更广泛的应用，变成与人们生活息息相关的一部分。在应用过程中引发的诸多问题需要加以关注，保障人脸识别技术的安全使用更加迫切。

2. 人脸识别侵权事件多发

2019年深圳某公司（AI+安防）的人脸数据漏洞事件，造成超过250万人的数据可被获取，有680万条数据疑似泄露，包括身份证信息、人脸识别图像及图像拍摄地点等。[1]

2021年"3·15"晚会报道的人脸识别侵权情况，形势严峻。"3·15"晚会惊曝多家知名商店安装人脸识别摄像头，科勒卫浴、宝马、Max Mara均在列，海量人脸信息已被收集。我国"人脸识别第一案"于2019年10月富阳法院立案，2020年11月富阳法院一审判决，2021年4月9日终审判决。但显然，司法判决保护公民权利的导向作用并没有得到充分发挥。

国际上，人脸数据也不断泄露。情报提供商Risk Based Security（RBS）发布的一份报告显示，2018年全球公开披露的超过6500起数据泄露事件

---

[1] 王林．AI安防企业被曝数据泄露敲响人脸识别安全警钟［EB/OL］．新浪网，2019-02-26.

中，有三分之二来自商业部门，有12起数据泄露事件涉及人数超过1亿甚至更多。①

2020年2月27日，成立于2016年的面部识别应用服务公司Clearview AI向美国福克斯新闻网证实，公司所有的客户列表、账户数量以及客户进行的相关搜索数据遭遇了未经授权的入侵。平台上超过2000家客户数据暴露在黑客的野心下，其中不乏美国移民局、司法部、FBI（Federal Bureau of Investigation，美国联邦调查局）等重要执法机构。Clearview AI数据库中涵盖了约30亿张人脸数据，仅靠一张脸部照片，就可以检索出全网所有的相关图片，包括照片的地址链接。②

这种状况说明，保证人脸识别技术的安全应用是全球共同面临和急需解决的问题。人脸信息数据被偷偷获取并使用，不仅仅侵犯权利主体的知情同意权，也会对权利主体的其他权利甚至人身、财产安全带来威胁，更重要的是对社会秩序和国家安全造成威胁。

在我国不管是国家制定的法律，还是国家市场监管总局公布的《个人信息安全规范》都明确规定，收集人脸信息时应获得个人信息主体的授权同意，尤其是《中华人民共和国个人信息保护法》更加强调这一点。但在现实生活中，人脸识别信息多是被偷偷获取，没有一个收集使用者明确有效告知，征得权利主体的真实同意更是无从谈起。明目张胆的违法违规行为得不到有效处理，对法的权威、国家的治理效能、公民权利和国家秩序都是极大的冲击和挑战，在全球数据跨境流动难以监管和国际局势复杂多变的情况下，国家安全面临巨大风险。

三、科技发展的规制困境

在这样的国际和国内背景下，需要对人工智能社会化程度较高的技术进行规制探索。习近平总书记指出："科学技术从来没有像今天这样深刻

---

① 王林.AI安防企业被曝数据泄露敲响人脸识别安全警钟［EB/OL］.新浪网，2019-02-26.
② 30亿人脸数据AI公司遭受重大数据泄露，完整客户名单被盗［EB/OL］.新浪网，2020-02-27.

影响着国家前途命运,从来没有像今天这样深刻影响着人民生活福祉。"①"要整合多学科力量,加强人工智能相关法律、伦理、社会问题研究,建立健全保障人工智能健康发展的法律法规、制度体系、伦理道德。"②

这是国家的需要,也是对时代给人类提出重大的社会课题"科技如何更好地为人类服务"的回应,国家、各界都付出了巨大努力。

学界形成了研究人脸识别技术及应用的热潮,与之有关的数据、算法研究也成为人工智能研究不断深入的表现,在2020年、2021年和2022年成为研究的热点,但在制度指引和规范探索上,并没有取得令人满意的进展。

在国际上,虽然有欧盟的《欧洲人权公约》《欧盟基本权利宪章》《数据保护指令》《通用数据保护条例》及各国的相关立法,有美国各州的大量立法,但就人脸识别来看,各国规范模式并不统一。不管是注重单独立法的美国,还是偏重综合立法的欧盟,侵权事件仍然层出不穷。

我国目前虽然制定了人工智能相关的一些立法,但仍不完善,存在有些具体领域立法欠缺、有些立法实施难度大等问题。在科技竞争中要取得和保持优势地位,除了提升技术水平以外,完善制度尤其是法律制度是急需的。科技立法可以促进、规范和护航科技发展,保护科技相关主体权益,保持科技发展秩序,还可以维护国家安全和利益,依法反击国际科技打压。

第二节 相关研究现状

一、国内研究现状

人脸识别技术是人工智能的分支。我国法学领域对人脸识别技术的相关社会研究首先是从一般人工智能研究展开的,随着研究的逐渐深入,目

---

① 习近平. 努力成为世界主要科学中心和创新高地[J]. 共产党员,2021(8):4-7.
② 习近平在中共中央政治局第九次集体学习时强调 加强领导做好规划明确任务夯实基础 推动我国新一代人工智能健康发展[R/OL]. 央视网,2018-10-31.

前学术界对人工智能的相关因素如数据、人脸识别和算法进行了多角度专门化研究，提出了很多有价值的建议，甚至推进了立法进程。但相关研究经历了一个从萌芽到发展再到热潮的过程。

（一）与人脸识别相关的研究

关于人脸识别技术的研究，自 2014 年开始，截至 2022 年 3 月 6 日，以"人脸识别"为主题，在中国知网能够检索到的研究成果共有 40383 篇，其中学术期刊 30300 篇，学位论文 5827 篇，会议论文 2978 篇，报纸 269 篇。研究更多地集中在自然科学领域结合应用场景的技术研发和提升方面，并获得了大量的研究成果。如研究成果共有 36042 篇，其中学术期刊 26500 篇，学位论文 5784 篇，会议论文 2943 篇，报纸 123 篇。社会科学领域的研究成果较少且多集中在法学领域，反映在这项新技术应用不断扩大和普及之后，社会对新科学技术所带来生活便利之外的问题有了一定认识。共识性较高的是"人脸识别不能滥用，必须进行规范""人脸识别侵权尤其是侵犯隐私权"等问题，成果多是在报纸上、期刊上发表的文章，截至目前没有一部系统研究人脸识别规制的专门书籍。呈现出研究不够全面，不够系统，提出问题多、有效解决措施少，可操作性不够等特点。当然，这也符合对一项新技术，人们首先关注的是对技术的应用，围绕技术所出现的社会问题是在使用过程中逐渐显现并被人们认知的规律的。

1. 关于人脸识别技术侵犯隐私权

学者主要研究了人脸识别技术对隐私权的侵犯，曾辽原、陈建文、王珮在《虚拟现实的机遇和挑战》中指出，由于目前人的面部生物信息是与银行账户、门禁等重要的入口权限相连的，因此一旦被不当泄露，就会对个人财产与安全造成威胁，而且会带来由此引发的一系列个人隐私信息的泄露，造成隐私权的侵害。张晔在《当人脸识别遇上隐私立法应紧跟》中提出，技术的设计者所做的设计有必要保持一定的透明度，与公众的权益有联系的方面则更加有必要公开透明，当其收集的信息用在别处，其安全隐患在不断升级。罗志华在《人脸识别应用不应无视消费者隐私》中认为，人的面部特征数据的绝对保护是很难的，其可能遭到我们所不能发现的不当使用，从而侵犯消费者的隐私权。屈凯明、徐明章在《看脸时代小心隐私安全》中也表示，人脸识别的自动性决定了人脸可能在毫无防备的情况下被识别，所以人脸信息是很容易被获取的，而且其相较于其他技术，存在更大的隐私侵权隐患。人脸识别在监视上的滥用，会造成个人隐私的侵犯。

2. 关于人脸识别技术侵权责任的承担主体

有学者主张人脸识别技术设备的所有者或控制者应承担责任，如房绍坤、林广会在《人工智能民事主体适格性之辨思》中认为，人工智能既没有对其行为的过程和后果的认识，也没有财产可供执行，因此其行为责任应当归属于其所有者或控制者。也有学者主张研究人脸识别技术设备的制造者或设计者承担责任，如刘浩在《人工智能的法律责任问题》中认为，如果制造者在制造过程中造成了产品的缺陷，那么应当由其负担赔偿责任，但如果无法确定是制造者在制造过程中造成了产品的缺陷，让其承担责任则违背了公平责任原则。其同时认为，人工智能的行为是算法规则确定的，基于其一定的自主学习而不是由其程序设计者所决定的，因此其程序设计者也不应当承担这一部分的责任。许辉猛、王飞翔在《人工智能侵权责任认定》中指出，由于人工智能产品的设计过程以及组装生产过程会涉及设计者与生产者的利益，因此应当在利益相关者中确定承担责任者。

3. 对于人脸识别技术侵权的归责原则

有学者认为，应当具体问题具体分析，不能将一种原则适用所有的情况。张清、张蓉在《论类型化人工智能法律责任体系的构建》中认为，机器人是准主体，是"类似动物的财产"，也是高度危险来源，其观点认为人脸识别技术在发挥不同作用时所产生的侵权责任，也应当具体情况具体分析。刘小璇、张虎在《论人工智能的侵权责任》中持有的观点为，智能设备哪怕具有独立的意志，也是依赖于人的设计制造行为而产生的，尽管其行为有一定的独立性质，但依然受到设计者与制造者的影响，即其自主性也是由人所决定的，基于此种观点，人的善意与恶意就决定了智能设备的善意与恶意，因此对其适用何种归责原则取决于对设计者、生产者的善意与恶意的判断。

4. 关于人脸识别侵权的规制方案

有学者认为，应当由国家设立专门的监管机构，如游文亭在《人工智能民事侵权责任研究》中提到，人工智能需要专门的机构监督，采用分行业的监管方式更加专业，更加有效。在其投入市场之前，由专人进行检测，检测合格方能流入市场。王春晖在《滥用人脸识别技术有悖法律规定》中建议国家相关机构应当对强制性使用人脸识别的情况进行整治，对于技术滥用以及侵犯他人隐私的行为加大整治力度。应当推动"被识别者同意优先"制度，在数据采集阶段就应当获得其同意。

对人脸识别侵权进行立法规制上，学者也提出了不同的方案。邢会强在《人脸识别的法律规制》中提出，我国应从以下三个方面完善人脸识别技术的法律规制：第一是建立健全一体适用的安全与责任底线；第二是区分公私部门配置不同的规制重心；第三是对人脸信息的采集施加比对一般个人信息的采集更强的规制力度。胡凌在《刷脸：身份制度、个人信息与法律规制》中提出对人脸数据的处理环节和人脸识别场景进行规制。潘林青在《面部特征信息法律保护的技术诱因、理论基础及其规范构造》中提出构建《民法典》层面和《个人信息保护法》层面的法律保护体系。钱伟弘在《人脸识别技术亟待建立安全使用规范》中指出应当完善相关法律体系，由国家出台法律规范与监管规范。如在数据的采集到储存整个过程，防止侵权隐患的发生，而且数据管理者应当将保护他人隐私放在一个比较重要的位置，保护消费者权益，从而保障人脸识别技术的顺利使用。蒋增增、黄超等在《人工智能人脸识别技术的应用与安全挑战》中提到要推动相关法律法规的出台，将人脸数据的采集与使用程序进行规范，以达到安全标准的要求。

(二) 关于数据的研究

数据是人工智能的基础，人脸识别技术的发展离不开数据支撑。21世纪初，因为我国互联网技术发展缓慢，个人数据安全问题尚未完全暴露，个人数据价值并未被充分挖掘，对个人信息和数据的重视程度不高，对数据权利的研究是从关注隐私和信息保护逐渐转移到数据的[①]。并提出个人数据是隐私权的基本形式之一，提出个人数据的法律特征，警示性提出利用数据可以窥探他人隐私，将数据内涵于隐私权保护中。随着网民数量与

---

① 汤啸天. 网络空间的个人数据与隐私权保护[J]. 政法论坛, 2000 (1)：10-14.

网络隐私事件的增加，人们逐渐认识到个人网络信息成为隐私泄露的重要风险源，引发个人信息的法律保护问题，部分学者开始呼吁立法保护个人信息。部分学者认为，单纯通过保护个人信息不能很好地保护隐私，要把个人数据作为规制对象才能更好保护隐私权。我国的个人数据研究开始起步。这个阶段主要是数据与个人信息研究结合在一起，没有独立化。

从 2013 年开始，随着我国信息技术的快速发展，大数据时代的来临，数据价值被充分认识，我国的数据权利研究明显增加，开始进入广泛性和深入性阶段，数据权的性质、数据权利的内容、数据的收集和使用等研究成果不断涌现，2018 年和 2019 年关于数据权利的研究分别达到了 87 篇和 55 篇，基本上形成了对数据保护的数据确权观点。目前数据权利研究的广度和深度都明显拓展和提升，对数据收集使用中的侵权问题有了明确认识，并积极探究治理方式。

1. 数据权利属性研究

有学者主张自然人对个人数据的权利属于绝对权，如王利明《人格权法研究》、谢远扬《个人信息的私法保护》。有学者持反对意见。程啸在《论大数据时代的个人数据权利》中提出，法律上赋予自然人对个人数据的权利，保护自然人对其个人数据被他人处理过程中的自主决定的利益，本质上是防御性或消极性的利益，而非积极性的人格利益或财产利益。数据企业对合法收集的包括个人数据在内的全部数据享有支配的权利，性质上属于独立于人格权、物权、债权、知识产权的新型财产权。

有学者主张，数据企业对其合法收集的个人数据的权利，来源于自然人的人格权（隐私权或个人信息权），如齐爱民、盘佳《数据权、数据主权的确立和大数据保护的基本原则》。有学者主张数据企业享有的是财产权或有限制的所有权，如王融《关于大数据交易核心法律问题——数据所有权的探讨》、王建新《交易中的大数据归谁所有》。有学者主张应当承认数据企业的数据经营权和数据资产权。数据经营权是依据法律授权或行政特许方式设立的，数据资产权是法律对数据经营者的数据资产化经营利益的一种绝对化赋权，如龙卫球《数据新型财产权构建及其体系研究》。

2. 数据治理研究

学者在数据需要立法治理上取得了共识，但如何治理则有不同的路径选择。

主张数据赋权的学者较多。高富平在《数据生产理论——数据资源权利配置的基础理论》中提出应当区分数据来源者和数据生产者，通过对他们配置相应的权利，构筑数据利用秩序。毛高杰在《论数据权分配规则的生成逻辑》中提出数据权分配规则的生成受到伦理、资本和技术共同强化的影响。大数据战略重点实验室的《数权法1.0——数权的理论基础》提出"人权、物权、数权是人类未来生活的三项基本权利"，《块数据5.0——数据社会学的理论与方法》则从哲学和社会学的高度提出数据进化论、数据资本论和数据博弈论的理论体系，研究人与技术、人与经济、人与社会的内在机理和外部表现，提出数据权力正在崛起，并因其行为的隐蔽性而难以制约，要加强相关领域法律、法规的制定。涂子沛在《数文明——大数据如何重塑人类文明、商业形态和个人世界》中提出，互联网平台应该跟所有的数据贡献者分享数据红利，否则，会有越来越多的人以怀疑的、不完全信任的态度来看待数据交易，这将在一定程度上减缓科技创新，影响数字经济在全球的普及速度。武长海、常铮在《论我国数据权法律制度的构建与完善》中提出数据权利的界定与明确是数据获取、交易制度的核心。

有学者不赞同数据赋权。如吴伟光在《大数据技术下个人数据信息私权保护论批判》中认为，在大数据时代通过民事赋权的方式保护个人数据存在很大的问题，为了维护公共利益与公共安全并促进个人数据的流动共享，应当否定自然人对个人数据的民事权利，而个人数据作为公共物品完全交由政府通过公法加以规制。

目前，我国对个人数据的保护与使用，也同其他国家一样，采取了公法规制与私法赋权并行的治理模式。

（三）个人信息保护的民事研究

1. 关于个人信息的法律属性

我国民法学界对个人信息的法律属性一直存在争议，向秦、高富平《论个人信息权益的财产属性》（2022）认为个人信息权益是一项具体人格权，是天然内置财产属性的人格权益；杨立新《个人信息：法益抑或民事权利——对民法总则第111条"个人信息之解读"》（2018）从理论基础和价值的角度阐述了个人信息作为一项具体人格权，认为《个人信息保护法》所规定的个人信息权益实质上采用了一种中和的方式确认了个人信息所有权，它既是一项权利也是一种法益，二者都要保护；吕炳斌《个人信息权作为民事权利之证成：以知识产权为参照》（2019）从借鉴知识产权的角度论证了有必要将个人信息确定为一项权利；叶金强《〈民法总则〉"民事权利章"的得与失》（2017）认为，个人信息的法益还没有达到使用权利去规划的程度，只需设定某些行为规范来保护个人信息即可；梅夏英《民法权利思维的局限与社会公共维度的解释展开》（2019）认为对个人信息的保护仅从私法上对其理论基础和行为方式解释是不够的，作为一种新型权利还需要从社会公共维度进行解释；王利明、程啸《论我国民法典中个人信息权益的性质》（2020）主张个人信息权益属于不同于隐私权、名誉权等具体人格权的一种新型人格权益。

2. 关于侵害个人信息的处理行为和造成损害之间的因果关系

因果关系是民事法律责任的构成要件之一，程啸《侵害个人信息权益的侵权责任》（2021）认为，个人信息侵权中的因果关系，是责任成立的因果关系，采用高度可能性标准，即原告举证证明个人信息处理者有侵害个人信息行为的高度可能性即可，然后由信息处理者举证推翻，实践中也有很多案例采用这样的因果关系论证方式。蒋丽华《无过错责任原则：个人信息侵权损害赔偿的应然走向》（2022）认为，实践中应实行因果关系要件的证明责任倒置，由信息处理者承担其信息处理行为与受害人的信息损害无因果关系的证明责任，否则就承担败诉的风险；田野《个人信息侵权因果关系的证明困境及其破解——以相当因果关系理论为进路》（2022）主张，在相当因果关系的基础上，信息主体承担如果没有侵权行为就不会造成损害的条件关系，信息处理者则需要证明不存在相当性的责任。

3. 针对侵害个人信息精神性损害赔偿

立法虽然规定了侵权的损害赔偿规则，但没有规定是否适用于精神性损害赔偿，对此学术界有不同的看法。刘云《论个人信息非物质性损害的认定规则》（2021）认为，个人信息精神性损害赔偿在一定程度上应予以支持，但对于其认定标准还需要立法者做出进一步的解释；杨立新认为，侵害个人信息权益所造成的损害包括物质性损害与精神性损害，都属于

《个人信息保护法》规定的侵害范围，对于精神性损害赔偿适用《民法典》的有关规定。程啸《论侵害个人信息的民事责任》（2020）则认为精神性损害赔偿要求造成严重精神损害，信息主体在无法证明的情况下则不能请求承担。

4. 针对个人信息侵权的归责原则

理论界主流观点认为一般侵权行为的过错责任原则已经不足以保护个人信息。杨立新《个人信息处理者侵害个人信息的民事责任》（2021）认为个人信息作为一种私权利，过错推定责任能更全面地保护个人信息，维护自然人的人格尊严；蒋丽华《无过错责任原则：个人信息侵权损害赔偿的应然走向》（2022）认为《个人信息保护法》规定的过错推定的归责原则仍不足以对受害人提供充分的救济，无过错责任是个人信息侵权损害赔偿的必然选择；程啸《论侵害个人信息的民事责任》（2020）也认同此种观点，但不是所有处理活动都适用此规则，纯粹的个人或者家庭生活中的个人信息处理活动仍适用过错责任；陈吉栋《个人信息的侵权救济》（2019）、张建文和时诚《个人信息的新型侵权形态及其救济》（2021）则主张按照个人信息处理行为的自动化，分别适用过错推定责任和过错责任；叶名怡《个人信息的侵权法保护》（2018）则主张三元规则体系，根据处理行为和义务主体的不同进行划分，针对自动化处理行为，政府等公务机关不管有无过错都承担责任，非公务机关在不能证明自己没有过错时才承担责任，非自动化处理行为不分主体一律适用过错责任；程啸《论我国个人信息保护法中的个人信息处理规则》（2021）认为处理敏感个人信息的行为与民法上高度危险行为性质相同，处理者应当承担更严格的责任，即适用无过错责任，而一般个人信息则适用过错推定责任。

（四）关于算法研究

随着对人工智能研究的深入，学者逐渐开始了对数据进而对算法的研究。

1. 视野变迁与视角多样

较为集中的是算法的伦理审查和法律治理两个方面。算法、数据和算力是人工智能的三要素，我国规制算法的社会研究是从人工智能和大数据研究逐渐扩大来的，涉及人工智能的广泛应用场景，并伴随技术更迭不断变迁。

研究视角多达40余种，涉及法理学法哲学视角（吴汉东，2017；马长山，2018；左卫民，2019等）、科技法迭代视角（龙卫球，2020）、技术架构视角（於兴中，2018；张凌寒，2019等）、各种特定视角（杨学科，2019；姜野、李拥军，2019；田海平、郑春林，2020；张旺，2022等）等，探索有效规制方案。

2. 对算法风险的伦理反思逐步深入

涵盖管理学、传播学、哲学等多学科领域。研究成果主要集中在算法本体、风险治理等方面。

着重从算法设计中存在的伦理问题探讨风险与设计者之间的逻辑关联。孙伟平（2017）认为人工智能应及早确定其价值原则，从而确保对这一新技术行使人类表决权；李伦、孙宝学（2018）提出人工智能的设计应合乎道德，避免恶意设计。

探讨算法伦理风险的治理。孙宝学（2019）从算法的自主性特征、应用性场景和归责性困境三个方面，对算法伦理风险进行了分析；张欣（2019）探讨了算法危机的三重特征，阐释了算法治理的三种范式，对实现算法信任提出了建议；贾开（2019）提出制定伦理指导原则。陈思（2020）在系统分析智能社会技术异化的基础上，提出了算法治理的可行性路径；林曦、郭苏建（2020）提出"算法不正义"概念和"数据制造"的解决方式。

3. 对算法的法律研究增多

（1）2001年张宝生以法学理论为视角，对人工智能法律系统研发的困难、策略和应用前景进行过探讨。由于智能技术的发展，从2017年开始，学界涌现大量关于算法与法律的研究，主要集中在算法歧视、算法权力、算法对法律的冲击和挑战、算法治理等方面。

（2）在治理模式上，形成了数据控制和算法责任模式。在数据控制模式中，学者对被遗忘权（朱巍，2014）、数据可携带权（高福平、余超，2016）、数据正义（许可，2018）、数据赋权（龙卫球，2017；涂子沛，2018；高福平，2019；毛高杰，2020；武长海、常铮，2018）、数据限权（张凌寒，2019）等进行了多方面研究。吴伟光（2016）反对数据赋权，主张个人数据作为公共物品完全交由政府通过公法加以规制。

在算法责任模式中，陈景辉（2020）认为，算法是一种正当程序，打破算法黑箱不是最佳的介入方式，应当以正当程序的基本要求来介入算法。左亦鲁（2018）在《算法与言论——美国的理论与实践》中介绍了美国商业巨头对抗算法规制的理由，即对算法干预和规制是对言论自由的侵犯，并获得了司法保护。

（3）在治理路径上，王聪（2019）提出"共同善"的两种含义：伦理意义上共同善要求算法透明并构建道德算法，构成规制算法的内在、事前路径；公共利益意义上的共同善要求设置算法解释请求权，构成规制算法的外在、事后路径。由此在共同善这一哲学基础上构建立体的适应数据技术发展的法律规制体系。王莹（2021）提出应当加强算法责任研究，沟通算法事前规制与事后规制，以应对算法侵害风险。郑玉双（2021）提出，在计算正义原则的引导下，采取算法与法律之间关系的重构模式，能够有效应对算法的价值危机和法律挑战，在智能时代实现算法善治。

这些关于算法的研究，对于从技术视角进行人脸识别侵权防范研究具有重要的启发意义。

二、国外研究现状

1954年，杰罗姆·布鲁纳（Jerome Bruner）提出了人脸识别的概念，开启了人脸识别技术的大门，之后以美国为首的发达国家展开了对人脸识别的技术研究。国外人脸识别相关的研究通常归结至人工智能研究、监控研究或隐私研究的领域，并逐渐延伸于数据和算法研究。

对人脸识别技术等人工智能的定性上，斯图尔特·罗素（Stuart Russell）与彼得·诺维格（Peter Norvig）这样定义：像人一样的思考与行为，尤其是理性的思考与行为。对于人脸识别设备是否可以拥有法律主体地位，德国学者马克斯·韦伯（Max Weber）认为我们不能拿机器的特征与人的特征进行比较，进而肯定机器的法律资格，我们应当根据法律的目的与社会发展需要来认定，当其符合特定的法律目的时，我们就应当人为增加法律主体。

在侵权责任的承担主体上，2019年，美国学者约翰·金斯顿（John Kingston）在《人工智能与法律责任》中提出，用户基本上不会承担侵权责任，除非技术服务说明中明确了一些操作标准，以及提示了某种非正当操作的操作风险。而程序员是否承担责任取决于系统的错误与程序员的相关性，如果与其设计的程序相关，则其应当承担责任。

有学者认为，人脸识别等人工智能的制造者是否承担责任取决于其义务主体是否尽到义务。美国学者路易斯·葛斯纳（Louis Gerstner）在他的著作中认为人工智能产品的缺陷主要表现在软件缺陷，当一方由软件的缺陷造成伤害时，所产生的侵权关系是过失侵权。葛斯纳讨论了这种过失侵权的成立需要被告有注意义务以及违反了义务，同时造成了损害后果。这样在确定担责主体时只需要考虑哪个主体有注意义务。麦基顿等（Kathleen Mykytyn, Peter P. Mykytyn and Stephen Lunce）在《专家鉴定与遴选：法律责任的关注点与方向》中指出，人工智能的设计者是否需要承担责任取决于其设计者是否尽到提醒义务，如果其设计者提醒到用户该设备不具备扩展到其他领域应用的能力，就无须承担责任。

有学者认为，人脸识别等人工智能的制造者是否承担责任取决于人工智能的定性是否为制造物或产品。2018年，韩国学者尹玟燮在《韩国人工智能规制现状研究》中表示，人工智能技术产品若定性为"制造物"，被侵权人即可以选择制造者或销售者承担责任，其意义在于对其定性可以让被侵权人的利益得到保护。美国学者乔治·科尔（George S. Cole）在《人工智能与专家系统侵权责任》中的结论是人工智能只能被部分看作产品，但他更倾向于将其看作一种服务，这样人工智能的制造者将不会承担产品责任。

如美国的约翰·弗兰克·韦弗（John Frank Weaver）在《机器人是人吗》中详细讨论了机器人在各种应用场景领域引发的问题及法律该如何应对，讨论了人工智能的知识产权享有和责任承担问题。美国的瑞恩·卡洛（Ryan Calo）、迈克尔·弗鲁姆金（A. Michael Froomkin）和加拿大的伊恩·克尔（Ian Kerr）在《人工智能与法律的对话》中探讨了机器人的日益复杂化以及它在各个领域的广泛部署，重新思考了它所带来的各种哲学和公共政策问题、与现有法律制度不兼容之处，以及因此可能引发的政策和法律上的变化，通过理论与具体应用场景的实践分析，以求在机遇与风险中发展负责任的人工智能。

意大利的乌戈·帕加罗（Ugo Pagallo）在《谁为机器人的行为负责》中试图回答一个问题："谁来承担责任？"作者建构了一种分析法律责任模型，分析在不同的情况下设计者、生产者、使用者和机器人之间应当如何分配责任，并讨论了"作为元技术的法律"，即如何通过法律实现对技术发展的控制。美国的罗纳德·K.L. 柯林斯（Ronald K. L. Collins）和大卫·M. 斯科弗（David M. Skover）在《机器人的话语权》中围绕为什么必须包含并保护机器人表达提供辩护和理由。德国的托马斯·威施迈耶（Thomas Wischmeyer）和蒂莫·拉德马赫（Tiom Rademacher）在《人工智能与法律的对话2》中深入研究了人工智能对法律制定、法律应用所带来的众多挑战，并在此基础上提出了相应的解决方案。

日本的弥永真生（Iyanaga Masao）和宍户常寿（Shishiki Tsunehisa）在《人工智能与法律的对话3》中分别阐述了人工智能与知识产权、刑事司法、刑事责任、民事责任、行政限制以及人工智能的国际动向等，深入分析了人工智能软件程序或机器人实体造成伤害的法律后果及机器人的出现是否会剥夺人的尊严等问题。

规制人工智能的争论是全球性的，在国外，劳伦斯·莱斯格（Lawrence Lessig, 2004）"代码即法律"的提出无疑是算法研究的起点，开启了社会科学对算法的研究兴趣。在研究中表现出的明显特点有：

（1）研究重点内容主要集中在算法权力（David Beer, 2009）、公平性（Zafr, 2018）、透明度（Burrell, 2018）、问责制（Edwards Veale, 2017）、算法伦理（Abeba Birhane, 2021）和法律规制（Mireille Hildebrandt, 2018）等方面。

（2）在对算法的未来发展上看法存在不同。尤瓦尔·赫拉利（Yuval Noah Harari）（2007）预言可能会出现少数人创造历史、控制历史的局面。尼克·佰斯特隆姆（Nick Bostrom）（2007）认为算法并不存在全面超越人类的可能。马利金·扬森（Marijin Janssen）和乔治·库克（George Kuk）（2016）认为算法可能导致"技治主义"。

（3）比较重视技术路线。彼得·保罗·维贝克（Peter Paul Verbeek）

(2016)提出对算法的规制可以提前到算法设计的阶段,价值嵌入改变从外部进行技术评估的传统路线,转而从内部进行价值赋予。劳伦斯·莱斯格(Lawrence Lessig)提出可以把公共价值编进程序中,以保证不会被私人利益取代。

(4)重视司法和机构监管。提出司法控制是一种重要的监管手段,重视机构在处理数字伦理、人工智能上的作用。如欧盟委员会建立的人工智能高级专家组、德国成立的数据伦理委员会、关于人工智能的调查委员会等。

(5)在重点领域——透明度的研究上有不同观点。德国的约恩·赫姆斯特鲁维尔(Yoan Hemstrüwer)、蒂莫·拉德马赫(Tiom Rademacher)(2020)认为打开算法黑箱是防止侵害必不可少的。托马斯·威施迈耶(Thomas Wischmeyer)(2020)认为有意义的透明度监管不可避免地会失败。

三、研究述评

学界取得的大量成果都为本课题的研究提供了参考借鉴、启发和研究空间。但就目前的人脸识别技术的侵权研究现状而言,对于侵权类型研究较为单一,主要围绕隐私权侵权展开研究,对知情权、自主选择权、数据权和平等权等研究不深入,尤其是对人脸识别技术与肖像权的研究,更为缺乏。在侵权责任的承担主体与归责原则方面,观点较为分散,没有统一的结论,主要强调按照具体案件具体分析,操作性不强,参考价值不高。对于人脸识别侵权规制研究大多观点集中在法律完善与专门机构监督方面,回归技术本身进行深入研究的较少。许多学者往往把人工智能作为研究的对象,认为人脸识别技术只是其中的一个分支,适用其法律责任规制的规则。虽然人脸识别有着大多数人工智能的共性特征,但研究往往忽视了人脸识别区别于人工智能的特性。例如,人脸识别技术对于个人信息数据的依赖性使得其存在较高的侵权风险,这是其他人工智能不存在的问题,将人工智能的研究代替对人脸识别的研究,得出的结论针对性较差。

在算法的研究上,主要存在:视野不够开阔,多限于体系构建和域外经验介绍；研究的本国特色体现不够，欠缺本土性思维；研究内容和观点与外国相似甚至相同；重宏观、理论，轻微观、实践，甚至有些概念混用等。

国外研究将重点放在人工智能上，包括人工智能的法律性质、人工智能的侵权责任，很少有关于人脸识别技术侵权的研究文献，而法案较多。一般来讲，人脸识别技术是人工智能的分支之一，人工智能侵权的认定对人脸识别同样适用，但人脸识别也存在其独立性与特殊性，需要深入研究。

第三节 本书研究体例

一、研究思路

本课题研究遵循发现问题、分析问题和解决问题的研究思路和写作逻辑，针对现实生活中大量因人脸识别技术及其应用所引发的侵权状况和潜在的侵权风险，提出在这项技术应用为人们生活带来极大便利的同时，所导致和可能导致的不利情况尤其是侵权行为，对造成侵权或可能侵权所带来的危害以及对技术和社会原因进行深度解析，并提出减少和解决问题的可行方案并进行论证。着重分析需要解决的难点及解决思路，如立法如何做到鼓励新技术发展和权利保护之间的平衡等。

二、研究方法

（一）跨学科研究法

人脸识别技术本身就是一个跨学科的综合研究领域，涵盖计算机科学、生物学、统计学、数学、心理学等学科，而其应用更是涉及社会学、法学等领域。科学总是在高度分化的同时高度融合，而将其作为一个整体进行研究，也是顺应了学科综合的大趋势。本书在研究背景的介绍中，以及对于人脸识别的概念与特征分析中运用了该方法，从生物学与计算机科学综合研究的角度，对其概念与特征进行剖析，可以全方位、多视角展现人脸识别的特点，为后文其可能导致的侵权深度解析打下基础。

同时在解决方法分析中，运用了跨学科研究法，将计算机科学技术手段与法律、社会等多种方法相结合，多种研究学科的互相渗透与融合可以给法律规制新技术发展提供思路。

（二）文献研究法

文献研究法是通过一定数量的数据、文字资料，客观、全面、系统地了解相关研究对象的性质与特征，从而把握相关研究进展的研究方法。该方法的优点在于了解研究对象的来龙去脉，使我们对其有一个纵向的认识，而且可以了解相关领域的不同研究切入点，让我们在横向上扩展研究的广度。将人工智能、人脸识别、数据和算法等众多文献的观点做对比研究，也可以深化我们对研究对象的认识，凸显研究的价值和意义。

文献研究是本书的前提和基础，借助于大量的文献资料，确定研究的内容和结构体系，并在论证中作为论述依据。该方法没有时间上、空间上的限制，能够通过他人的研究与分析得出观点与结论，耗时小，成本低，而且容易形成共识，共同推进理论研究的进步，给现实问题的解决提供帮助。

（三）实地调研法

实地调研法是获得一手数据资料的常用方法，它主要包括观察、问卷调查、谈话、测验等数个子方法，是对研究对象的定量研究，也是为了搜集大量翔实数据的传统方法。但该方法的成本较高，耗时较长，步骤繁多，因为还需要调查者对前期的数据进行整理、分类、汇总、总结规律，一般需要足够时间做好前期周密的调查计划。

本书通过问卷、访谈等方式，了解人脸识别技术的使用情况，从而深入认识人脸识别技术应用的优势与存在的问题，为有针对性地解决问题提供方向、思路和具体方法打下了坚实的基础。实地调研所获得的信息和分析得出的数据直接，可靠性强。

三、创新点

本书主要对人脸识别技术应用所引发或可能引发的侵权问题进行深入

解析，并对造成问题的原因从技术和社会两个方面进行分析，提出解决和防范问题发生的必要性和方法，在目前缺乏从社会科学视角系统研究人脸识别技术应用的背景下，具有创新性。同时，在大量侵权现象存在而又得不到有效解决的现状下，本书的研究回应了社会的需求。更为重要的是提出了"在科技创新的时代，如何通过法律制度做好新技术应用和各相关主体权利保护之间的平衡"这样一个值得全社会思考的问题。

四、本书的结构安排

本书主要由绪论、四部分主要内容和结语共六章组成。

第一章绪论部分主要介绍研究问题的国际和国内背景。介绍国际科技竞争格局和各国对科技社会应用问题的制度规范探索，说明学者对相关问题研究的现状和不足，本书的研究方法和结构安排等内容，体现出本书的研究价值和研究思路。尤其提出站在国际视野下看待科技立法的价值，增强制定科技立法的紧迫感、责任感和使命感。

第二章是问题的缘起：人脸识别技术应用衍生出的权利保护需求。不可否认，人脸识别技术的发展和应用在一定程度上改变了人们的生活方式，从技术的角度讲，人脸识别技术不断得以改进和提升，为人类的美好生活的实现提供了技术保障。但同时，这项技术在社会生活多场景应用中，表现了因技术不成熟、监管不到位等所导致的滥用、侵权等多种社会问题，这些社会问题长期得不到有效解决，可能会消解技术所带来的优势和便利，打击研发者的创新热情，阻碍技术的进步，引发数字困难群体的刷脸忧虑情绪风险，影响应用积极性。所以，需要对人脸识别技术的产生、发展、技术特征和法律特征以及"广泛且未经充分质证的应用"等进行梳理和研究，探讨技术应用为什么会衍生权利保护的需求，并为该技术应用所导致的问题解决提供制度和技术帮助。

第三章是"刷脸"的忧虑，即人脸识别技术的侵权风险及危害。随着社会大规模使用人脸识别技术的"刷脸"时代来临，人们在无忧无虑地使用人脸识别技术后，发现技术的应用导致了一些乱象的出现，如个人信息被过度收集、被不当使用、信息数据泄露和自动化决策等问题，对用户的人身和财产安全带来威胁。因为技术应用衍生的权利保护需求没有得到及时有效地回应，导致"刷脸"忧虑出现和蔓延，直至出现我国"人脸识别第一案"，甚至 2021 年 7 月 28 日最高人民法院司法解释《最高人民法院关于审理使用人脸识别技术处理个人信息相关民事案件适用法律若干问题的规定》（法释〔2021〕15 号）的出台，也没有缓解这种忧虑。在这一部分本书会围绕人脸识别技术侵权的显性和隐性特征、侵权的种类和危害等进行深入论证和分析，为走出"刷脸"困境的理论探索做好铺垫。

第四章是从权利及其公共性切入，对人脸识别技术应用侵权的原因进行分析。将智能技术突破了传统的"技术中立"认知、相关主体社会责任感缺失、目前的制度回应不能满足社会需求、权利公共性缺失等作为人脸识别侵权的共同致因，对权利、个体权利与公共利益、主体意识和社会责任、权利共同体等内容进行深入阐述，作为第三章和第五章的衔接和理论深化。在我国努力培养权利意识的今天，有必要从技术、伦理和法律角度，结合科技发展趋势、人民生活需求和国家发展需要，为解决新科技应用中出现的侵权问题进行制度设计创新提供理论支持和方向指引。

第五章是人脸识别侵权风险治理的系统方案设计。人脸识别侵权风险的治理是系统工程，需要系统的治理方案。法律规制是最终选择，制定专门的人脸识别立法是必然趋势。但法律需要稳定性来保障其权威性，目前进行专门立法具备一定条件，但需要克服一些困难。为了避免法律的频繁变动，应当积极使用现行法律，加强立法的执行和遵守；同时，探索有效的技术方案，从技术角度规制技术的应用风险，是最好的治理方式，毕竟人脸识别是技术的应用，有效发挥技术的伦理功能，可以减轻对法律规制的过分期待和压力。系统工程问题需要国家其他方面的配合，所以，还要构建综合方案，通过加强企业的社会责任和改变民众的人脸识别困难群体状况来构建保护体系。

第六章是本书的结语，希望通过综合施治，提升人脸识别技术和完善人脸识别立法，治理人脸识别技术应用领域的侵权现象；同时，站在国际前沿，完善我国的科技立法，实现国家科技治理体系和治理能力现代化。

人脸识别技术应用是人工智能应用的一个表现、一个缩影，透过人脸识别技术应用的问题，可以管窥人工智能应用中可能出现的问题。或者说人脸识别技术应用是高新科技应用系统中的一部分，因其广泛的社会应用性和影响，也是国家治理的一个重要领域，是国家治理系统中的一个环节。人脸识别技术应用的弊端表象上看起来主要是侵权，但深层次上是对秩序、利益、安全甚至公平正义等这些法律所维护和增进的价值的破坏和践踏，所以，要规范和约束。在规范方式、方法和手段等方面要进行制度创新设计，而禁止人脸识别技术的使用的做法是不理智的，毕竟科学的发展是不可阻挡的；也不能对各种乱象听之任之，否则，是不负责任的，无论对用户还是国家，都会带来严重损害。所以，需要在进行充分理论论证的前提下，在对现有制度进行研究分析的基础上，主要从技术和制度两个方面进行规制，兼具治理的系统性，保障新技术和权利保护之间的平衡，由制度对技术进行规范，技术手段配合制度规定，达到最优化的社会效果。当然，这是一个艰难的过程，在这个过程中，所有人都应该思考：在高新科技发展日新月异的今天，如何通过法律制度的创新设计，做到保持科技健康发展和相关主体权利保护的平衡。

第二章

问题的缘起：人脸识别技术应用衍生出的权利保护需求

近年来，作为一项应用场景众多的生物特征识别技术，人脸识别具有虹膜识别、指纹识别等其他识别技术所没有的特殊优势：非配合性、无感性、便捷性和多场景应用性。从上班到上学打卡、从消费支付到出行安检、从金融领域、治安刑侦领域到社会生活的其他领域，人脸识别技术开始被广泛使用。未来，这项技术将被更加广泛应用于各行各业，变成与人们生活密切相关的一部分。人们对这项技术的认识，从开始的陌生到逐渐变得熟悉，从使用便利到对使用所带来问题的质疑和探究，人脸识别技术从自然科学领域研究的高新科技到社会科学领域研究的重点，尤其是技术应用所带来的侵害及防范成为学界研究的热点问题。

人脸识别技术应用具有重要的实用价值，给人们的生活带来了极大的便利，甚至改变了人们的生活方式和思维方式，如效率的提高和生活的便捷，人们对这项技术应用的普及和依赖等。但这项技术需要以用户唯一的、不可替代的面部特征信息为支撑。随着科学技术的发展，如网络技术、增强现实技术和识别技术不断提升，通过面部特征信息可以获得用户其他信息甚至个人可预测信息，从而造成过度收集、使用用户个人信息，对用户的人身权、财产权等带来现实的或潜在的安全风险。同时，人脸识别技术服务的巨大商业价值，使得侵权现象愈加频发，2020年3月，中国信息通信研究院发布的《"互联网+行业"个人信息保护研究报告（2020年）》指出，在5G、人工智能等技术应用加速普及过程中，过度收集、使用用户个人信息，尤其是以面部特征信息为代表的个人敏感信息的乱象严重。现实生活中信息泄露事件、人脸识别侵权事件等触目惊心，使民众信息保护的担忧加重。基于此，面部特征信息保护不仅成为全球需要应对的时代挑战，更是我国的迫切需求。

如何合理、合法使用人脸识别技术，成为世界各国都在思考探索的问题。美国、欧盟等开始立法规制人脸识别技术的使用。

美国是人脸识别技术研发、社会应用和立法规制的先行者。其对人脸识别的法律规制因该项技术的使用主体的不同而不同，体现出差异化的规制路径。对于政府部门使用人脸识别的法律规制，有别于对于非政府机构使用人脸识别的法律规制，二者是分别立法、分别规制的，规制的具体方法和价值取向截然不同。如联邦层面提出多项法案，《人脸识别技术授权法案》《商业人脸识别隐私法案》《人脸识别道德使用法案》。各州层面，华盛顿州的《人脸识别服务法》、加利福尼亚州的《人脸识别技术法案》以及加利福尼亚州旧金山市的《停止秘密监控条例》、加利福尼亚州奥克兰市的《奥克兰市政法典》、马萨诸塞州萨默维尔市的《禁止人脸技术监控条例》等针对政府的禁止或严格限制使用人脸识别制度备受世界关注。

与美国对政府部门和商业部门使用人脸识别技术分别进行立法不同，欧盟对公私部门一体适用的《通用数据保护条例》（以下简称 GDPR）成为各国保护个人数据信息的重要立法参考和借鉴。

在我国，人脸识别技术有着巨大的发展和使用前景，设备市场规模较大，但我国在人脸识别技术侵权治理上存在不足，立法不够完善，制度规范效果不够理想，执法缺乏有效机制。学术研究上取得共识的是一些原则性问题，但在具体保护公民面部特征信息的措施上共识性不高，可操作性不强。关于使用人脸识别技术的法律、伦理和文化基础，在我国尚未得到充分研究。因此，我国需要系统研究人脸识别技术的应用问题，加强国际互鉴，打造人脸识别侵权风险的治理体系。

第一节 人脸识别技术的起源与发展

人脸识别技术是把人脸和自动处理技术、信息技术结合起来，在人群中识别出特定对象的技术。欧盟《互联网及移动设备人脸识别技术的意见书（2012）》中把人脸识别技术定义为"通过自动处理包含人类面部图像的数字照片来识别、验证以及鉴别个体的技术"。美国司法部司法援助局定义该技术为"通过生物识别算法来检查和匹配自然人人脸的区别性特征的技术",属于人工智能的应用技术。

人脸识别技术主要是通过对人脸特征的提取和比对来进行的。系统将提取的人脸特征与数据库中的人脸数据进行搜索匹配,通过设定一个阈值,当比对相似度超过设定阈值,则把匹配结果确定输出。所以,人脸识别包括人脸图像采集、人脸特征定位和提取、特征比对、人脸验证、身份确认等环节。

人脸识别技术最初的应用目的就是提高识别效率,以减轻人工的压力。就是类似于靠人大脑的记忆和分辨能力去寻找一个或几个特定的对象,首先,要记住要找的人的特征,一般就是人脸。然后,通过熟悉人脸特征,与周围人的脸部特征进行比对,找出符合的人。比如,我国古代在追缉逃犯时,常把逃犯的画像粘贴在大街上,让群众熟悉后与周围的人进行比对,这个画像通常都是脸部画像,说明人脸是记住一个人的关键部位。随着摄影技术和照片的出现,人脸特征在载体上越来越清晰,为比对的准确率提高提供了技术条件。我们身份证上的照片就是突出脸部特征,管理机关通过对脸部特征的辨识来进行身份管理,说明人脸是确认个人身份的核心要素。

但人大脑的记忆力和特征辨识能力不高,比对的错误率高,效率较低。随着社会对比对精准率和效率提高的需求,通过科技手段,运用计算机进行人脸识别应运而生。人脸识别就是让计算机通过人脸特征记住一个人,再在大量的信息中找到这个人,而且要尽可能地提高效率和准确性。

但随着人工智能技术的进步和计算机信息科技的发展,人脸识别技术应用出现了异化,使用目的偏离了技术应用的初衷——为人类生活服务,甚至成了侵权的手段。

人类生活每天都会产生很多数据,没有互联网和信息化技术的支持,数据的收集、存储和利用空间较小。随着互联网和信息化技术的迅猛发展和深度应用,新兴的互联网平台和信息系统使数据的采集、加工整合、存储和利用技术普及,人的所有活动都能被各种网络系统、传感器和智能设备记录下来,并能以数字化形式再现。

出于商业利益的驱动,一些互联网企业可以用获得的信息通过用户的身份进行有机勾连,形成用户的"超级档案",通过不断获取、连接用户的互联网数据，掌握用户的活动轨迹。"一旦企业成功地匹配了一名消费者的数据，无限可能就被打开了。"①

因为人脸信息的独特性和获取的便利性，人脸信息数据成为连接用户其他数据更好的选择。并且，计算机深度学习算法的出现，极大地提高了人脸识别的准确率，推动了人脸识别商业化应用的步伐。通过人脸识别获取信息数据成为勾连其他信息数据更简便的方式，人脸识别技术成了侵权的便利方式。

一、人脸识别技术的起源

如今人们公认，人工智能作为一个研究领域清晰地出现，是源自1956年夏天的美国达特茅斯会议。当时，年仅29岁的组织者约翰·麦卡锡（John McCarthy）在大会上说服大家使用"人工智能"作为一个新领域的名称。

人脸识别系统作为人工智能的一个分支，研究始于20世纪60年代的美国。1960年，人工智能专家伍迪·威尔逊·布莱索（Woodrow Wilson Bledsoe）在美国加利福尼亚州成立了全景实验室（PRI），接受美国国防部资助开始研究人脸识别，主要是为了解决人脸照片的比对效率问题：用一张给定的人脸照片，在一个图片库中找出与其匹配的所有照片，以提高人工比对的效率。

布莱索提出了把人脸的侧影画成轮廓曲线，基于人脸几何特征的识别方法，在轮廓上确定基准点，根据特征进行对比。这个方法主要是通过测量人脸各个器官的位置、大小、距离等几何关系的数据比对来识别，但因为缺乏智能技术，多数工作需要手工完成，工作量比较大，比对的准确率和效率都不高。科学家认识到，人脸识别的核心应该是抓取人脸特征进行识别，让计算机自动抓取人脸特征，既准确又高效，这个工作只有提高计算机的能力才能够完成，科学家开始大力进行人工智能的研究。但布莱索的几何特征识别方法奠定了后续20年研究的方向和基础。

---

① 涂子沛. 数文明：数据如何重塑人类文明、商业形态和个人世界［M］. 北京：中信出版社，2019：137.

<<< 第二章 问题的缘起：人脸识别技术应用衍生出的权利保护需求

随着深度学习的突破，人脸识别技术在 2012 年之后获得了极大的成功。美国首先把人脸识别用于驾照管理部门，极大地提高了管理效率。随后，人脸识别的应用领域不断扩大。2011 年 7 月和 2012 年 10 月，谷歌相继收购面部识别软件开发商 Pittpat 和人脸识别技术公司 Viewdle，Facebook 于 2012 年 6 月，收购人脸识别公司 Face.com，资本正式涌入人脸识别市场。

2010 年 12 月，Facebook 推出了人脸识别功能，用户可以自行选择是否使用该功能。自 2015 年以来，我国招商银行等在自动柜员机上配备了人脸识别功能。2017 年 9 月，苹果手机在手机上配置了人脸识别工具。

微软公司在 2015 年 5 月推出了一个颜龄机器人网站"how-old.net"，该网站可根据用户提供的图像，通过大数据和人脸识别技术分析人的表面年龄和性别。该项目是微软工程师为了测试面部分析技术而发布的，并不是正式的项目，但发布后的短短几个小时内，用户就达到了 3.5 万人。其检测结果和实际的年龄、性别有一些差距，但整体比较接近。其中文网特意在测试结束后附上一行小字：亲，如果我们未能准确判断您的年龄和性别的话，请千万别生气，我书读得少，还在学习中。①

在我国，2011 年 3 名"85 后"（1985 年以后出生的群体）学生印奇、唐文斌和杨沐创建了 Face++，它能够提供准确的面部分析技术，不仅可以根据人脸分析出年龄、性别，还可以分析出多种相关信息。Face++为许多应用提供服务，与许多互联网公司达成了相关技术合作，包括奇虎 360、世纪佳缘、支付宝和美图秀秀等，如将 Face++的人脸检测和识别技术嵌入美颜相机和美图秀秀，可以更加准确地定位人脸图像中需要美化的区域，达到自动美颜的效果。② 目前，人脸识别应用场景越发普及。

二、人脸识别技术的发展

对于人脸识别技术的发展过程，通过文献查阅和梳理发现，山世光研

---

① 微软 how-old 中文网站上线卖萌求原谅 [EB/OL]. 新浪网，2015-05-21.
② 张重生. 人工智能：人脸识别与搜索 [M]. 北京：电子工业出版社，2020：8.

37

究员和学界一般认为，人脸识别研究大致经历了四个发展阶段。①

（一）第一阶段（1964—1990）

属于人脸识别的起步探索阶段，作为一般识别问题被研究，基于几何特征的方法是主流，非常重要的成果不多，也基本没有获得实际应用。

弗朗西斯·高尔顿（Francis Galton）早在1888年和1910年在《自然》杂志上发表了两篇使用人脸图像用于身份验证的文章，可谓是人脸识别技术研究的最早追溯。但学术界认为真正意义上的人脸识别工作应该开始于布莱索和海伦·陈·沃尔夫（Helen Chan Wolf）于1965年在Panoramic Research Inc.上发表的人脸自动识别（Automation Face Recognition，AFR）的技术报告。自此，人脸识别技术开启了第一阶段的研究。这一阶段的人脸识别被当作一个一般性的模式识别问题来研究，所采用的技术主要围绕人类面部器官之间（如眼睛、鼻子、下巴等）的几何结构特征进行展开，因此这一技术也被称为基于几何特征的方法。

布莱索以人脸特征点的间距、比率等参数为特征，建成了一个半自动的人脸识别系统。② 该系统首先手动选择眼睛、鼻子、嘴部以及下颌等特征点，然后根据这些特征点计算出距离或角度参数值，如两眼瞳孔之间的距离、两眼瞳孔与鼻尖点的角度、鼻尖与两嘴角间的距离等。为了能够比较不同尺度下的人脸图像，该系统还将所得到的特征向量进行了标准化的处理。其后，贝尔实验室的莱昂哈蒙（Leon Harmon）等人开发出了一个基于特征比较的交互式人脸识别系统。该系统使用21个特征值来构建人脸识别的参数向量。虽然其识别效果较好，但特征点的选择还是人工进行的。

1973年，卡耐基梅隆大学的金出武雄（Kanade Takeo）发表了第一篇关于人脸自动识别的博士论文，提出了基于距离比例的自动特征提取方法，开发了第一个自动的人脸识别系统。该人脸图像识别系统使用投影法

---

① 山世光在2004年的博士论文《人脸识别中若干关键问题的研究》中，按照人脸识别技术的研究内容和技术方法等，将人脸识别技术的研究历史划分成三个阶段，获得了学界的共识。人脸识别技术发展到现在，尤其是在2014年以后，可以说是一个新的发展阶段。

② 张翠平，苏光大. 人脸识别技术综述［J］. 中国图象图形学报，2000（11）：886.

来确定人脸图像的眼睛、鼻子、嘴部等局部特征，通过计算不同特征点之间组成的距离、角度、面积等参数值来得到人脸的特征向量，从而用于人脸图像的比较与识别，并宣布他在 20 个人的 40 张照片中，成功地识别出了 15 个人。[1] 然而，上述基于几何特征的方法对人脸图像有严格的要求，比如人脸图像必须为正面人脸图像，也不能出现形变或旋转。

总的来说，基于几何特征的人脸识别方法由于其描述图像的特征向量十分简洁，而且物理意义明确，所以识别速度快，并易于理解和应用。但又由于这种算法过于简单，忽略了局部特征以及纹理信息，而仅仅利用了面部结构信息，因此必要信息有所丢失，人脸表达比较粗犷，识别精度不高。

（二）第二阶段（1991—1997）

这是人脸识别的快速发展时期，重点解决的是在较理想条件下、用户配合、中小规模人脸识别数据库上的人脸识别问题，2D 人脸图像、线性子空间分析、统计表观模型和统计模式识别方法是主流，并取得了一些初步的成果，也涌现了一些对后一阶段极具影响力的算法与理论。

这一阶段，美国发起人脸识别技术评估（Face Recognition Technology, TERET）行动，建立了一个包含 1199 人、1564 套图片，共 14126 张图像的大型人脸数据库，进行人脸识别技术的开发、测试和评估。许多参与评估的算法很快迈向了商业化，美国麻省理工学院的马修·特克（Matthew Turk）和亚历克斯·彭特兰（Alex Pentland）提出了这一时期内非常有名的算法——"特征脸"（Eigenface），成为人脸识别的基本算法之一，并成立了 Viisage Tehnology 公司。洛克菲勒大学计算机系的三位教授利用参与评估的算法，成立了 Visionics 公司，麻省理工学院的一位科学家成立了 Miros 公司，代表人物有马修·特克（Matthew Turk）、亚历克斯·彭特兰（Alex Pentland）、罗伯特·布鲁内里（Roberto Brunelli）、托马斯·波基奥（Tomaso Poggio）。

---

[1] 涂子沛. 数文明：数据如何重塑人类文明、商业形态和个人世界[M]. 北京：中信出版社，2019：90.

模板匹配算法[1]和弹性图匹配算法[2]是在这个阶段提出来的重要算法。

（三）第三阶段（1998—2014）

这一阶段是人脸识别技术的成熟期，主要针对人脸识别中姿态、光照、表情、噪声、遮挡等外界因素变化，以及第二阶段涌现的算法问题，提出了一系列新的算法与理论。该阶段研究的主要问题是：在对象不配合和非理性成像的情况下，识别算法在超大规模数据库中存在人脸比对和识别的问题。

2006年，卡耐基梅隆大学的杰弗里·埃弗里斯特·辛顿（Geoffrey Everest Hinton）在《科学》杂志上发表文章，第一次提出深度学习概念。该阶段技术的主要发展特征是以支持向量机为代表的统计学习理论、非线性构建方法、Boosting学习技术和3D模型人脸建模与识别等技术的集成和商业化应用。

（四）第四阶段（2014年至今）

这一阶段大量实用的系统与成功的应用案例出现，许多新兴的人脸识别公司也开始诞生。人脸识别技术与社会深度融合，侵权事件开始出现。

在2014年之前，人脸识别的主要技术路线是"人造或基于学习的局部描述子+度量学习"，但从2014年开始，大量基于深度学习的人脸识别方法被相继提出，人脸识别技术的主流技术路线开始转为"深度学习+人脸图像大数据"。基于深度学习的人脸识别方法近年来呈现三种重要的趋势：一是大模型，深度学习网络不断变大变深；二是大数据，带标注的人脸训练数据不断扩大，大数据成为性能提升的关键；三是大计算。

---

[1] 模板匹配算法是预先给定一些不同的标准样本人脸模板，这些人脸模板包含了人脸特征不同的长宽比模板。对待测人脸图像进行全局范围搜索，根据这些模板在目标人脸上的相似性大小进行比对和识别，利用图像窗口的大小尺寸不同，测试图像窗口是否包含目的人脸。

[2] 弹性图匹配算法是一种基于动态链接结构（Dynamic Link Architecture，DLA）的方法。它将人脸用格状的稀疏图表示，图中的节点用图像位置的Gabor小波分解得到的特征向量标记（称为jet），图的边用连接节点的距离向量标记。匹配过程如下：首先寻找与输入图像最相似的模拟图，再对图中每个节点位置进行最佳匹配，这样产生一个变形的图，其节点逼近模型图的对应点的位置。俞燕，李正明. 基于特征的弹性图匹配人脸识别算法改进［J］. 计算机工程，2011（05）：216-218，4.

第二节 人脸识别的特征

人脸是人最重要的外貌特征，人脸特征信息属于个人生物识别信息，是敏感个人信息，具有自然性、唯一性和不可替代性。人脸识别是利用人脸识别技术对人脸特征信息通过检测、校准、特征提取、关键点定位等流程，识别目标特征，将识别的信息与数据库中的信息进行比对来完成身份认证的过程。

人脸识别是技术与人脸结合完成的过程，与其他类型的生物识别相比较，具有特有的技术特征和法律特征。

一、人脸的特征

人脸识别技术是以人脸为识别对象，人脸的特征决定了人脸识别的特征和保护路径。人脸具有以下几个方面的特征：

（一）遗传性

人脸具有较高的遗传度，未来的人脸识别有可能基于遗传视角，通过人脸识别获取人脸群体信息。

（二）独特性

虽然人脸形态具有很高的遗传度，但每个人的人脸都是独特的，世界上不存在两副完全相同的面孔。即便是双胞胎也应该被人脸识别技术所区分。

（三）不可更改性和变化性

一般情况下，人脸特征在总体上保持一致性，不易发生更改。但是，面部特征也可能随着时间、光线、医美等因素而改变，可能导致识别困难或者发生识别错误。其实，这对于人脸识别并不是不能解决的难题，人脸识别的人脸关键点定位技术，早就不是几何特征时代的头顶—脸颊和脸的侧面—鼻子、嘴巴和下巴—下巴轮廓—面对面的线—鼻线—眼睛—面轴的分析步骤和顺序了（图2-1）。① 目前，Face++支持83个、106个人脸关键点的定位。商汤科技则支持21个、106个、240个3种不同精度的人脸关键点定位，可适应大角度侧脸、大表情变化、遮挡等实际环境。② 人脸识别的算法就更加复杂专业，人脸发生变化的问题终究会被技术进步解决。

a. 头顶
b. 脸颊和脸的侧面
c. 鼻子、嘴巴和下巴
d. 下巴轮廓
e. 面对面的线
f. 鼻线
g. 眼睛
h. 面轴

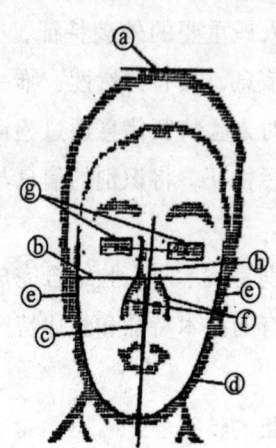

图2-1　20世纪70年代人脸识别依靠的八大几何特征

（四）公开性

人脸相对于其他身体器官，一般是直接暴露在他人面前的，具有公开性，不具有私密性。人脸是区别不同个体的关键辨识标志，作为重要的个人生物特征，在法律上受到肖像权、隐私权和个人信息等的保护。因为人脸的公开性，特别容易被人脸识别捕捉，人脸特征容易被技术测量和分析。

（五）不可匿名性

很多个人信息可以匿名存在，比如身高、体重和年龄等，根据法律规定，这些信息在进行匿名化处理后，不再属于个人信息范畴。但是，由于人脸的特殊性，人脸无法进行匿名化处理，无法匿名存在，所以，人脸信息一旦被公开，将会给个人带来难以挽回的后果。

---

① 涂子沛. 数文明：数据如何重塑人类文明、商业形态和个人世界［M］. 北京：中信出版社，2019：91.
② 张重生. 人工智能：人脸识别与搜索［M］. 北京：电子工业出版社，2020：8.

二、人脸识别的技术特征

从技术层面讲，人脸识别具有以下特性：

（一）非接触性

人脸识别是以摄像头为主要介质，不直接接触被识别人，不需要被识别人做特别的配合，人们在心理上容易接纳这种方式。相对而言，如果一种识别方式需要人们的配合，自觉使用率就会降低，人们会因嫌麻烦而选择更简单的方式。

但人脸识别因非接触性会导致其具有一定程度的隐蔽性，在被识别人知情或不知情的情况下都可以进行识别，人脸信息数据可以被秘密收集，如果没有适当的法律保护，被侵权的可能性会提高。造成目前人脸识别侵权乱象的主要原因就是非接触性。

（二）高效性

人脸识别的速度快，是人脸识别最突出的特征之一。人脸识别能够极大提高效率，目前在对效率要求较高的领域，如交通、金融、安防等有着极其强烈的现实需求。在生活节奏比较快的现在，人脸识别的应用场景将会是全方位的，会变成与人们生活息息相关的一部分。

人脸识别问题可以分为1∶1、1∶N和N∶N比对计算模式。1∶1人脸比对就是人脸验证，主要用于身份验证。就是确认两张人脸图像是否为同一个人，是将视频实时捕捉到的人脸与系统中该用户提交的身份证件中的证件照人脸图像进行相似度比对，即通过比对两张人脸特征信息的相似度，得出相应的置信度，根据置信度的值决定是否通过身份验证，如交通安检、单位考勤、消费支付等。[1] 1∶N人脸比对主要是人脸检索，是在人脸数据库N张人脸图像中查找、确认与视频捕捉到的人员人脸信息最相似的人脸图像及对应人员身份。可以在视频中检索某个人的踪迹，重要应用就是监控系统。N∶N比对就是多个1∶N同时作业，但对计算平台、算法和系统的计算效率和实时性的要求更高。

---

[1] 张重生．人工智能：人脸识别与搜索［M］．北京：电子工业出版社，2020：4.

(三) 智能性

人脸识别不需要发出特别指令，只要有目标对象出现在镜头前，机器即可自动对其进行扫描，做出识别。所以，人脸识别具有不易觉察性和多场景应用性。

人脸识别提高了人们生活的自动化程度，使用者不需要专门的技术、过多的硬件设备和专门的时间空间，即可完成识别过程。这种智能性也提高了侵权的多发性、多维性和隐蔽性，也使得人脸识别行为性质更加复杂。

对于不收集和处理人脸信息的普通人脸识别设备的使用者，人脸识别行为仅仅是对本单位员工在终端完成比对审核，不与其他网站连接，不保留人脸信息，行为不侵犯肖像权和隐私权，更不涉及个人信息侵权。如果涉及人脸信息收集和处理，没有经过"个人单独同意"，则所有的人脸识别均涉及侵权，侵犯权利的种类需要结合具体情况进行确定，对侵权人的侵权行为进行证明则更为复杂。

(四) 网络依存性

人脸识别的运行主要依托网络系统。无论是哪种比对计算模式，都需要对被识别对象与数据库中的人脸特征信息进行比对，这个过程主要依托网络系统。虽然随着增强现实技术的发展，"在线数据和离线数据可以无缝融合"[1]，但无论研发技术提升还是实际运用，仍然需要以大量来源于网络的人脸数据库作为基础。比如 DPM（Deformable Part Model，有关于可变形部件模型）人脸检测算法使用的检测模型为 DPM-Baseline，这个模型从 AFLW 数据集收集了 15106 个样本数据进行训练，AFLW（Annotated Facial Landmarks in the Wild，人脸库）数据集包含 25993 张图像。这样的数据集很多，甚至有超过几百万张图像的数据集，图像均是从网上收集而来。未来人脸数据集还会增大。

在网络系统中，人脸信息像其他信息一样，具有强烈的可复制性和可共享性，可以被以零成本的代价进行无限次地复制、分析和利用，在被特

---

[1] 潘林青. 面部特征信息法律保护的技术诱因、理论基础及其规范构造 [J]. 西北民族大学学报（哲学社会科学版），2020（6）：75-85.

定算法分析后，造成二次甚至多次的损害。而且因为算法的多样性和网络的记忆性，人脸信息会长期存在，不断地被拥有相关技术的人利用，致使损害长久存在。

（五）算法专业性和保密性

算法是人工智能提高社会生产力的核心驱动力，是程序设计者为达到特定目的而编写的代码程序，设计者的价值观、个人好恶、行业利益等都能隐藏在算法中并通过算法应用得以体现，并随着算法的智能化学习而不断被放大，导致"个人意志决定行业规则"，其设计和应用过程具有很强的专业性与复杂性，非专业人员很难知悉。

"算法黑箱"的存在，说明算法具有自然的保密性。算法具有的技术信息特征，使算法具有法律上的保密性。将算法作为知识产权保护的客体，已成为学界共识。计算机软件的价值已经得到认可，成为著作权法保护的客体，作为实现其功能的逻辑方法的计算机软件算法，属于有价值的技术信息，并得到了制度认可，如《最高人民法院关于审理侵犯商业秘密民事案件适用法律若干问题的规定》（法释〔2020〕7号）在第1条规定："与技术有关的结构、原料、组分、配方、材料、样品、样式、植物新品种繁殖材料、工艺、方法或其步骤、算法、数据、计算机程序及其有关文档等信息，人民法院可以认定构成反不正当竞争法第9条第4款所称的技术信息。"算法属于商业秘密。

算法符合作为知识产权对象的信息所具备的条件特征。2020年2月生效的国家知识产权局最新修改的《专利审查指南》在保留了计算机程序、商业模式两种专利客体的基础上，承认了"包含算法特征或商业规则和方法特征的技术方案"的专利客体地位[1]，即增加了算法、商业方法两种专利客体，明确了客体排除规则与审查规则。[2] 算法在法律上具有保密性。

人脸识别应用是简单的，在生活中为广大民众所知悉和使用，但人脸识别又是困难的，因为"高精度的人脸识别技术是极其困难的。在室外自

---

[1] 姚叶. 数据纠纷的法律规制：现状、困境、对策 [J]. 南海法学, 2019, 3 (6): 92-102.
[2] 宁立志, 郭玉新. 专利权权利客体例外制度研究 [J]. 河南师范大学学报（哲学社会科学版）, 2020, 47 (1): 31-45.

然光照条件下，无约束场景下的人脸识别准确率还不到50%"[1]。同时，随着仿真头套、全息投影、人脸跟踪等技术的发展，未来人脸识别攻击的成本将大大降低，由此产生的黑客攻击将大量发生。不法分子会通过伪造人脸攻破系统，进而窃取机密信息。这会造成数据泄露事件频发，给信息安全带来严峻挑战。

目前人脸识别的安全性和防侵权性成为技术应用的重点。人脸识别需要解决的社会难题是隐私性和安全性保护，在不同场景、脸部遮挡等应用时保证识别率，则是需要解决的技术问题。具体来说，相比指纹识别、虹膜识别等传统的生物识别方式，人脸识别优势明显（表2-1）[2]，主要集中在5点：非接触性，非侵扰性，硬件基础完善和采集快捷便利，可拓展性好。在复杂环境下，人脸识别准确度问题、信息安全保障问题和侵权问题如能得到很好解决，人脸识别将成为市场大规模应用的主流识别技术。

表2-1 主要生物特征识别技术的多维比较

识别技术	便利性	识别准确度	盗取难度	主动/被动式采样	能否被秘密收集
DNA识别	低	高	高	被动式	能
指纹识别	中	高	低	主动式	不能
虹膜识别	低	高	中	主动式	不能
声纹识别	中	中	低	可用作被动式	能
人脸识别	高	高	中	可用作被动式	能

---

[1] 张重生. 人工智能：人脸识别与搜索[M]. 北京：电子工业出版社，2020：7.
[2] 潘林青. 面部特征信息法律保护的技术诱因、理论基础及其规范构造[J]. 西北民族大学学报（哲学社会科学版），2020（6）：75-85.

三、人脸识别需要突破的技术难点

（一）图像光照问题

识别的视频和图片面临各种环境光源的考验，可能出现侧光、顶光、背光和高光等现象，而且有可能出现各个时段的光照不同，甚至在监控区域内各个位置的光照都不同。

（二）人脸姿态和饰物问题

目前的人脸识别，解决较好的是受限条件的正脸识别问题，室外无约束环境下的人脸识别技术尚未成熟。因为监控是非配合型的，被监控人员通过监控区域时以自然的姿态通过，因此可能出现侧脸、低头、抬头等各种非正脸的姿态和佩戴帽子、黑框眼镜、口罩等饰物现象，影响识别效果。

在新冠疫情防控形势下，各大技术企业加大了对戴口罩进行人脸识别技术的研发力度。

（三）人的脸部存在相似性

不同个体之间特别是同一民族的区别不大，所有人脸的结构都相似，甚至人脸的结构外形都很相似。这样的特点对于利用人脸进行定位是有利的，但是对于利用人脸区分个体是不利的。再加上化妆的掩盖及双胞胎甚至多胞胎的天然相似性更增加了识别的难度。

一项研究报告指出，目前每年有超过160万对双胞胎出生，每42个新生儿中就有一对是双胞胎。自20世纪80年代以来，全球双胞胎出生率上升了1/3，从0.9%上升到现在的1.2%。从地区看，过去30年，北美地区双胞胎数量增长了71%，亚洲地区增长了32%。[1]

（四）人脸存在易变性

人脸的外形尤其是主要特征，除了年龄增大的自然变化以外，相对稳定。但在不同观察角度，人脸的视觉图像则相差很大，加上整形技术的运用，给人脸识别的准确率带来了较大影响。

---

[1] 每42个新生儿中有一对是双胞胎！为何双胞胎越来越多了？[EB/OL]．中国科技新闻网，2021-03-16．

随着待识别的目标人数增加、出现比较像的人的概率逐渐增大，现有的深度学习技术在这些方面有了很大的提升，目前很多企业的人脸识别技术在 LFW 评测已做到 99.5% 以上，有的接近甚至超过人眼的识别率。这给人脸识别系统能够大规模地实际应用提供了技术支撑，随着科技的不断进步，期待未来人脸识别领域的难题都能得到完美解决。

四、人脸识别的法律特征

人脸识别是把收集到的人脸特征信息和网络存储信息进行比对。人脸特征包含十分重要的个人信息，但在现在的技术条件下，人脸特征信息已经成为跨越不同数据库的关键连接点，不仅可以识别陌生人以及与他们不同身份相关联的数字足迹，在万物互联的时代，通过人脸识别获得更多的个人信息，还可以分析和预测其他信息。而且人脸特征一般不会随着时间的流逝发生变化，如果信息泄露，会带来严重的损害人身或者财产的后果。所以，我国《民法典》和《个人信息保护法》把人脸特征信息作为个人敏感信息给予了特殊的法律保护。

从法律层面上讲，人脸识别的特征有：

（一）行为性质判断标准的场景依赖性

在个人信息处理中，《网络安全法》将个人信息主体的"同意"视为个人信息处理的唯一合法性基础，体现了对个人信息主体权利的尊重和保障。《民法典》规定了信息处理中"同意的例外"，但仅限于处理已公开信息的情形以及维护公共利益或者自然人合法权益的情形。《个人信息保护法》在延续前面法律立法思路并借鉴 GDPR 相关规则的基础上，将个人信息主体的"同意"视为个人信息处理的合法性基础，扩大了处理个人信息的其他合法情形，将订立或履行合同所必需、保护自然人的重大利益以及公共利益、突发公共卫生事件等情形作为例外情况纳入合法性基础场景。

尤其是在有关人脸信息的处理中，采取了更为严格的规定，要求"取得个人的单独同意",详见表2-2所示。①

表2-2 《个人信息保护法》规定的要求"个人单独同意"的情形

具体情形	法律依据
向第三方提供其处理的个人信息	第23条：个人信息处理者向其他个人信息处理者提供其处理的个人信息时，应当向个人告知接收方的名称或者姓名、联系方式、处理目的、处理方式和个人信息的种类，并取得个人的单独同意
公开其处理的个人信息	第25条：个人信息处理者不得公开其处理的个人信息，取得个人单独同意的除外
信息收集的目的	第26条：在公共场所安装图像采集、个人身份识别设备，应当为维护公共安全所必需，遵守国家有关规定，并设置显著的提示标识。所收集的个人图像、身份识别信息只能用于维护公共安全的目的，不得用于其他目的；取得个人单独同意的除外
处理敏感个人信息	第29条：处理敏感个人信息应当取得个人的单独同意；法律、行政法规规定处理敏感个人信息应当取得书面同意的，从其规定
向境外提供个人信息	第39条：个人信息处理者向中华人民共和国境外提供个人信息的，应当向个人告知境外接收方的名称或者姓名、联系方式、处理目的、处理方式、个人信息的种类以及个人向境外接收方行使本法规定权利的方式和程序等事项，并取得个人的单独同意

根据《个人信息保护法》，结合《最高人民法院关于审理使用人脸识

---

① 《中华人民共和国个人信息保护法》虽然在法律中首次提出"单独同意"，但并没有对其进行界定和解释。按照常识和法律中规定"单独同意"的几种情形，可以推断，"单独同意"要比"同意"对个人信息处理者提出的合规要求更高。根据《个人信息安全规范》（第5.4条c）"收集个人生物识别信息前，应单独向个人信息主体告知收集、使用个人生物识别信息的目的、方式和范围，以及存储时间等规则，并征得个人信息主体的明示同意"，把"单独同意"理解为人脸信息处理者应把所告知情况单独告知人脸信息主体，并征得人脸信息主体的单独明示同意，似乎更符合立法原意。

别技术处理个人信息相关民事案件适用法律若干问题的规定》（法释〔2021〕15号）（下文简称《规定》），人脸识别的合法性确认——"个人单独同意"，表现了国家对个人人脸信息保护的强大信心和决心，但基于目前知情同意机制并没有很好地构建起来，知情同意的虚化使个人单独同意难以落实，以致不管什么应用场景和目的，除合法例外情形以外，几乎所有的人脸识别有违法之嫌。

即使有诉讼发生，但因为法律和《规定》对相关内容的规定并不清晰，以及过错推定归责原则的使用等，使被侵权人提供证据存在困难，很难获得及时的救济。

比如，在《规定》的第12条第1项"在宾馆、商场、银行、车站、机场、体育场馆、娱乐场所等经营场所、公共场所违反法律、行政法规的规定使用人脸识别技术进行人脸验证、辨识或者分析"，是人民法院应当认定属于侵害自然人人格权益的行为，但怎么证明该场所进行了"人脸验证、辨识或者分析"？存在提供证据的困难，可能的侵权行为不能受到应有的处理，这也是被侵权人不愿意提起诉讼的重要原因。其他规定如未公开处理人脸信息的规则或者未明示处理的目的、方式、范围，未征得有权主体同意的，未采取应有或必要的技术措施导致人脸信息泄露等，存在"公开方式、范围、同意机制、应有或必要措施等是什么"等问题，而这些问题不明确具体，《规定》的内容就不易落实，行为的法律性质就不好确定，违法行为就不易被追究。这样一来，就会造成违法的行为很多，但没有受到应有的处罚，不仅没有起到对个人人脸信息的保护作用，甚至还会损害法律的权威性。

人脸识别作为一种比对、验证方式，目前法律对研发主体、使用主体的资格、条件和程序等都缺乏明确规定，只能根据具体使用场景，结合应用目的来确定行为是否合法。

（二）法律关系的复杂性

围绕人脸识别，包括人脸识别技术的研发和社会应用，需要有政府、投资者、研发者、使用者等多元社会主体的参与，表现了主体多元性特征。在不同主体之间，因为权利和义务的不同，又存在复杂的法律关系。有研发者与数据库中的图像主体之间、研发者与使用者之间、使用者与被识别主体之间、国家机关与研发者之间、国家机关与使用者之间的法律关系，甚至研发者与被识别主体之间也可能存在法律关系，如研发者可以通过远程收集被识别主体信息。

这种关系的复杂性，导致法律关系主体权利和义务存在不明确性。不同的法律关系主体之间，因法律关系性质的不同存在不同的权利和义务。有的权利义务内容比较明确，如依照法律规定征得对方同意的义务，对方有决定是否同意的权利。对方同意后，研发者有保护数据信息安全的义务等，这些权利和义务根据法律的规定，相对明确。但更多的是权利义务内容不明确，导致责任追究困难。

(三) 较高的侵权风险性

现行法律规定把"单独同意"作为处理人脸信息合法的基本要求。但在网络时代，很难做到传统的一对一、当面征求对方同意，这就需要对传统的知情同意方式进行改变，构建适应现代条件和场景的新的知情同意机制。否则，在人脸信息的收集、使用、存储等处理环节都存在较高的侵权风险。

通过人脸识别技术获取的人脸信息，结合网络上的其他信息，可以获取更多的人身信息和财产信息，在信息化和网络化背景下，信息的传播速度快，从而对人身、财产安全带来巨大的风险和潜在的安全隐患。

(四) 侵权的隐蔽性

人脸识别从技术研发到使用，都与人脸信息紧密联系，在研发阶段，需要获取和利用大量人脸信息作为训练的基本条件，在使用环节，更是直接获取人脸信息。人脸识别侵权的主要特点就是"隐性"，不仅对受侵犯的权利人隐性，对国家监管也处于隐性状态。

在信息数据成为生产要素和资产的时代，拥有信息的各大互联网公司成为最早收集、使用并赚取巨大经济利益的数据群体，不管它们的人脸信息数据是否合法拥有，但因为法律对人脸信息数据权属规定不明确，各大公司均可以公开宣称它们拥有庞大信息数据资产。大多数人脸识别用户对人脸信息数据的价值还处于无知无觉的状态，对这些数据如何被收集、被使用、被谁使用、如何使用、最终的存在形式、去向和对自己带来的影响等都一无所知，当侵犯人身权或财产权行为发生后，大多数人也是束手无策。

（五）政府角色的多重性

在人脸识别的研发和应用中，政府的角色具有多重性，承担着引导、协调和监管的功能。作为引导者，政府应该制定法律法规和政策来引导和规范人脸识别的研发和应用，尤其是要制定统一的规范和标准，推动人脸识别技术的健康发展和有序应用。作为协调者，政府需要协调各部门之间的职责和人脸识别所涉及各主体之间的利益关系。作为监管者，政府要对监管职能进行合理分工，并采取相应的监管措施，完善相应的监管机制。但政府也是人脸信息的处理者，利用人脸识别完成相应的政府职能，这可能导致政府在履行职责时公正性更受关注。

（六）治理方式的多样性

对人脸识别的治理，不是一部法律、一种方法就能完成的，需要多种治理方式的合力，才能达到治理效果，这是由国家治理的多元化和人脸识别的特殊性所共同决定的。就国家治理的多元化来讲，不仅仅是治理主体的多元化，还包括治理方式的多元化，强调政府与其他治理主体的充分互动，实现从领导型政府向参与型政府、从管理型政府向服务型政府转变，治理方式有对话、协商及合作等。就人脸识别的特殊性来讲，人脸识别的社会问题、技术问题和网络依存性问题等混合在一起，单一的治理方式发挥不了规制和管理网络秩序的功能，需要多样化的治理方式。

第三节 人脸识别技术的应用

自人脸识别技术产生以来，技术不断改进，近年来得到了越来越广泛的应用。

一、人脸识别技术在国外的应用概况

人脸识别主要用于身份识别。由于视频监控正在快速普及，众多的视

频监控应用迫切需要一种远距离、用户非配合状态下的快速身份识别技术，以求远距离快速确认人员身份，实现智能预警。人脸识别技术无疑是最佳的选择，采用快速人脸检测技术可以从监控视频图像中实时查找人脸，并与人脸数据库进行实时比对，从而实现快速身份识别。

人脸识别在20世纪90年代后期进入初级应用阶段，并且以美国、德国和日本的技术实现为主。

美国是人脸识别技术起步最早的国家，自然也是最先应用该技术的国家。其人脸识别技术的水平始终处于国际前列。1992年，美国国防部高级研究计划局（Defense Advanced Research Projects Agency，DARPA）、反毒品技术发展计划办公室（Counternarcotics Technology Development Planning Office，CTDPO）和陆军研究实验室（Army Research Laboratory，ARL）三家机构联合发起了人脸识别技术（Face Recognition Technology，FERET）项目，建立了一个大型人脸图像数据库，为研究人员提供开发、测试和评估，推动了该技术的市场化。

第一个正式启用人脸识别的是驾照管理部门，1997年，美国新墨西哥州和西弗吉尼亚州正式启用，到2015年，几乎全美国得到启用。这之后，政府的戒毒管理、护照管理、社保福利部门、银行信用卡管理部门及公安部门都陆续开始使用人脸识别[1]。

日本虽然较晚接触人脸识别技术，但其发展可谓日新月异。近年来，日本一直加快对智能视频分析技术的研究，2015年日本某公司推出的视频监控人脸识别技术的扫描速度已经能够达到3600万张图像每秒。同年，日本的主要机场引进了人脸识别系统，为出入境的游客提供了更加便捷的入境审查方式。

在人脸识别研究这一方面，比较著名的研究机构有美国麻省理工学院媒体实验室和人工智能实验室、美国卡耐基梅隆大学的机器人研究所、法国国家信息与自动化研究院、美国伊利诺斯大学Beckman研究所、Microsoft Research Asia Face Group。美国国家标准与技术研究院（National Institute of

---

[1] 涂子沛. 数文明：数据如何重塑人类文明、商业形态和个人世界[M]. 北京：中信出版社，2019：109-110.

Standards and Technology，NIST）举办的 Face Recognition Vendor Test 2006（FRVT 2006）表明，通过大规模的人脸数据测试，当今世界上的人脸识别的一些方法的识别精确度已经超过人类的平均水平。而对于高清晰、高质量的人脸图像识别，机器的识别精度几乎达到百分之百。

近年来，这种识别技术已经在各国被广泛应用于政府、银行、娱乐、电子商务、安全防务等领域。

（一）构建人脸数据集

1. FDDB 数据集

FDDB（Face Detection Data Set and Benchmark）数据集发布于2010年，是由维迪特·贾恩（Vidit Jain）等人收集整理的，现在由美国马萨诸塞大学阿姆特分校维护。这是被广泛用于人脸检测的数据集，是世界上最权威的人脸检测评估平台之一。该数据集中共有 28736 张人脸图像。[①]

2. LFW 数据集

LFW（Labeled Faces in the Wild）数据集由美国马萨诸塞大学阿姆特分校收集、整理并维护，发布于2007年，是为了研究非限制环境下的人脸识别问题而建立的，这是比较早期而重要的测试人脸识别的数据集，所有的图像必须要能够被经典的人脸检测算法 VJ 算法检测出来。该数据集包含 5749 个人的 13233 张全世界知名人士的图像，其中有 1680 人有 2 张或 2 张以上人脸图片。它们是在自然环境下拍摄的，因此包含不同背景、朝向、面部表情。[②]

3. MegaFace 数据集

MegaFace 数据集由美国华盛顿大学从 Flickr 公司组织收集，发布于2016年，包含 100 万张图片，共 69 万个不同的人。这是第一个在 100 万规模级别的面部识别算法测试基准。现有脸部识别系统仍难以准确识别超过百万的数据量。为了比较现有公开脸部识别算法的准确度，美国华盛顿大学在 2017 年年底开展了一个名为"MegaFace Challenge"的公开竞赛。这个项目旨在研究当数据库规模提升数个量级时，现有的脸部识别系统能

[①] 张重生. 人工智能：人脸识别与搜索［M］. 北京：电子工业出版社，2020：12.
[②] 言有三. 一文道尽"人脸数据集"［EB/OL］. 个人图书馆，2021-12-09.

否维持可靠的准确率。①

4. AFLW 数据集

AFLW（Annotated Facial Landmarks in the Wild）数据集是一个包括多姿态、多视角的大规模人脸数据库，一般用于评估面部关键点检测效果，图片来自 Flickr 公司的爬取。总共有 21997 张图，25993 张面孔，每张人脸标注 21 个关键点，不可见的关键点不进行标注。②

此外，还有 WFLW（Wider Facial Landmarks in the Wild）、MALF（Multi-Attribute Labelled Faces）等多达 50 多个数据集。

2014 年，国际知名法律援助公益组织电子前沿基金会（Electronic Frontier Foundation，EFF）根据美国《信息自由法案》获知，美国联邦调查局（Federal Bureau of Investigation，FBI）的"新一代身份识别数据库"（Next Generation Idenity database，NGI）正在搜集"以被捕者照片为主"的人脸照片，以便更好地识别犯罪分子。NGI 在 FBI 现有的超过 1 亿份个人指纹信息记录基础上，加入了掌纹、虹膜、人脸等多项生物特征数据。FBI 局长詹姆斯·科米（James Comey）向美国众议院立法委员会表示：FBI 正在尝试通过人脸识别技术利用被捕者照片"找出坏人"。③

（二）金融领域

人脸识别在金融交易领域的应用也非常普遍，其应用场景主要包括人脸识别存取款、电子银行远程开户、在线网络支付等方面。早在 2013 年，芬兰创业公司 Uniqul 就推出了全球第一款基于脸部识别系统的支付平台。Uniqul 的人脸识别系统将用户面部生物数据与数据库中的账户匹配，短时间内即可快速完成身份确认和交易流程。Uniqul 借助于人脸识别技术，希望创立"世界上最快速的支付系统"。Uniqul 公司称："你走到支付设备旁边后，我们的算法会在幕后对你的生物度量数据进行处理，找到数据库里你的账户。整个交易能够在 5 秒钟之内完成，通常你拿出钱包都需要这么

---

① 言有三. 一文道尽"人脸数据集"[EB/OL]. 个人图书馆，2021-12-09.
② 言有三. 一文道尽"人脸数据集"[EB/OL]. 个人图书馆，2022-11-27.
③ 丁琳. 国外如何应用人脸识别技术[J]. 科学之友（上半月），2017（4）：14-15.

长时间。"①

网上支付公司贝宝（Paypal）于2013年开始在英国推广人脸识别支付系统，已在多家商场使用，并计划在美国、澳大利亚和部分亚洲国家推广。② 目前，金融领域使用人脸识别已非常普遍。

（三）教育领域

除了在各种重大考试中应用人脸识别技术防止作弊外，人脸识别技术还被应用于课堂签到、课堂效果监测等方面。在课堂上运用人脸识别技术，通过对学生面部表情进行识别，根据学生的情绪表现监测分析，从而可以进一步提升教学效果。美国卡耐基梅隆大学的研究人员曾展示过一套全面的实时传感系统——"EduSense"。该系统使用两台壁挂式摄像头（一台对着学生，一台对着老师），单个摄像头可以看到教室中的每个人，并自动识别信息，并可以对视频和音频进行分析③。

（四）寻找失踪人口

人脸识别系统已经成为寻找失踪人口的有效工具之一。将失踪人员照片添加到数据库中，运用人脸识别技术进行信息比对，可及时向执法人员发出警报通知。2019年4月，印度妇女和儿童发展部向高等法院提交的一份文件显示，德里警方通过人脸识别技术，在4天时间里，从45000名生活在"儿童之家"的儿童中识别出2930名失踪儿童，确认了他们的身份，并努力协助他们与家人团聚。④

（五）出入境管理

2018年澳大利亚开始实行人脸识别通关入境。美国自2020年12月21日起，各大机场和港口实行出入境旅客必须进行人脸识别，主要针对出入境的外国公民。英国等其他国家也逐渐开始使用人脸识别进行出入境

---

① 戴丽娜，郑乐峰.人脸识别技术应用的机遇与挑战［EB/OL］.搜狐网，2019-12-26.
② 英国无卡消费"人脸识别"支付受追捧［EB/OL］.央视网，2013-08-11.
③ 戴丽娜，郑乐峰.人脸识别技术应用的机遇与挑战［EB/OL］.搜狐网，2019-12-26.
④ 戴丽娜，郑乐峰.人脸识别技术应用的机遇与挑战［EB/OL］.搜狐网，2019-12-26.

管理。

（六）政府警用领域

2013年年底，美国加利福尼亚州圣迭戈的警方开始配备随身携带的人脸识别设备，只要拍一张行人的正脸照片，就可以在云端连接人口数据库，确认该人身份。英国作为建设天网最早的国家，也是全世界第一个把人脸识别整合进天网监控系统的国家，1998年，伦敦的纽汉区在250多个地点安装了人脸识别系统，起到了震慑犯罪的作用，减少了犯罪数量。2008年英国英格兰兰开夏郡警察局首次使用人脸识别系统，并侦破了不少大案件。[①]

除此以外，人脸识别在国外已经被广泛应用于医疗、安防、公共交通、营销零售等领域，应用过程中也显现了个人隐私和数据保护的隐患。

二、人脸识别技术在国内的应用情况

我国在人脸识别技术领域的研究虽然起步相对较晚，但发展迅速，许多研究机构取得了很好的成果，推动了人脸识别技术的研究和应用进程。

人脸识别技术在美国开始研究时，我国还未接触该项技术。人脸识别技术在我国的研究始于20世纪90年代中后期，之后快速发展。2014年，旷视科技的Face++团队在世界专业人脸识别技术测试平台LFW数据集表现突出。"非限制场景组"测试结果显示，Face++人脸识别准确度为97.27%，超过了Facebook旗下"Deepface"的测试结果97.25%，成为该测试周期最高分。[②] 2015年3月，阿里巴巴创始人马云在德国汉诺威信息技术博览会上，将这项全球领先的刷脸支付技术推向世界。

目前，我国的人脸识别技术已经走在世界前列，数据积累、应用规模和算法技术等均居世界第一。

当前，基于深度神经元网络的人脸识别在权威数据集LFW上的识别准确率达99.5%以上，远超出了人眼的97.52%，随之带来了人脸识别商业

[①] 涂子沛. 数文明：数据如何重塑人类文明、商业形态和个人世界［M］. 北京：中信出版社，2019：109-118.

[②] 探营"中国硅谷"：神州科技加速跑［EB/OL］. 新华网，2016-02-26.

应用的爆发式增长。①

  人脸识别经历了技术引进—专业市场导入—技术完善—技术利用—各个领域应用的阶段。目前，国内的人脸识别技术发展已经相对成熟，这项技术已从安防领域延伸到考勤机、门禁机等多种产品，产品系列达20多种类型，可以全面覆盖煤矿、楼宇、银行、社会福利保障、电子商务及安全防务等领域，人脸识别的技术已经全面到来。

  我国最初从人工向计算机智能识别转化时，所使用的生物识别技术是指纹识别。只是，随着时代的发展，人们的需求发生了改变，需要更精准的技术才能满足实际应用的新需求，因此人脸识别技术开始出现。

  我国人脸识别最早是应用于安防领域。2001年，公安部门就开始利用人脸识别技术来防范和打击重大刑事犯罪，并且取得了国家的支持。2008年，在北京奥运会举办时，大量应用了人脸识别技术，这一阶段标志着我国的人脸识别技术的应用进入规模化。2010年，上海世界博览会，该技术得到了更加广泛的应用，同时各大公司争相加入这一技术的阵营，实现了人脸识别在中国的大规模应用。

  随着技术的不断成熟发展，这两年人脸识别在国内的发展相信大家也有目共睹。刷脸吃饭、刷脸取款、刷脸登机、大学新生刷脸报到等应用相继落地，我们可以感受到，这一技术已经深入我们的日常生活了。

  在我国，人脸识别技术在安防、金融、交通、教育、医疗、警务、电子商务等诸多场景实现了广泛应用，并呈现显著应用价值。为了进一步把握人脸识别技术所带来的重大机遇，我国出台了一系列政策予以支持。

  自2015年以来，我国相继出台了《关于银行业金融机构远程开立人民币账户的指导意见（征求意见稿）》《安全防范视频监控人脸识别系统技术要求》《信息安全技术网络人脸识别认证系统安全技术要求》等技术规范，为人脸识别技术的应用以及在金融、安防、医疗等领域的普及奠定了重要基础。

  2017年，"人工智能"首次被写入政府工作报告。同年7月，国务院印发了《新一代人工智能发展规划》（国发〔2017〕35号）。12月，工信

---

① 从可用走向可信 共建人脸识别良性生态环境［EB/OL］.中国网，2022-06-04.

部出台了《促进新一代人工智能产业发展三年行动计划（2018—2020年）》，其中对人脸识别有效检出率、正确识别率的提升做出了明确要求。

目前人脸识别在我国获得了几乎全面的应用，主要包括公权力主体和私权利主体的应用。

（一）公权力的应用

人脸识别技术的快捷性和易采集性，使我国的公权力主体对人脸识别的应用逐渐增多。公权力的应用主要是指公共权力主体为了维护全体成员的共同利益，在履行职责时，将人脸识别技术运用在公共安全、公共交通以及公共服务等方面，如天网人脸识别系统、公共安检系统和社会保险系统等。

目前我们已经安装了由公安机关控制掌握的近千万个具有人工智能功能的监控摄像头，通过这些摄像头和其他智能技术的结合，我们可以在短短的几秒钟内就锁定目标人物。不仅可以用来追捕犯罪嫌疑人，还可以寻找失踪人口，将失踪人口的人脸图像放入人脸识别数据库中进行比对，就可以及时地向警方发出警报通知。人脸识别技术在公共交通安检领域也有着相应的应用，在高铁进出口的人脸识别设备不仅提高了检票的效率，还为疫情防控安全做出了更好的保障。社会保险的人脸识别认证平台，通过公民的身份证件照片与现场实时人像信息的对比确认，更好地提高了公民社保的真实性，不仅可以随时确认参保人员的身份信息，还可以在一定程度上避免非法情况的发生。

（二）私主体的应用

1. AI公司的应用

我国比较大的AI公司对人脸识别的主要应用方式是提供技术服务和优化商业模式，通过企业合作实现技术落地，使合作企业降本增效。"市场上人工智能做得比较好的公司如百度，以及独立公司旷视、商汤等，都把人脸识别作为一种非常重要并且具备经济意义的业务和AI能力输出的主打产品。人脸识别作为计算机视觉技术目前最大的商业应用领域，也支撑着许多AI公司的商业模式。"[①]

---

① 向小田. 那些AI公司的人脸识别[J]. 理财, 2019（11）：11-12.

比如，2019 年 9 月 26 日，在百度大脑人脸识别新产品及伙伴计划发布会上，百度首次公开人脸识别公有云服务日均调用量超过 1 亿，已稳居业界第一。百度大脑 AI 开放平台汇聚的人脸技术企业开发者数也已超过 13 万，收入年同比增长高达 300%。在百度大脑人脸识别领域，百度大脑已经拥有超过"1000+"合作伙伴，落地项目更是超过 10 万个。① 旷视主要侧重于为金融企业、网约车以及移动互联网公司等客户提供个人身份核验，商汤侧重于布局智慧城市安防，还有一些人脸识别产品提供给智能手机厂商，用于图像美化、人脸聚类等。②

2. 构建数据集

WIDER Face 数据集由香港中文大学汤晓鸥教授团队构建，总共有 32203 张图片，共有 393703 张人脸，比 FDDB 数据集大 10 倍，而且在面部的尺寸、姿势、遮挡、表情、妆容、光照上都有很大的变化，算法不仅标注了框，还提供了遮挡和姿态的信息，自发布后广泛应用于评估性能比传统方法更强大的卷积神经网络。该数据集是当前人脸检测研究最常用的数据集之一。③

张重生教授及其团队采集、构造了一个较大规模的专门的侧脸图像数据集，包括 wanwan1 和 wanwan2 数据集，wanwan1 数据集包含 100 张侧脸图像，这些图像均来自互联网。wanwan2 数据集包含 100 张多角度人脸图像，主要对侧脸的耳朵图像信息进行比对试验，对丰富人脸识别具有较高的价值和现实意义。④

3. 金融领域

人脸识别当前在金融领域的应用最为广泛，当前国内金融领域监管要求严格，金融相关产品都需要实名认证，并且具有较高的安全性要求，活体识别、银行卡 OCR 识别、身份证 OCR 识别、人证对比等在各大手机银

---

① 百度人脸识别公有云服务日均调用量超过 1 亿 稳居业界第一［EB/OL］．贤集网，2019-09-27．
② 向小田．那些 AI 公司的人脸识别［J］．理财，2019（11）：11-12．
③ 言有三．一文道尽"人脸数据集"［EB/OL］．个人图书馆，2021-12-09．
④ 张重生．人工智能：人脸识别与搜索［M］．北京：电子工业出版社，2020：16-17．

行、金融 APP、保险 APP 等都已经成为不可或缺的一个环节。

中国平安集团开发的人脸识别技术已经应用于旗下小额贷款品牌"平安易贷"的融资场景中,辅助客户更快捷地完成融资流程。目前,平安易贷所运用的人脸识别技术精确率高达 99%。招商银行远程开户系统以招商银行手机银行 APP 为载体,开户人根据提示,通过包括人脸识别技术在内的三个步骤核实身份,可在两分钟左右完成开户。相比银行网点排队叫号、人工办理,缩短了 80% 的办理时间。

4. 其他领域

比如,安保领域,目前大量的企业、住宅、社区、学校等安全管理越来越普及,人脸门禁系统已经成为非常普及的一种安保方式。家庭看护 iBaby 全景婴儿监视器:该产品在婴儿监护行业是革命性产品,可"目不转睛"地监护宝宝,并实时同步到移动设备上,让父母在任何时间、任何地点都能与自己的宝贝相连。娱乐领域,在市场上火爆的美颜相机、网络直播、短视频等都是建立在人脸识别的基础上对人脸进行美颜和特效处理。医疗领域、销售领域、单位考勤及会务等,甚至是公厕都用了人脸识别。未来,随着人脸识别技术的安全性和技术性能的提高,使用领域会进一步扩大。

三、人脸识别技术的优势和不足

(一)人脸识别技术的优势

人脸识别技术具有其他识别技术不具有的优势,现阶段研究广泛的生物特征识别技术对象有面部、声音、瞳孔、指纹、DNA 等,相对应的生物特征识别技术分别是人脸识别、语音识别、瞳孔识别、指纹识别、基因识别等。但是,传统生活中,人与人之间的辨认主要是通过人脸辨识实现的,人脸识别更贴近生活,符合人们的辨识习惯。因此,在众多的生物特征识别技术中,人脸识别技术更符合视觉特性,符合人的认知规律,具有以下几点优势:

1. 识别速度快。人脸识别技术通过摄像头自动获取人脸信息,用户不需与设备直接接触就能完成识别过程,是一种快速的身份识别技术。人脸识别可以不接触人体，直接通过摄像头在一定距离内识别人的面部特征，达到辨别的目的，从而实现更大范围、更多方位的信息采集。

2. 不易被仿冒。每个人的人脸图像信息都具有独特性和唯一性，被识别对象必须亲自来到识别现场才能完成识别过程，一般情况下他人无法轻易仿冒，但现在技术攻击手段多样，人脸识别存在不足，被仿冒的事件时有发生。

3. 设备成本低。目前数码科技高速发展，大多数摄像头比较便宜，并且个人手机或其他移动装备上都配备有分辨率较高的摄像头。

4. 识别效率高。人脸识别技术属于一种自动识别技术，可以同时采集一到多张相同或不同对象的图像，并进行识别与分析。

5. 应用领域广。人脸识别在多领域有应用，未来具有更广阔的市场应用前景。

6. 不易受侵扰。人脸识别的非接触性也为被采集者带来了非侵扰性的体验。一方面对人脸的采集无须被采集者配合，也无工作人员干预；另一方面人脸属于暴露在外的生物特征，对人脸的识别采集更容易被大众接受。

7. 硬件基础完善。人脸识别对硬件的需求主要体现在摄像头上，当前普及的智能手机均带有高像素的摄像头，同时伴随国内视频监控体系的逐渐完善，城市中高清晰度摄像头的密度逐渐增加，因此相比需要特定的指纹识别设备等，人脸识别的硬件基础优势更为明显。

（二）人脸识别技术应用的不足

与任何技术一样，使用人脸识别也存在潜在的缺陷，如对隐私的威胁、侵犯权利和个人自由、潜在的数据盗窃和其他犯罪等。此外，由于技术上的缺陷，还存在出错的风险。虽然人脸识别技术在技术和应用上已经有了极大的发展，但仍会存在一些因素的限制，使得人脸识别系统在安全性和实用性等方面没有完全达到人们的预期，识别的准确性和可靠性方面存疑，人脸识别存在安全漏洞，在人脸识别的人脸比对和活体检测过程中，无法避免出现误判的情况。目前尚无一套包括所有技术模块的、完全开源的基准人脸识别系统。不管是国内还是国外的研究团队开发的人脸识别引擎，都不支持第三方的库函数，关键技术还需要进行优化和完善。

人脸识别技术应用的不足具体可以分为以下几种：

1. 侵犯个人隐私。对个人隐私的威胁是人脸识别技术的一个重大缺点。人们不喜欢他们的脸被记录并被存储在数据库中，以供未知的未来使用，也不喜欢被监视。隐私是一个大问题，如美国10座城市通过立法禁止执法部门使用实时人脸识别，主要原因就是害怕隐私被侵犯。

2. 伪造信息传播。实际上，我们的人脸信息早就已经在互联网流通了，人脸信息的广泛和随意传播可能会导致很大风险。如在新闻领域，通过深度伪造技术使得伪造的新闻图片、图像或声音大量传播，大多民众不能对这一技术所造成的虚假信息形成准确的辨识而不自觉地接受了虚假信息并传播开来，严重干扰社会秩序。

3. 侵犯个人权利。如果没有很好的制度规范和权利保护，因为人脸识别技术局限、被黑客攻击或算法偏见问题等造成人脸识别信息数据的泄露，为各种犯罪提供机会，对个人的肖像权、隐私权、知情同意权、信息权、平等权和财产权等构成侵犯。

2021年4月，欧盟提出了《人工智能法案》的草案，其中将人脸识别等远距离生物识别系统认定为"高风险"，人脸识别技术是欧盟委员会着重强调进行限制的人工智能技术。除寻找失踪儿童、解除恐怖袭击的威胁和在法律允许范围内追查特定的刑事犯罪嫌疑人等三种特定情况外，无差别的大规模监控被欧盟全面禁止。2021年6月21日，欧盟数据保护委员会（EDPB）和欧盟数据保护监督局（EDPS）针对欧盟4月发布的人工智能法规草案发表联合意见，进一步呼吁在公共场所禁止使用人工智能自动识别个人特征，包括人脸识别、步态、指纹、DNA、声音等生物或行为信号。[1] 2021年10月6日，欧洲议会以377票赞成、248票反对、62票弃权的结果通过决议，要求执法机构在使用人工智能工具时，要采取强有力的保障措施，比如禁止警方在公共场所或边境检查中实行大规模人脸识别，禁止使用私域人脸识别数据库以及根据行为特征进行预测性监管等。[2]

---

[1] 郭美婷，张雅婷，曹金良. 欧盟AI立法进行时：呼吁禁止公共场所人脸识别 强调数据保护［EB/OL］. 新浪网，2021-06-28.

[2] 马嘉璐. 南方都市报：欧洲议会决议禁止警方公共场所人脸识别，因算法歧视弊大于利［EB/OL］. 网易网，2021-10-08.

亚马逊、微软、IBM等大公司也暂停了人脸识别业务。我国天津、南京、杭州、深圳等地也相继开始进行人脸识别监管。但欧盟更强调监管公共场所监控，我国更重视近距离的人脸识别。

随着社会信息化、智能化、网络化的迅猛发展，人脸识别技术已取得了巨大的成就，比如，准确率方面，2014年人脸识别的最高准确率仅为72%，而现在它的准确率可以超过95%。[①] 但是在实际应用中仍然面临困难，个人信息泄露和权利保护成为人脸识别技术发展和应用面临的主要问题，现实场景中不仅需要达到快速检索同时要求达到很高的分类准确率，还不能侵犯权利，如何做到这一点需要人们继续研究。

---

① 赛博研究院.世界经济论坛报告：人脸识别用例的责任限制框架[EB/OL].安全内参网，2020-03-11.

第三章

人脸识别技术的侵权风险

脸是一个人最主要、最直接、最基本、最便捷的辨识和记忆部位，是整个人体最具有表征意义的部位，从古代的画像到现代的照相，首先选取的部位就是人脸。人脸承载着对一个人进行识别的重要功能，当被问及"是否认识某个人"的时候，人们在脑海里搜寻的不是人名，而是人的面貌，在人的记忆里，脱离人脸的人名仅仅就是一个没有社会意义的符号。在社会生活中，人脸还与身份密切相关。伴随着人脸识别技术的大规模、常态化应用，信息技术的发展和互联网的普及，其所引发的侵权风险，对企业商业利益、社会公共利益和国家安全的影响等问题，受到高度关注，人们对人脸识别技术的应用产生了质疑：人脸识别技术是否会侵犯公民的权利？可能侵犯公民的哪些权利？对国家和社会可能带来哪些危害？这些问题需要研究解决。

第一节 人脸识别技术侵权的显性和隐性

现代社会，个人信息处理者通过计算机和算法对个人信息进行收集和处理，不仅能识别特定个人身份，还能自动判别一个人的心理特质、兴趣爱好、性格特点、职业专长等，总结出一个人的心理需求，有针对性地对其进行不同内容的信息影响，从而通过优化经营模式或其他措施实现经济利益和社会利益①，甚至达到政治和军事目的。②

　　人脸识别技术的运用，除了极大地便利了人民的生活，提高了社会治理效率以外，也伴随着如人脸信息被不当收集、利用甚至泄露等造成侵权的各种风险。不同于传统的显性侵权表现，人脸识别技术侵权有显性侵权和隐性侵权两种方式，并以隐性侵权为主要表现方式。

一、显性侵权和隐性侵权

　　显性侵权是指侵权行为是公开的、直接的、可以依据客观的标准进行衡量的侵权形式。有明确的侵权人和被侵权人、侵权方式、侵害后果、因果关系、责任追究的程序和方式等。比如传统侵犯人身权、财产权等行为，这类侵权行为被人们熟知，便于防范和责任追究。

　　隐性侵权是指侵权行为是隐蔽的、无法通过客观标准进行衡量的侵权形式。侵权人和被侵权人、侵权方式、侵害后果、因果关系、责任追究的程序和方式等都不明确。人们对于这类侵权行为较为陌生，疏于防范。即使有人认识到行为的侵权性，也会因为维权路径不清晰、证据难以获取等原因而无法追究。一旦侵权后果显现，则通常会比较严重。

　　人脸识别技术侵权的表现有些是显性的，但多数是隐性的。

二、人脸识别技术隐性侵权的概念和特征

（一）概念

　　人脸识别技术隐性侵权是指人脸信息处理者在人脸信息主体不知情、

---

① 如美国的零售商塔吉特能够从一个女性购买的产品中准确地预测出其何时怀孕并向其推送相关产品信息。迈尔-舍恩伯格，库克耶. 大数据时代：生活、工作和思维的大变革 [M]. 盛杨燕，周涛，译. 杭州：浙江人民出版社，2013：72-78.

② 在选举中大量使用数据的做法，起源于美国第 44 任总统奥巴马。2008 年，他第一次代表民主党参选期间，建立了专门的个人竞选网站，收集了1300万人的个人信息和邮箱地址，雇用了一批数据科学家，对不同的选民推送不一样的定制信息。2012年，Facebook 已经聚集了 8 亿用户，奥巴马的个人网站实现了和 Facebook 联动，获取了更多的个人信息数据。信息数据分析方法使这两届总统选举奥巴马均获胜。特朗普当选和 2016 年的英国脱欧公投都与剑桥数据分析公司有关。涂子沛. 数文明：数据如何重塑人类文明、商业形态和个人世界 [M]. 北京：中信出版社，2018：4-11.

不同意或者超出同意范围的情况下对其信息进行收集使用，从而对其权利构成侵犯，侵权人、侵权方式和侵权后果处于隐秘状态的一种侵权形式。

（二）特征

隐性侵权的主要特点就是"隐性"，不仅对受侵犯的权利人隐性，对国家监管也处于隐性状态。"当拥有数据的各大互联网公司赚得盆满钵满，公开宣称它们拥有庞大数据资产的时候，大多数消费者对数据的价值还处于无知无觉的状态。对这些数据如何被使用、被谁使用、最终有多少个拷贝和版本、保存在哪里，消费者更是一无所知。"[1] "数据无所不在，它们躲在暗处嘲笑不会善加利用的人们，真相往往隐藏在数据的排列组合里。"[2] 大量的信息主体对侵权的隐性状况是缺乏认知和辨识的。国家实现有效监管在技术上和制度上均存在一定困难。

1. 侵权主体有隐秘性。人脸信息具有可复制性和共享性，对信息主体权利的侵犯，可能来自信息收集人，也可能来自信息加工者和信息使用人。这种侵权主体的多重性，导致侵权主体不仅以匿名化的方式隐藏于互联网这个虚拟的空间里，还隐藏于数据使用链背后。

2. 侵权方式具有隐秘性。人脸识别侵犯信息主体权利的方式多样，不合理利用、盗取、对信息有保密义务的主体没有履行保密义务等。并且，快速的网站关联使收集到的信息迅速扩散，隐蔽化、智能化的侵权越来越普遍。

3. 损害后果的隐秘性。人脸识别侵权的后果不管是物质的还是精神的，大多具有强烈的延时性，在延时期间的隐秘性使损害后果难以被发现，一旦损害后果显现，往往比较严重。

4. 侵权的行为和损害后果间的联系具有隐秘性。传统的侵权，不管是一因多果还是多因一果，不管是直接联系还是间接联系，都是显性的。但隐性侵权的损害后果和侵权行为的联系因后果的隐秘性和侵权方式的隐秘性而具有了强烈的隐秘性，带来法律责任追究的困难。

---

[1] 涂子沛. 数文明：数据如何重塑人类文明、商业形态和个人世界[M]. 北京：中信出版社，2018：40.
[2] 连玉明. 数权法1.0：数的理论基础[M]. 北京：社会科学文献出版社，2018：30.

三、人脸识别隐性侵权的构成

（一）人脸识别侵权主体主要是个人信息处理者

目前的个人信息处理者主要有：

1. 国家机关或具有公共管理职能的组织。因为实现国家职能的需要，国家机关或具有公共管理职能的组织通过合法途径和方式掌握大量的社会公共信息和个人隐私信息。它们作为个人信息处理者，虽然有内部规章和制度，守法意识也比较强，但也存在侵权的可能性。比如，它们的内部工作人员利用职务便利，将掌握的个人信息出卖给他人，或者技术原因导致的个人信息泄露等，都是侵权行为。

2. 各大商业企业。这些商业企业通过各种商业交易行为，掌握了大量客户的个人信息，不经信息主体同意，利用这些信息对经营模式进行优化或把所掌握的个人信息出卖、泄露等行为都是侵权行为。

3. 各种网络服务提供者。网络服务提供者是指通过信息网络向社会公众提供信息，或者为了获取网络信息等目的而提供服务的机构，是应用人脸识别获取信息的主要主体。在实践中，涉及不同领域的网络服务提供者有不同的名称，但现在更多的是网络服务平台，在消费、娱乐和社会交流等方面的作用不可或缺，成为技术和技术应用的中介，集中了海量的个人信息，是个人信息的主要处理者，也成为个人信息的主要隐性侵权者。

4. 其他个人和组织。其他个人和组织是指为了达成自己的目的从而利用各种应用APP和"爬虫"等技术对个人信息进行收集使用的主体。通常不会履行法律规定的获取个人信息的程序，遵守法定的处理个人信息的义务，是隐性侵权的主要主体。

（二）人脸识别侵权主体有侵权的主观故意或过失

故意和过失是行为人在行为时的心理状态。故意是指行为人在行为时明知自己的行为会带来什么损害结果，并且希望或者放任这种损害结果发生的心理状态。故意在认知上是明知、会，这里的"会"包括"可能会"和"肯定会"两种情况，表现出来行为人对行为结果的预测。希望或者放任是行为人对损害结果所持的态度，希望是积极追求损害结果的发生，放任是对损害结果听其自然，听之任之。过失是指行为人在行为时应该预见到自己的行为可能会造成什么损害结果，因为疏忽大意没有预见，或者预见到了但是相信损害结果可以避免，以致损害结果发生的心理状态。不管故意还是过失，都是以行为人有相应的认知能力为前提的。

信息是对特定主体状态和活动的描述和记录，特定主体因为记录的信息化而成为信息主体，信息主体对基于自身所产生的信息享有使用决定权。在人脸识别侵权上，人脸信息处理者在收集、使用他人人脸信息时，一般是明知自己有没有信息处理权的。在信息泄露侵权上，并不排除过失的可能。

（三）人脸识别侵权主体实施了侵犯信息主体权利的行为

现实生活中，人脸识别侵权的行为表现具有多样性。主要有：

1. 大量 APP 应用软件或信息服务平台过度收集用户人脸信息、私自与第三方共享用户信息、非法对用户信息进行交易等行为。①

2. 不正当收集、使用个人信息的行为。不正当收集个人信息包括两种情况，一种是违反法律规定或未经信息主体同意的非法收集，一种是虽经信息主体同意，但采取了不合适的方式。作为信息处理的第一个环节，其后的各种信息处理活动都以此为开端。仅仅一项收集行为，现实中就有很多处理者，不能做到合法、正当地收集。不当收集个人信息的行为表现在很多方面，例如未经过信息主体的同意实行收集行为，或者虽经过信息主体的同意但未明示收集的目的或范围等；用协议的方式获得信息主体的使

---

① 中国消费者协会. 100 款 APP 个人信息收集与隐私政策测评报告 [R/OL]. 中国消费者协会网，2018-11-28. 关于与第三方共享信息情况，笔者曾做过一项实验：通过人脸识别用手机 A 打开了某宝，在里面搜索了衣服类的商品，然后关闭某宝，再打开，这时手机 A 中的首页推荐商品全是衣物。通过人脸识别用另一个手机 B 打开了某多多，查询了其中同人周边商品，分享到微信，使用手机 A 打开了手机 B 的链接，浏览了某宝，分享到微信，然后从微信进入某宝，这时候某宝的推荐商品虽然不是直接的周边商品，但已经出现了同人周边和衣物重叠的商品趋势。这反映了信息处理者对信息的第三方共享，某宝所属的某某巴巴和某多多所属的上海某梦公司是否有信息共享关系，在隐私协议里是找不到的，只提到了"在获得您的同意或其他依法可以共享的情形"。这反映出多数信息处理者对信息共享第三方是不明确告知信息主体的。信息主体的一次同意可能导致自己的信息被不可知的主体无限次使用。

用许可，但使用方式超出协议约定的范围。

不正当使用个人信息指的是，不按照法律规定的方式或者和信息主体的约定，超过了信息使用的范围、限度、方式等使用个人信息，侵害了信息主体的权益。但前提是信息处理者已经合法收集该信息。个人信息处理者收集到个人信息后，将信息经过分析处理，出售给第三人以谋求利润，或者利用收集到的个人信息反向向信息主体推送广告，例如移动电信的套餐优惠服务信息以及在某招聘网络平台上留下联系方式，日后就会有无数个招聘推荐信息，人们每天都在承受各种垃圾短信的狂轰滥炸，防备心不强的人会相信诈骗短信而遭受财产损失。还有一些网络服务者会根据个人的浏览记录和搜索记录精准判断用户的需求，推送其感兴趣的视频赚取流量或推荐商品进行诱导性消费，这些网络服务提供商虽然合法收集了个人信息，却以各种方式诱导消费者，而消费者没有拒绝的方式或途径，实质上就是不正当使用个人信息的行为，严重侵害个人的信息权益和安全。

3. 利用格式协议。表面上看，网络服务商提供的很多服务是免费的，用户也在使用协议中表示了同意。其实，使用者提供了享受服务的对价——个人信息。在这种表面上看起来合理的使用协议中，因为用户只能选择同意还是不同意，不同意即不能享受相应的服务而存在着格式协议的嫌疑。同时，在用户协议中隐藏有侵犯信息主体权利的内容。①

4. 用隐藏的技术方式取得更多的信息。侵权主体在程序里隐藏信息爬虫，"一旦用户使用这个程序，它就把通过这些用户账户可以看到的资料和信息，诸如'所在城市''点赞''好友'等'扒'下来，保存在自己

---

① 2019年9月，我国一款刷屏级人脸识别应用——换脸App"ZAO"由陌陌推出，任何人都可以通过该软件将视频中明星的脸换成自己的脸，从而完成自己成为演员、和自己的偶像搭戏的愿望。但因其用户协议"同意授予ZAO及其关联公司以及ZAO用户全球范围内完全免费、不可撤销、永久、可转授权和可再许可的权利"中隐藏的侵权问题而引起广泛关注。后被工信部约谈整改。

的服务器上"①，对更多人的信息权利造成侵犯。②

5. 各种信息交易行为。大数据时代，信息蕴含的巨大商业价值和社会价值的发挥有赖于数据的流动，信息交易蓬勃兴起。但信息不同于传统的商品，"数据是对事实、活动的数字化记录，其通常被认为是彻底脱离具体物的物质性原子构成，而呈现为非物质的比特构成"③。它的交易流通无法被监控，被买卖了多少次没有人能知道，信息主体的权利被侵犯了多少次也没人知道。

6. 泄露、毁损、丢失个人信息的行为。个人信息处理者在收集个人信息后，不履行信息安全保护的法定义务，对个人信息没有采取安全保护措施，或者疏于监管，导致信息的泄露等。

相对于毁损和丢失个人信息的行为，泄露个人信息具有更严重的危害性，因为不知道泄露的个人信息会被何人利用。泄露信息的行为在实践中有不同的表现，根据信息处理者的主观过错，包括过失泄露和故意泄露两种行为。前者指信息处理者或其安全保护的工作人员，因为对自身安全技术过于自信，或者在工作中存在疏忽，而导致信息发生泄露，第三人利用此信息为自己谋取利益，进而进一步损害信息主体的权益。后者的主观状态多表现为个人信息处理者的故意，可能一开始就以某种非正当的目的收集个人信息，在后续当中的泄露行为是最终目的，以获得非法收益；也可能在正当收集个人信息后，故意将其透露给特定的第三人，以达成某种协议或利益交换。④ 再如，信息处理者内部工作人员，为获取某种不正当利

---

① 涂子沛. 数文明：数据如何重塑人类文明、商业形态和个人世界 [M]. 北京：中信出版社，2018：6.
② 在 Facelook 风波中，剑桥分析公司（Cambridge Analytica）的一名研究员科根（Aleksandr Kogan）以学术研究的名义在 Facelook 上推出了一个小程序"这是你的数字化生活（This Is Your Digital Life）"，宣称可以提供免费性格测试，最终 32 万人参与了科根的调查。但是科根在他的程序中隐藏了一个数据爬虫，通过参与调查的 32 万人获取了 8700 万用户的信息。
③ 大数据战略重点实验室. 块数据 5.0：数据社会学的理念与方法 [M]. 北京：中信出版社，2019：232.
④ 比如，庞理鹏诉中国东方航空股份有限公司、北京趣拿信息技术有限公司隐私权纠纷案。北京市海淀区人民法院（2015）海民初字第 10634 号民事判决书；北京市第一中级人民法院（2017）京 01 民终字第 509 号民事判决书。

益，利用职务之便，将自己负责保管的个人信息泄露给他人。这种情况在实践当中很多见。

个人信息处理者对个人信息有合法利用和加密保护的法定义务，此义务未履行的，构成侵权。

7. 非法利用个人信息进行自动化决策。自动化决策是指通过计算机程序自动分析、评估个人的行为习惯、兴趣爱好或者经济、健康、信用状况等，并进行决策的活动。例如，用户在网络上看到的信息都不是随机生成的，而是 App 运营者根据用户个人对不同类型、不同内容的信息浏览时间、搜索关键词的频率以及同类偏好人群喜欢浏览的视频类型进行个性化推送。在商业活动中自动化决策的结果往往会直接影响用户的服务体验，对个人信息权益有着重大影响。这也是常说的"大数据杀熟"。

近些年来，网络服务提供者等个人信息处理者不经过信息主体的同意，擅自利用其个人信息进行用户画像和大数据杀熟的行为非常普遍，这些非法利用个人信息进行自动化决策的行为，会针对不同的群体进行不公平的区分和对待，甚至会遭受信息处理者的某种歧视。比如，在很多处理者中也存在价格歧视的行为，为打开市场和收集更多的信息，新用户往往会得到更多的优惠力度。

为了避免自动化决策的滥用，《中华人民共和国个人信息保护法》第 24 条对个人信息处理者利用个人信息进行自动化决策做出了规定，赋予了信息主体的拒绝权。

8. 利用各种方式盗取使用个人信息。[1]

（四）信息主体受到某种损害后果

隐性侵权行为带来的后果，不同于其他侵权行为造成的后果。

1. 这种损害后果可以是显性的，如直接的经济损失、名誉受损、人身

---

[1] 如 2021 年 "3·15" 晚会揭露的手机陷阱事件和随处可见私自安装使用的人脸识别系统对人们信息的偷偷随意抓取。现实生活中这种侵权行为很多。

损害等。但更多的是隐性的，如算法歧视、信息茧房[①]等。

2. 这种损害后果具有长期性和潜在的危险性。信息是典型的"用生资源"[②]，可以被以零成本的代价进行无限次地复制、分析和利用，在被特定算法分析后，造成二次甚至多次的损害。而且因为算法的多样性、信息的可复制性和"数据的永久存储性、易于传播性和可搜索性使得人们冀望于随时间而淡忘的期待落空，导致人权长期处于受损状态，从而加重损害的结果"[③]。

3. 信息主体对侵权造成的损害后果或潜藏的损害后果的感知明显滞后，在明显的、严重的损害后果出现之前是没有感知的。"无感伤害的产生基于大数据存在的客观特征。"[④]

4. 信息处理者的侵权行为造成损害，包括物质的损害和精神的损害。财产性损害赔偿，按照法律规定，有两种计算方法。

一种是根据信息主体受到的损失，比如，第三人利用泄露的信息对信息主体进行诈骗，被骗的具体金额即信息主体的损失；需要注意的是，这里的财产损失包括信息主体为制止侵权行为付出的合理开支，这里的制止行为就成为一个必然发生的行为，应当包括在内。比如，自然人请求删除其错误信息，信息处理者拒不删除而造成重大财产损失的，就可以向人民法院提起诉讼，合理开支就要包括委托诉讼代理人的费用，还包括信息主体为挽救财产损失所支付的相关费用。另外，支付的合理开支被认定为财产损失，也不是很容易进行确定的，因此，需要和其他财产损失或者获得的利益一样，由法官根据实际情况确定赔偿数额。

[①] 指公众在海量信息传播中，因非对信息存在全方位需求，而只关注自己选择的或能使自己愉悦的讯息，长此以往，将自己束缚在如蚕织就的信息"茧房"中的现象。桑斯坦. 信息乌托邦：众人如何生产知识 [M]. 毕竞悦, 译, 北京：法律出版社, 2008：8.

[②] 所谓用生资源，就是被使用不会对其造成消耗，反而会越用越多的资源。大数据战略重点实验室. 块数据5.0：数据社会学的理念与方法 [M]. 北京：中信出版社, 2019：263.

[③] 连玉明. 数权法1.0：数权的理论基础 [M]. 北京：社会科学文献出版社, 2018：84.

[④] 顾理平. 无感伤害：大数据时代隐私侵权的新特点 [J]. 新闻大学, 2019 (2)：24-32.

一种是根据处理者获得的利益，对信息主体进行赔偿，比如，电信公司将其用户的联系方式，以确定的价格出卖给第三人，因此获得的利益就是参考标准。

个人因此受到的损失和个人信息处理者因此获得的利益难以确定的，根据实际情况确定赔偿数额。

5. 精神性权益的损害赔偿。精神具有无形性，受到侵害时，虽然不能像财产损失一样按照某种标准去判定，但其损害性是明显的，有时可能比财产损失的后果还要严重。例如，自然人的个人信息在互联网上被泄露，信息传播速度之快、范围之广，一些不明真相的网络群众对该自然人进行侮辱和网暴，甚至人肉搜索，严重侵害其自身及家人的正常生活，很多这样的自然人患上抑郁症，甚至自杀。《中华人民共和国民法典》和《中华人民共和国个人信息保护法》对于个人信息处理者侵害个人信息权益的损害赔偿包括精神性损害赔偿。

（五）损害后果和侵犯信息主体的侵权行为之间有因果关系

信息主体受到的损害和侵权人的侵权行为存在因果关系，但这种因果关系在信息智能化时代表现出一定的复杂性。

因为信息处理具有高度技术性和专业性，作为信息主体对经过处理后的信息呈现方式可能是完全陌生的，尤其是通过人工智能多次分析过后的信息。由于参与主体的多重性和不明确性，要证明侵权主体的侵权行为和信息数据主体受到的损害后果之间的因果关系是比较困难的。

1. 信息主体对因果关系的证明能力不足。在互联网与信息智能化时代，信息传播的途径越来越多，媒体、网站、互联网服务平台和自媒体平台等都是各种信息的聚集地，自动化决策、算法等技术，为人们生产生活带来变革的同时，侵害个人信息权益的行为比比皆是。

一方面，信息传播速度之快、范围之大、辐射面之广，分散的信息不利于信息主体的取证。信息传播形式的多样、技术的不可公开和透明等，也使得很多情况下信息怎样被处理、何时何地被泄露、侵权发生的环节和侵权方式等，信息主体没有办法搞清楚；另一方面，信息共享的大规模应用导致因果关系的不确定性。首先，因为自动化决策等信息技术的存在，作为普通民众的个人信息主体，往往不具有信息保护的相关专业知识，对信息处理者的处理行为可能都不知情，甚至权益已经被侵害了也还不知道，因此，对于因果关系的证明很多时候也是无从下手。其次，信息共享能够大规模地应用，是因为互联网平台之间的信息共享可以瞬间完成，可以说没有时间成本，时间短，速度快，且多个信息处理行为各个环节都有可能发生信息泄露等，具体是哪一个平台或者哪一个环节的侵权行为导致了损害的发生，信息处理者自身可能都不知道，更何况信息主体，证明因果关系存在更加困难。

信息技术的发展使得侵害个人信息权益的行为越来越复杂和隐蔽，信息主体常常因为证明能力不足导致败诉，例如，在"谢某与苏宁易购公司网络侵权责任纠纷案"[1]中，法院认为，在对个人信息处理的任何一个环节中，都有可能泄露了个人信息，甚至是黑客的盗取也有可能，谢某并不能确定到底是哪一个信息处理者泄露其信息而造成损害，即不能证明因果关系这一要件，因此判定苏宁易购等信息处理者不承担民事法律责任。

在庞理鹏诉中国东方航空股份有限公司、北京趣拿信息技术有限公司隐私权纠纷案中，庞理鹏因没有证据证明信息处理者泄露了其个人信息，损害与处理行为有因果关系而导致一审败诉。

基本案情：2014年10月11日，庞某某委托鲁某通过北京某拿信息技术有限公司（以下简称某拿公司）下辖网站去哪儿网平台（www.qunar.com）订购了中国东方航空股份有限公司（以下简称东航）机票1张，所选机票代理商为长沙星旅票务代理公司（以下简称星旅公司）。去哪儿网订单详情页面显示该订单登记的乘机人信息为庞某某姓名及身份证号，联系人信息、报销信息均为鲁某及其尾号**58的手机号。2014年10月13日，庞某某尾号**49手机号收到来源不明号码发来短信称由于机械故障，其所预订航班已经取消。该号码来源不明，且未向鲁某发送类似短信。鲁某拨打东航客服电话进行核实，客服人员确认该次航班正常，并提示庞某某收到的短信应属诈骗短信。2014年10月14日，东航客服电话向庞某某手机号码发送通知

---

[1] 广东省阳江市江城区人民法院（2016）粤1702民初1098号民事判决书。

短信，告知该航班时刻调整。当晚 19：43，鲁某再次拨打东航客服电话确认航班时刻，被告知该航班已取消。庭审中，鲁某证明其代庞某某购买本案机票并沟通后续事宜，认可购买本案机票时未留存庞某某手机号。东航称庞某某可能为东航常旅客，故东航掌握庞某某此前留存的号码。庞某某诉至法院，主张某拿公司和东航泄露的隐私信息包括其姓名、尾号＊＊49 手机号及行程安排（包括起落时间、地点、航班信息），要求某拿公司和东航承担连带责任。

裁判结果：北京市海淀区人民法院于 2016 年 1 月 20 日做出（2015）海民初字第 10634 号民事判决：驳回庞某某的全部诉讼请求。庞某某向北京市第一中级人民法院提出上诉。北京市第一中级人民法院于 2017 年 3 月 27 日做出（2017）京 01 民终 509 号民事判决：一、撤销北京市海淀区人民法院（2015）海民初字第 10634 号民事判决；二、北京某拿信息技术有限公司于本判决生效后十日内在其官方网站首页以公告形式向庞某某赔礼道歉，赔礼道歉公告的持续时间为连续三天；三、中国东方航空股份有限公司于本判决生效后十日内在其官方网站首页以公告形式向庞某某赔礼道歉，赔礼道歉公告的持续时间为连续三天；四、驳回庞某某的其他诉讼请求。

典型意义：随着科技的飞速发展和信息的快速传播，现实生活中出现大量关于个人信息保护的问题，个人信息的不当扩散与不当利用已经逐渐发展成为危害公民民事权利的一个社会性问题。本案中，庞某某被泄露的信息包括姓名、尾号＊＊49 手机号、行程安排等，其行程安排无疑属于私人活动信息，应该属于隐私信息，可以通过本案的隐私权纠纷主张救济。从收集证据的资金、技术等成本上看，作为普通人的庞某某根本不具备对东航、某拿公司内部数据信息管理是否存在漏洞等情况进行举证证明的能力。因此，客观上，法律不能也不应要求庞某某证明必定是东航或某拿公司泄露了其隐私信息。东航和某拿公司均未证明涉案信息泄露归因于他人，或黑客攻击，抑或是庞某某本人。法院在排除其他泄露隐私信息可能性的前提下，结合本案证据认定上述两家公司存在过错。东航和某拿公司作为各自行业的知名企业，一方面因其经营性质掌握了大量的个人信息，另一方面亦有相应的能力保护好消费者的个人信息免受泄露，这既是其社会责任，也是其应尽的法律义务。本案泄露事件的发生，是由于航空公司、网络购票平台疏于防范导致的结果，因而可以认定其具有过错，应承担侵权责任。综上所述，本案的审理对个人信息保护以及隐私权侵权的认定进行了充分论证，兼顾了隐私权保护及信息传播的平衡。[①]

一般情况下，信息主体只会被告知或者征得其同意其个人信息被处理了，至于怎样处理、以什么样的方式处理，信息主体本身一般是不知道的。因此，想要证明自身损害与处理行为的因果关系，信息主体就要知道处理行为的全部过程，没有信息处理者的配合调查，这显然是非常困难的。

信息处理者相较信息主体来说，掌握着海量的个人信息，内部也有多名专业的技术人员或者技术团队，负责技术的开发以及信息的处理，是否真正侵害个人信息只有其自身知道，一般不会主动承认侵害行为的发生。再者，信息权益被侵犯的信息主体，一般是普通民众，没有充足的时间和经济能力进行诉讼。反观信息处理者，一般是具有强大经济实力的组织，内部也有专业的法律团队，一件很小的侵权案件对它可能根本不会构成任何影响。无论从哪方面来讲，信息处理者都处于绝对的优势地位。

2. 司法实践中因果关系证明标准的不同。我国民法学界关于因果关系的理论主要有条件说、相当因果关系说和法规目的说。条件说是指没有行为的发生，就不会造成损害。相当因果关系说是指没有此种行为，虽然不会发生某种损害，但有这种行为，一般情况下都会造成某种损害。法规目的说是指应从立法目的的角度考虑行为和结果之间是否存在因果关系。其中相当因果关系被很多人认同，因此成为主流学说，其主张高度盖然性的证明标准，也即高度可能性标准，这一标准在我国司法实践中被很多法院所应用。

按照相当因果关系说，行为的发生一般情况下有造成损害的高度可能

[①] 最高人民法院. 庞理鹏诉中国东方航空股份有限公司、北京趣拿信息技术有限公司隐私权纠纷案［EB/OL］. 中国法院网，2018-08-16.

性，信息主体需要证明其受到的损害，极有可能与信息处理者的处理行为有关系。以"钟某某与成都申通公司财产损害纠纷案"①为例，钟某某快递丢失三天后，接到了某一理赔客服的电话，被诈骗了近 10 万元。法院认为，钟某某仅凭一个诈骗电话，不足以证明是成都申通快递公司泄露了其个人信息，诈骗分子有可能是通过其他渠道获得信息，因此，信息处理者并没有泄露信息的高度可能性，钟某某被诈骗 10 万元与信息处理者并无因果关系。

然而在司法实践当中有些法院为更好保护个人信息，减轻原告举证负担并未采用高度盖然性标准，或者说降低了该标准。以"申某与支付宝公司、携程公司等侵权责任纠纷案"②为例，申某在携程公司 APP 订购了两张东航机票，起飞前收到航班取消的短信，引导原告使用支付宝亲密付功能消费及工商银行网上银行转账，按照短信提示拨打客服电话，客服竟能准确说出申某的个人信息及航班信息，导致申某被诈骗了 9 万多元。法院认为，申某作为自然人，举证能力较弱，携程公司作为信息处理者，负有对申某个人信息的安全保护义务，结合信息主体购票的第二天就收到诈骗信息的情况，申某直接将其个人信息，同意携程公司进行收集，其就应该按法律规定认真履行安全保护义务，次日该信息就被泄露，有正当理由认为极有可能是携程公司泄露的，因此判定其承担民事法律责任。

再如"付某某与三快信息公司网络侵权责任纠纷案"③。付某某通过美团 APP 购买东航机票，起飞前一日收到诈骗信息被骗 2 万多元。法院认为，付某某相对于三快信息公司，在举证能力上处于弱势地位，三快信息公司收集付某某的个人信息，虽不能直接证明是其泄露了信息，没有履行好安全保护义务，但付某某已经做了其个人能力内的所有，完成了初步举证，可以认定其被诈骗的结果与三快信息公司有因果关系。

降低信息主体对存在因果关系的证明标准能更好地保护个人信息主体的合法权益。但还有两点需要注意：一是该标准并没有改变原被告之间举

---

① 四川省成都市武侯区人民法院（2019）川 0107 民初 5892 号民事判决书．
② 北京市朝阳区人民法院（2018）京 0105 民初 36658 号民事判决书．
③ 北京互联网法院（2018）京 0491 民初 1905 号民事判决书．

证责任的分配，如以上的付某某案，其仍要提供被诈骗的事实，可能与三快公司有关，也就是说，依然由原告举证证明自己的损害可能是信息处理者的处理行为造成的，但此时的标准实际上已经降低为"合理盖然性"，然后由被告举反证证明没有侵害原告个人信息权益的高度可能性，否则就要承担侵权责任，这里采用的是"高度盖然性"标准。法院在司法文书中的表述应该谨慎区分这一点，不能仅用一句高度可能性来概括。二是不是任何情况下都适用该标准，仅在受害人有因果关系证明困境的情况下，比如信息处理者是具有强大经济能力及技术的组织，二者之间举证能力差距较大（包括信息处理者是公务机关）、信息被误用导致不确定性的损害、存在多个信息处理人等情形。

随着信息收集使用的增多，隐性侵权问题越发凸显。这个问题不解决，会严重侵害公民人身权和财产权，导致人们缺乏安全感，影响人们之间互信关系的形成，也会因信息收集使用失序，消解掉大数据的优势，危害国家安全，最终影响数字经济发展和数据强国战略的实施。

人脸识别技术的非接触性和网络传播性，造成该技术应用具有高侵权风险。技术本身或技术应用不当可能会导致侵犯以下权利。

第二节 人脸识别直接侵犯的权利

人脸识别技术不当应用造成的侵权现象是多发的，侵权类型是多样的，按照侵权原因的不同，可以分为人脸识别直接侵犯的权利和人脸识别间接侵犯的权利两种。人脸识别技术应用过程中收集信息的程序和方式不当直接引发的侵权，称为人脸识别直接侵犯的权利。通过人脸识别获取的信息不当利用引发的侵权，称为人脸识别间接侵犯的权利。

人脸识别直接侵犯的权利主要有：

一、肖像权

（一）概念

肖像是指通过影像、雕塑、绘画等方式在一定载体上所反映的特定自然人可以被识别的外部形象。肖像权是指肖像权人自己制作、使用、公开或者许可他人使用自己肖像的权利。

(二) 侵犯肖像权的行为方式

除了根据《中华人民共和国民法典》（以下简称《民法典》）第1020条规定的合理实施行为以外，根据《民法典》第1018—1019条，侵犯肖像权不以具有营利目的为前提，具体的行为主要有：

1. 任何组织或者个人以丑化、污损，或者利用信息技术手段伪造等方式侵害他人肖像权的行为。这类侵权不能以肖像权人同意为免责理由。

2. 未经肖像权人同意，制作、使用、公开肖像权人肖像的行为。这类侵权行为可以以肖像权人同意或法律规定为免责理由。

3. 未经肖像权人同意，肖像作品权利人发表、复制、发行、出租、展览等方式使用或公开肖像权人肖像的行为。这类侵权行为可以以肖像权人同意为免责理由。

(三) 人脸识别对肖像权的侵犯风险

为适应大数据时代、智能社会对肖像保护的需要，肖像范围更加宽泛，不仅仅指面部特征，只要是可以被识别的外部形象，就是肖像。法律对肖像权的保护更加严格了，以营利为目的不再是侵犯肖像权的构成要件。肖像主要反映的是自然人的面部形象和五官特征，而人脸识别的客体也是自然人的面部信息，肖像权很容易成为人脸识别技术的侵权客体。具体表现在：

1. 利用人脸识别技术擅自使用他人肖像。《民法典》1019条规定："未经肖像权人同意，不得使用肖像权人的肖像。"此项规定说明肖像的使用需要以权利人的同意为前提，并且需要在同意的权限和范围内使用。而人脸识别技术的应用者利用人脸识别技术隐蔽性的特点，私自搜集、使用肖像信息，就属于侵犯肖像权。比如，某些App未经授权或者超出授权范围，利用人脸识别技术擅自使用相册中的肖像，就属于侵犯肖像权的行为。

2. 利用人脸识别技术擅自公开他人肖像。《民法典》1019条规定："未经肖像权人同意，不得公开肖像权人的肖像，但法律另有规定的除外。"此项规定说明公开他人的肖像，除法律另有规定的情况外需要征得肖像权人的同意，否则即构成侵犯肖像权。人脸识别技术应用者将捕捉、识别匹配到的肖像私自公开，侵犯肖像权。比如2019年，两张关于一名中年男子与一名年轻女子在公开场合搂抱的照片在社交媒体上流传。有网友通过人脸识别搜索匹配，识别出这名男子疑为广西某大学干部冯某，并将两者图片在网上传播。事实上，不管照片中的人到底是谁，在肖像权人未经允许的情况下，利用人脸识别技术，私自将识别出的他人照片上传网络，就属于侵犯他人肖像权。

3. 利用人脸识别技术擅自创制他人肖像。根据《民法典》1019条规定："任何组织或者个人不得以丑化、污损，或者利用信息技术手段伪造等方式侵害他人的肖像权。"这项法律规定说明两点，一是不能恶意侮辱他人肖像，二是不能擅自创制他人肖像。但是随着人脸识别技术的发展，衍生出了相关换脸软件，人脸识别技术的不法利用者利用换脸软件，可以根据他人肖像制作视频，即越来越普遍的人工智能（AI）"换脸"属于侵犯他人肖像权。

在法律上明确"不得以利用信息技术伪造的方式侵害他人的肖像权"，不是打压新技术应用，而是划清应用的合理边界，[①] 是对新的传播技术和传播媒介的出现造成侵权问题的回应。

比如，2019年，一段通过AI技术把影视剧《射雕英雄传》的主角朱茵的脸替换成杨幂的脸的视频就引起了大家的热议。[②] 制作该视频的网友的行为是否违法？首先，从合法网站上公开获取明星照片的行为未见禁止性规定。其次，既然是明星自愿公开或者合法公开于公共网络的照片，那么获取和利用该照片就不能等同于"未经本人同意"。倘若依据上述逻辑，如果没有《民法典》第1019条的规定，那么网友的行为确实难以认定为违法。但是从照片中采集人脸信息并用于伪造影像的行为未经过本人的同意，且不属于法律上可以豁免的情形，因而具有违法性。[③]

---

① 朱昌俊. 规定恶搞换脸侵犯肖像权　为AI应用划界［N］. 中国青年报，2019-04-23（2）.

② 朱茵换脸成杨幂竟毫不违和，AI技术如此高超，流量明星真的不用担心演技了［EB/OL］. 搜狐网，2019-02-27.

③ 焦艳玲. 人脸识别的侵权责任认定［J］. 中国高校社会科学，2022（2）：117-128.

二、知情同意权

（一）概念

知情同意权是指人脸信息主体知晓信息被收集使用的真实情况并做出是否同意的权利，是人脸信息被收集使用合法性和正当性的前提，也是保障信息安全的基础。

知情同意权由两项权利组成：知情权和同意权。知情权是同意权得以存在的前提和基础，同意权是知情权的价值体现。知情权旨在应对信息主体与收集者间的信息不对称。同意权旨在保护信息主体对个人信息的控制、自我决定性利益。知情权是知晓、获取真实情况的权利，是指人脸信息主体知悉有关人脸识别技术使用的必要性、程序、所采集信息的使用目的、使用范围和使用方法、最终去向等真实情况的权利。同意权是指人脸信息主体在充分知悉真情的情况下是否同意信息处理者处理自己信息的权利。

（二）内涵

人脸信息主体知情同意权的实现，有赖于信息处理者如实告知义务的充分履行，只有将如实告知义务落实，才能使知情同意权具有实现的基础和可能。

1. 信息处理者的如实告知义务。人脸信息处理者应当主动，不能存在隐瞒、欺骗地以法定方式和语言，把信息处理的相关内容如实告知信息主体，使其在知道真实情况的前提下，做出自己的决定。否则，就是侵犯了主体的知情权。

2. 信息主体的自主决定权。信息主体的自主决定权是指信息主体在知悉自己的信息将被收集使用的真实情况下，在没有任何外来胁迫和压力的情况下做出是否同意收集使用人脸信息的权利，也包括撤回自己同意和要求删除信息的权利。

3. 告知义务和同意表示可以分离。如实告知不一定需要信息主体做出同意与否的表示，即使不需要信息主体同意，也需要履行如实告知义务。而同意与否的表示，则一定要以如实充分告知为前提和基础。比如，《中华人民共和国个人信息保护法》第 13 条第 4 项的规定中,"为应对突发公共卫生事件,或者紧急情况下为保护自然人的生命健康和财产安全所必需"的,个人信息处理者处理个人信息,不需取得个人同意。但第 18 条第 2 款规定:"紧急情况下为保护自然人的生命健康和财产安全无法及时向个人告知的个人信息处理者应当在紧急情况消除后及时告知。"

保护信息主体知情同意权的目的在于防范人脸信息被滥用的风险,信息主体作为风险的最终承担者,有权知悉自己信息的去向,也有权反对自己的信息被收集、使用或者转让使用,在衡量风险和利益的基础上做出是否同意被收集使用的决定。

(三)保护知情同意权的法律规定

为了保护信息主体的知情同意权,国家加强了相关立法活动,相继在《中华人民共和国消费者权益保护法》《中华人民共和国电子商务法》《中华人民共和国网络安全法》《中华人民共和国数据安全法》《中华人民共和国民法典》和《中华人民共和国个人信息保护法》等,从不同角度提出保护信息主体的知情同意要求,明示收集使用信息数据的目的、方式和范围。

《中华人民共和国消费者权益保护法》第 8 条明确了消费者的知情权,第 29 条第 1 款明确规定:"经营者收集、使用消费者个人信息,应当遵循合法、正当、必要的原则,明示收集、使用信息的目的、方式和范围,并经消费者同意。经营者收集、使用消费者个人信息,应当公开其收集、使用规则,不得违反法律、法规的规定和双方的约定收集、使用信息。"

《中华人民共和国电子商务法》第 17 条明确"保障消费者的知情权和选择权"。第 18 条则提出了自主选择和平等保护的要求。

《中华人民共和国民法典》第 1035 条规定:"处理个人信息的,应当遵循合法、正当、必要原则,不得过度处理,并符合下列条件:(1)征得该自然人或者其监护人同意,但是法律、行政法规另有规定的除外;(2)公开处理信息的规则;(3)明示处理信息的目的、方式和范围;(4)不违反法律、行政法规的规定和双方的约定。个人信息的处理包括个人信息的收集、存储、使用、加工、传输、提供、公开等。"

《中华人民共和国网络安全法》第 41 条第 1 款规定:"网络运营者收

集、使用个人信息，应当遵循合法、正当、必要的原则，公开收集、使用规则，明示收集、使用信息的目的、方式和范围，并经被收集者同意。"

《中华人民共和国数据安全法》第32条规定："任何组织、个人收集数据，应当采取合法、正当的方式，不得窃取或者以其他非法方式获取数据。法律、行政法规对收集、使用数据的目的、范围有规定的，应当在法律、行政法规规定的目的和范围内收集、使用数据。"

在《中华人民共和国个人信息保护法》中，更是用多个条款强调了知情同意和告知，甚至对告知方式和语言都做出了要求，可见知情同意权在信息数据处理中的重要性。

比如，第7条规定："处理个人信息应当遵循公开、透明原则，公开个人信息处理规则，明示处理的目的、方式和范围。"

第13条规定："符合下列情形之一的，个人信息处理者方可处理个人信息：（1）取得个人的同意；（2）为订立、履行个人作为一方当事人的合同所必需，或者按照依法制定的劳动规章制度和依法签订的集体合同实施人力资源管理所必需；（3）为履行法定职责或者法定义务所必需；（4）为应对突发公共卫生事件，或者紧急情况下为保护自然人的生命健康和财产安全所必需；5. 为公共利益实施新闻报道、舆论监督等行为，在合理的范围内处理个人信息；（6）依照本法规定在合理的范围内处理个人自行公开或者其他已经合法公开的个人信息；（7）法律、行政法规规定的其他情形。依照本法其他有关规定，处理个人信息应当取得个人同意，但是有前款第2项至第7项规定情形的，不需取得个人同意。"

第14条规定："基于个人同意处理个人信息的，该同意应当由个人在充分知情的前提下自愿、明确作出。法律、行政法规规定处理个人信息应当取得个人单独同意或者书面同意的，从其规定。个人信息的处理目的、处理方式和处理的个人信息种类发生变更的，应当重新取得个人同意。"

第15条规定："基于个人同意处理个人信息的，个人有权撤回其同意。个人信息处理者应当提供便捷的撤回同意的方式。个人撤回同意，不影响撤回前基于个人同意已进行的个人信息处理活动的效力。"

第16条规定："个人信息处理者不得以个人不同意处理其个人信息或者撤回同意为由，拒绝提供产品或者服务；处理个人信息属于提供产品或者服务所必需的除外。"

第 17 条规定："个人信息处理者在处理个人信息前，应当以显著方式、清晰易懂的语言真实、准确、完整地向个人告知下列事项：（1）个人信息处理者的名称或者姓名和联系方式；（2）个人信息的处理目的、处理方式，处理的个人信息种类、保存期限；（3）个人行使本法规定权利的方式和程序；（4）法律、行政法规规定应当告知的其他事项。前款规定事项发生变更的，应当将变更部分告知个人。个人信息处理者通过制定个人信息处理规则的方式告知第 1 款规定事项的，处理规则应当公开，并且便于查阅和保存。"

第 28 条、第 29 条和第 30 条更是规定了对于人脸等敏感个人信息的处理，不仅要在符合特定目的和有充分必要性时才允许处理，而且必须告知个人信息处理的必要性以及对于个人权益的影响。

（四）存在问题

虽然法律对个人信息的处理做出了明确要求，但人脸识别技术的非接触性、应用场景多样性和高频性、知情同意机制的不完善性和法律本身存在的不足等使公众面临高侵权风险。

1. 在人脸识别过程中，信息主体的不知情成为常态。造成这种状况的原因有：一是人脸识别技术的非接触性。人脸识别技术中的信息采集以摄像头自动拍摄为手段，不需要信息主体接触采集设备，被采集对象的信息数据在毫无察觉的状况下被捕捉和处理。二是信息处理者在利用人脸识别处理他人信息时未做任何告知。作为信息的处理者，是社会中的信息强势群体，掌握收集、分析和使用信息的知识和技术，了解信息的价值和利用方式，有对信息主体进行告知的义务，但出于商业利益等原因，不履行告知义务，成为信息主体不知情的主要原因。三是诉讼少。在现实生活中，司法判决起着重要的普法和社会导向性的作用，虽然立法上有明确的规定要求，但基于信息主体的信息弱势地位，对信息知识和被处理情况不了解、提供证据存在较大难度、选择诉讼方式维权较少、缺乏司法宣传进一步加剧了信息主体不知情的程度。

2. 同意难以实现。信息收集是信息处理的基础环节，在法律理论和实践中通行的做法都将"知情同意"作为个人信息处理的正当性基础，但在大数据时代同意的正当性和真实性受到了挑战。

究其原因，主要有：

一是没有告知，当然没有同意。二是法律规定存在漏洞。在相关的法律规定中，告知信息的使用目的、使用方式和使用范围是一致要求，但缺乏最重要的告知需求"风险告知"，如果信息主体知道信息被处理的风险，多数人会选择不同意。同时，在使用范围的要求上不具体，尤其是对于第三方共享信息的告知要求不够，比如，第三方的基本情况等。三是信息意识薄弱。虽然国家和一些企业真正地认识到了信息的价值，但对普通大众来讲，信息的知识掌握较少，信息意识较为缺乏，即使选择"同意"，真实性也很难保证。大多数时候人们根本没意识到自己的信息会被收集，不清楚潜在的风险，对于收集者是否会存储主体的人脸信息、是否会将信息共享、信息是存储在移动介质中还是网络中、存储时间有多久、数据库是否安全、是否会发生信息泄露等问题根本不了解。四是被迫同意。指信息主体在无奈之下的同意。具体而言，有以下几种情况：第一，人脸识别服务存在"使用即同意"的乱象，将人脸识别设置为"唯一"的识别方式，导致信息主体因需要选择服务而不得不同意；第二，有的人知道或能预感到，被"刷脸"之后可能会产生对自己不利的后果，或者对后果并不了解，但认为"刷脸"本身就是一种对自己的冒犯，只是由于自己是某个单位的员工或社区成员，不好意思反对或担心反对会让自己被所在群体疏离；第三，当事人知道人脸识别的可能风险并反对，但是迫于直接的压力，诸如失去工作或受到减薪、降低待遇乃至暴力威胁的不利后果，而不得不接受人脸识别；第四，不管对信息处理情况是否清楚，但选择不同意就不能享受到信息处理者提供的服务，为了享受服务而选择同意。无论是哪一种情况的同意，在形式意义上符合现行法律法规的要求，但未必真正体现其自由意志，因而也难称得上是真正的同意。

（五）知情同意权的实现

要解决人脸信息被违法处理问题，需要构建起适应信息数据时代的知情同意机制，完善告知义务和同意机制，克服目前知情同意制度的缺陷。

国家在立法上更加具体，增加可操作性。如用行政法规的形式增加风险告知、具体使用范围说明等，避免收集人脸信息时不给出提示，或者是将提示深藏于用户协议之中，导致在客观上普通人并不会完整地阅读用户协议而被强制同意人脸信息的收集。首先，个人信息处理者应当有明确告知人脸信息主体和人脸信息主体明示同意的协议、邮件或其他保障人脸信息主体对于自身个人信息被处理的知情同意证明。其次，个人信息处理者要把收集个人信息的目的、信息收集的方法，信息储存、信息加工、信息使用的权限和边界，信息使用的时间、信息销毁等做明确的公示。最后，个人信息处理者在采取任何行动前必须逐一获得人脸信息主体的明示同意，避免一次同意多次利用。这种落实法律规定的行为需要证据证明。

在司法上加强保护。在信息主体提出侵权诉讼中，应当适用集体诉讼和举证责任倒置，由信息数据处理者提供未侵权证据。

加强执法和监督。法律的生命在于实施，但司法具有被动性，不能主动介入大量的侵权行为中。这时执法及监督就显得特别重要，应坚持执法和监督的常态化，注重实效。

信息强势群体应发挥积极作用，宣传相关知识，加强行业自律，依法行为，充分保障信息主体的知情同意权。

三、自主选择权

自主选择权也由两项权利组成——自主权和选择权，是指主体根据自我判断和自我意志，做出自由选择的权利。人脸信息主体的自主选择权是指人脸信息主体根据信息处理者告知的情况，在自我判断的基础上，根据自我意愿做出的是否同意信息处理者处理自己信息的权利。

这项权利其实也可以包含在知情同意权之中，因为自主选择权的内容实质上包含两方面的特性：一是主观上的自愿性；二是客观上的真实性和自由性。主观方面的自愿性是从主观方面出发，强调是基于主观自愿做出选择的结果。根据民法原理，民事法律行为的生效要件之一就是当事人的意思表示真实，欠缺真实意思表示的行为不产生民事法律行为的后果。但自愿是在知道真实情况下的自愿。所以要求客观上的真实性和自由性。所谓客观上的真实性即要求提供选择的背景和条件是真实的，不存在欺骗、误导和胁迫等。客观上的自由性即不受他人的诱导、强迫、威逼、欺骗等干涉，做出的和内心意思一致的外在行为。这和知情同意权高度契合。

自主选择权是法律规定的公民的一项重要权利。我国《中华人民共和国消费者权益保护法》第9条明确规定了消费者享有自主选择权，强调自主选择权是消费者享有的权利之一。从自主选择权的立法规定来看，强调的是消费者的自主、自愿行为。学术界关于"自主"的界定基本一致，自己做主。比如，杨紫烜教授认为，自主选择权就是消费者享有的自主选择商品或服务的权利。王保树教授将自主选择权定义为，消费者对买或不买某种商品、接受或不接受某种服务，以及购买或接受哪个经营者的商品或服务有权自主进行选择，不受任何人干涉。而学者金海福则提出，所谓自主选择权，是指消费者在购买、使用商品或接受服务的过程中，可以根据自己的意愿选择决定是否购买或接受经营者提供的商品或服务，以及购买或接受何种商品或服务、购买或接受哪个经营者提供的商品或服务的权利。

人脸识别技术的社会应用所提供的就是服务，人脸信息主体作为消费者，对服务提供者提供的服务享有在知悉服务真正情况下进行自主选择的权利：接受这种服务、不接受这种服务和撤回这种同意或不同意的权利，是自主选择权在人脸识别应用中的体现。

《中华人民共和国个人信息保护法》第15条和第16条对个人的同意权、撤回权进行了规定，并强调："个人信息处理者不得以个人不同意处理其个人信息或者撤回同意为由，拒绝提供产品或者服务；处理个人信息属于提供产品或者服务所必需的除外。"

实践中，由于个人信息所蕴含的社会价值和商业价值，成为信息处理者不当收集和使用的巨大诱因。现有人脸识别技术的应用中，信息主体的自主选择权遭到普遍忽视，在人脸信息的采集过程中很少考虑用户的意愿，对用户是否自主地同意被收集人脸信息并不过问，即使人脸信息采集后，人脸信息主体要求删除信息，往往通过协商等方式是难以解决的。①

---

① 我国人脸识别第一案，就是因被告侵犯原告的知情权和自主选择权引发的。朱健勇. 中国人脸识别第一案 杭州一动物园被起诉［N］. 北京青年报，2019-11-04（A06）.

人脸识别技术的滥用现象层出不穷，除了法律允许的情形以外，大量不经过信息主体同意使用人脸识别已从根本上侵犯了公民的隐私自由。经过信息主体同意的使用也因为不能表达真实意愿、缺乏撤回机制、不同意就不能享有服务而停留在形式层面。一旦公民的人脸信息遭受到非法使用，相关的出行自由、支付自由等也会受到不同程度波及，不仅给信息主体的财产造成损害，甚至可能对人身安全带来威胁，必须采取有效措施贯彻落实法律的规定。

四、数据权

（一）数据权利

数据权利是随着大数据价值的显现和人们数据意识觉醒而出现的一项新兴权利，是指数据主体因数据生产或数据处理[①]而对数据拥有的权利。

人类生活每天都会产生很多信息，就数据和信息的关系而言，数据是信息的载体，是信息的数据化表现。[②] 随着互联网和信息化技术的迅猛发展和深度应用，人的所有活动都能被各种网络系统、传感器和智能设备记录下来，并能以数字化形式再现，经过采集、清洗和算法分析处理等数据生产过程[③]而成为数据。信息时代，每个人都成了数据的来源者和贡献者，数据蕴藏的价值越发显现和提高，使其成了具有资产性甚至资本性的战略资源。人们生活越来越依赖于大数据的应用，大数据结合行业发展能力提升，同大数据基础设施有关的服务器、存储、云计算等商家投入的加大，大数据应用平台的发展等，使人类社会进入了大数据时代。

大数据以个人数据作为基础，没有个人数据，没法形成大数据；没有大数据，单一的数据虽然能够记录和描述客观对象，但本身价值密度并不

---

① 《中华人民共和国数据安全法》第3条第二款中明确："数据处理，包括数据的收集、存储、使用、加工、传输、提供、公开等。"

② 《中华人民共和国数据安全法》第3条："本法所称数据，是指任何以电子或者其他方式对信息的记录。"

③ 将特定对象转化为数字化的信息（数据）的过程，就是本书所称的数据生产。因此，数据生产就是产生独立于描述对象的数据，使我们通过数据的处理和分析即可以了解该对象。高富平. 数据生产理论：数据资源权利配置的基础理论[J]. 交大法学，2019（4）：5-19.

高。在大量数据的基础上经过机器算法加工，通过各种数据处理工具分析，实现对分析对象的规律、特征和发展趋势的精准把握，是大数据真正的价值所在。目前，各个国家和各个行业都在尽可能多地获取和控制数据，以维护国家安全和实现行业利益。

在大数据形成和价值赋予的过程中，数据的来源者和数据的生产者都做出了贡献，应当受到保护，是数据的权利人，包括个人、组织和国家。在共享的理念下，数据可以同时拥有多个权利主体，享有不同的数据权利。

具体的数据权利包括数据所有权、控制权、使用权、处分权和国家的数据主权。相应的义务包括数据收集和使用权的合法取得、保障数据安全存储、数据的合法流转等。共享成为数据权利的本质，最根本的特征就是将拥有的数据使用权有偿或无偿让渡给数据的使用人，数据的流转是大数据价值发挥的前提。

（二）我国数据的地位

习近平总书记对大数据发展高度重视，党的十八大以来，多次强调大数据对经济发展、人民生活、国家治理等方面的重大影响。2013年7月，习近平总书记视察中国科学院时指出："大数据是工业社会的'自由'资源，谁掌握了数据，谁就掌握了主动权。"[①] "要大力实施网络强国战略、国家大数据战略。""要推动大数据技术产业创新发展，要构建以数据为关键要素的数字经济，要运用大数据提升国家治理现代化水平。"[②] 这些为我国大数据发展进行了前瞻性布局。

我国《民法典》第127条规定首次在法律上提出了数据保护："法律对数据、网络虚拟财产的保护有规定的，依照其规定。"本条规定被放置在总则编的"民事权利"一章，说明数据作为一项民事权利的地位已经确立，与网络虚拟财产并列的行文方式，隐含着对数据财产属性的认可。《中华人民共和国数据安全法》对保障数据安全和数据交易做出了法律制

---

① 国家大数据战略【2】——习近平与"十三五"十四大战略［EB/OL］. 人民网，2015-11-12.

② 习近平：实施国家大数据战略 加快建设数字中国［EB/OL］. 央广网，2017-12-09.

度安排。地方对数据立法进行了积极有益的探索。

（三）数据领域主要存在的问题

目前，我国数据领域主要存在的问题有：

1. 数据意识的缺失和越位。虽然随着大数据的发展，国家和社会已经意识到数据的价值，但在实际生活中，对数据的认识出现了截然不同的表现：大部分人的数据意识尚未觉醒，多数情况下，任由自己的数据被违法收集和利用；数据的既得利益群体则在心安理得地享受非法处理他人数据所带来的巨额收益。

2. 完善的数据权利制度体系尚未形成。对数据产权、个人数据权利边界等问题处于理论研究阶段，并未形成共识，制度探索尚处于初级阶段。《中华人民共和国数据安全法》对数据权利分配问题并未涉及。

（四）人脸识别数据面临的主要问题

人脸识别数据面临的主要问题有：

1. 被违法收集使用的情况更加普遍。人脸识别技术应用门槛低、应用场景广、使用频率高、无接触性等，造成人脸识别数据大量被违法收集使用。

2. 被滥用风险高。人脸识别技术应用的不规范、隐私政策不合法、数据管理的制度不完善和监管机制不科学等为人脸数据滥用提供了可能。

3. 被泄露风险高。当前关于人脸识别技术的安全技术标准、使用规范、数据控制者的责任和义务、人脸数据主体的权利以及人脸数据在收集、存储、处理等各环节安全要求不具体以及技术本身存在的安全漏洞，使人脸数据库泄露事件也屡见不鲜。

4. 被利用进行欺诈风险高。攻击者通过通信社交软件或者其他渠道获取被攻击者的人脸图像，利用 3D 打印技术、深度伪造技术、深度神经网络技术等，进行人脸伪造用于欺诈[1]，严重威胁到公民的财产安全和人身安全。

---

[1] 如 2019 年 12 月 12 日，美国人工智能公司 Kneron 测试团队在荷兰最大的机场史基浦机场用手机屏幕上的一张深度伪造技术合成的照片骗过了自助登机终端。该团队还宣称，他们用同样的方式进入了中国的火车站。

五、个人信息权益

（一）概念

个人信息权益是指公民对于个人信息享有的相关权益，主要包括享有决定如何使用、是否允许他人知悉与使用以及允许他人如何使用的权利。是本人对其个人信息所享有的支配、控制并排除他人侵害的权利。

（二）我国对个人信息的保护

我国特别重视对公民个人信息的保护，以法律和政策的形式明确界定和列举了公民个人信息。据不完全统计，目前，我国大陆地区有 50 部法律、10 多部行政法规和数十个国务院规范性文件和部门规章对个人信息予以保护。

比如，《中华人民共和国宪法》第 33 条国家尊重和保障人权的规定和第 38 条对公民人格尊严不受侵犯的规定是个人信息权受保护的规范基础。

2011 年 12 月，工信部颁布的《规范互联网信息服务市场秩序若干规定》成为首个规定个人信息法律文件，第 11 条强调未经用户同意，互联网信息服务提供者不得收集与用户相关、能够单独或者与其他信息结合识别用户的信息，并将这些信息称为"用户个人信息"。

2012 年 12 月，全国人大常委会颁布的《关于加强网络信息保护的决定》主要保护公民电子信息，第 1 条规定："国家保护能够识别公民个人身份和涉及公民个人隐私的电子信息。"该规定虽然没有明确提出个人信息，但是"能够识别公民个人身份"的"电子信息"应该等同于"个人信息"，已经涵盖了人脸识别信息。

2013 年 4 月最高人民法院、最高人民检察院、公安部发布的《最高人民法院、最高人民检察院、公安部关于依法惩处侵害公民个人信息犯罪活动的通知》首次对"公民个人信息"的内容做出规定，即"包括公民的姓名、年龄、有效证件号码、婚姻状况、工作单位、学历、履历、家庭住址、电话号码等能够识别公民个人身份或者涉及公民个人隐私的信息、数据资料"。

2013 年 10 月，《中华人民共和国消费者权益保护法》第 14 条规定个人信息受保护权利，第29条具体规定了个人信息保护的具体要求。

2016年11月，颁布的《中华人民共和国网络安全法》首次对个人信息的概念做出法律规定，第76条规定："个人信息，是指以电子或者其他方式记录的能够单独或者与其他信息结合识别自然人个人身份的各种信息，包括但不限于自然人的姓名、出生日期、身份证件号码、个人生物识别信息、住址、电话号码等。"

2018年8月，颁布的《中华人民共和国电子商务法》第23条规定了电子商务经营者对用户个人信息保护义务。

2020年5月，通过的《中华人民共和国民法典》第111条则明确规定："自然人的个人信息受法律保护。任何组织和个人需要获取他人个人信息的，应当依法取得并确保信息安全，不得非法收集、使用、加工、传输他人个人信息，不得非法买卖、提供或者公开他人个人信息。"第1034条规定："自然人的个人信息受法律保护。个人信息是以电子或者其他方式记录的能够单独或者与其他信息结合识别特定自然人的各种信息，包括自然人的姓名、出生日期、身份证件号码、生物识别信息、住址、电话号码、电子邮箱、健康信息、行踪信息等。"

2021年8月，公布的《中华人民共和国个人信息保护法》界定了个人信息和敏感个人信息，并详细规定了个人信息的处理规则和敏感个人信息的处理规则。第4条规定："个人信息是以电子或者其他方式记录的与已识别或者可识别的自然人有关的各种信息，不包括匿名化处理后的信息。"第28条规定："敏感个人信息是一旦泄露或者非法使用，容易导致自然人的人格尊严受到侵害或者人身、财产安全受到危害的个人信息，包括生物识别、宗教信仰、特定身份、医疗健康、金融账户、行踪轨迹等信息，以及不满十四周岁未成年人的个人信息。只有在具有特定的目的和充分的必要性，并采取严格的保护措施的情形下，个人信息处理者方可处理敏感个人信息。"

最高人民法院发布的《最高人民法院关于审理使用人脸识别技术处理个人信息相关民事案件适用法律若干问题的规定》，强化了个人信息的司法保护。

《信息安全技术 个人信息安全规范》不仅界定了个人信息，同时还指出了个人信息的判定路径和详细列举了个人信息。个人信息是指以电子或者其他方式记录的能够单独或者与其他信息结合识别特定自然人身份或者反映特定自然人活动情况的各种信息，如姓名、出生日期、身份证件号码、个人生物识别信息、住址、通信联系方式、通信记录和内容、账号密码、财产信息、征信信息、行踪轨迹、住宿信息、健康生理信息、交易信息等。

判定某项信息是否属于个人信息，应考虑以下两条路径：一是识别，即从信息到个人，由信息本身的特殊性识别出特定自然人，个人信息应有助于识别出特定个人。二是关联，即从个人到信息，如已知特定自然人，由该特定自然人在其活动中产生的信息（如个人位置信息、个人通话记录、个人浏览记录等）即为个人信息。符合上述两种情形之一的信息，均应判定为个人信息。

个人敏感信息是指一旦泄露、非法提供或滥用可能危害人身和财产安全，极易导致个人名誉、身心健康受到损害或歧视性待遇等的个人信息。通常情况下，14岁以下（含）儿童的个人信息和涉及自然人隐私的信息属于个人敏感信息。可从以下角度判定是否属于个人敏感信息。

泄露：个人信息一旦泄露，将导致个人信息主体及收集、使用个人信息的组织和机构丧失对个人信息的控制能力，造成个人信息扩散范围和用途的不可控。某些个人信息在泄露后，被以违背个人信息主体意愿的方式直接使用或与其他信息进行关联分析，可能对个人信息主体权益带来重大风险，应判定为个人敏感信息。例如，个人信息主体的身份证复印件被他人用于手机号卡实名登记、银行账户开户办卡等。非法提供：某些个人信息仅因在个人信息主体授权同意范围外扩散，即可对个人信息主体权益带来重大风险，应判定为个人敏感信息。例如，性取向、存款信息、传染病史等。滥用：某些个人信息在被超出授权合理界限时使用（如变更处理目的、扩大处理范围等），可能对个人信息主体权益带来重大风险，应判定为个人敏感信息。例如，在未取得个人信息主体授权时，将健康信息用于保险公司营销和确定个体保费高低。

人的面部是一个人最重要的个人敏感信息，人脸识别技术能够快速准确完成识别，根本原因就在于对识别对象面部信息的快速收集和数据库中相关信息的比对。除法律、行政法规另有规定以外，应用人脸识别没有经过权利人知情并同意而收集或使用公民个人信息，就构成对公民个人信息权的侵犯。

近年来，公民个人信息被违法获取、使用的问题突出，给人们的生活安宁、生命健康和财产安全带来严重侵害。未来个人信息的收集、使用将更为广泛。各主体侵犯公民其他权利的目的也是获取公民信息。所以，个人信息权是人脸识别技术应用时重点要保护的权利。

（三）保护存在的问题

虽然我国制定了个人信息保护的专门立法、相关立法和规范标准，不仅界定和列举了个人信息，而且对个人信息保护进行了全面规定，但对个人信息保护未能形成完整的体系，缺乏统一整合，可执行性较弱。《信息安全技术 个人信息安全规范》（GB/T 35273—2020）更多是对个人信息收集和使用的指导，缺乏强制性，不能形成有效约束力。缺乏对生物信息概念的规定，对行业自律体制的引导、对保护生物识别信息的法律原则以及权利义务责任的规定不够明确，也没有规定人脸识别技术应用的监督管理机构和在人脸信息受到侵害时的救济手段。

第三节 人脸识别间接侵犯的权利

一、隐私权

（一）隐私和隐私权

隐私是自然人的私人生活安宁和不愿为他人知晓的私密空间、私密活动、私密信息，如住所、收入等。隐私权是指公民对自己的隐私所享有的控制、决定、不被他人非法知悉和利用的权利。是关于选择、自主和个人自由的权利，包含了一个特定的人决定将隐藏什么，以及这个人将以何种方式、何时以及向何人披露个人信息的权利。① 社会越发展进步，个人对隐私保护的需求越强烈，隐私权是每一个有尊严的人都渴望享有和实现的权利。

一般社会环境下的人脸都是公开示人的，并不属于隐私范畴，但在信息化时代，技术的应用造成公开信息隐私化和隐私信息公开化，原本公开的人脸信息可能成为隐私信息，通过人脸信息勾连出原本属于隐私的信息，如身份认证，使其在一定范围内成为公开信息。也可能不成为隐私信息，因为法律没有明确规定，需要使用法律的机关根据具体情况加以判定。隐私范围发生变化，隐私权也不再是传统意义上的一种消极的防御型权利，保护面临空前挑战。同时，伴随着网络环境的虚拟性和网络传播的便捷广泛性，使得个人隐私的私人性逐步减弱，个人隐私权亟需保护。

（二）隐私权保护

公民隐私权受到我国法律的明确保护。《中华人民共和国宪法》第37条至第40条和第49条规定了中华人民共和国公民的人身自由、人格尊严和住宅不受侵犯。公民的通信自由和通信秘密受法律保护。婚姻、家庭受法律保护。虽然没有明确提出隐私权，但侵犯隐私权的行为就是违背了宪法的上述规定。《中华人民共和国民法典》总则和人格权编都明确隐私权保护，第110条规定自然人享有隐私权等民事权利，第1032条规定："自然人享有隐私权。任何组织或者个人不得以刺探、侵扰、泄露、公开等方式侵害他人的隐私权。"第1034条规定："个人信息中的私密信息，适用有关隐私权的规定。"《中华人民共和国网络安全法》规定了负有网络安全监督管理职责的部门及其工作人员的隐私保密义务，不得泄露、出售或者非法向他人提供。其他如《中华人民共和国刑法》《中华人民共和国刑事诉讼法》《中华人民共和国民事诉讼法》《中华人民共和国未成年人保护法》《中华人民共和国妇女权益保障法》和《中华人民共和国政府信息公开条例》等都有关于隐私权的保护内容，但是，现有的隐私权保护存在明显不足：

---

① 托马斯·威施迈耶，蒂莫·拉德马赫. 人工智能与法律的对话2［M］. 上海：上海人民出版社，2020：206.

1. 隐私权保护不系统。内容散见于不同的法律法规中，带来适用上的困难。

2. 法律规定不明确。在《中华人民共和国民法典》（以下简称《民法典》）中对私密信息进行了"隐私权+个人信息"的双重保护。《民法典》第1032条第2款规定隐私包括私密信息，第1034条第3款规定："个人信息中的私密信息，适用有关隐私权的规定；没有规定的，适用有关个人信息保护的规定。"个人信息中的私密信息应优先适用隐私权的规定，没有规定的，适用有关个人信息保护的规定。

这里有两个内容是不明确的：一是私密信息的内涵不清，外延高度不确定。法律既没有采取列举的方式，也没有采取概括说明的方式，对私密信息进行解释，界定就会出现随意性，国家机关在进行保护时，没有明确依据，保护方式可以在适用隐私权保护和个人信息保护之间进行随意选择。人脸信息是否属于私密信息不明确，如果理解为不属于私密信息，就不能适用隐私权保护的规定。二是没有规定所指不明。究竟是指隐私权保护范围未能涵盖（即可能存在隐私权范围以外的私密信息），还是隐私权保护手段方面没有规定（即存在隐私权保护方式无法保护的私密信息），这都增加了使用法律的随意性。《中华人民共和国个人信息保护法》（以下简称《个人信息保护法》）采取了与《民法典》不同的分类方式，用"一般个人信息和敏感个人信息"对个人信息进行分类，并且明确列举个人生物识别信息属于敏感个人信息。两部法律的不同规定，显示出了法律之间内容的不衔接。

《个人信息保护法》第26条规定中的"维护公共安全的目的"的公共安全不易具体界定，这可能导致实践中有企业打着公共安全的旗号使用人脸识别技术，导致公共安全的泛化，从而加剧人脸识别技术对公民隐私权的侵犯。

3. 法律规定不科学。如《民法典》将个人信息与隐私权共同规定在一章中，且第1034条第2款"个人信息中的私密信息，适用有关隐私权的规定"之规定，极易造成两大问题：首先，造成个人信息与隐私两种权益客体的混淆，削弱个人信息这一独特的具有综合性内容的权益客体的保护；其次，模糊了一般个人信息与个人敏感信息的区别，忽视两者保护方式的区别和保护程度的差异，不利于明确包含面部特征信息在内的生物识别信息的特殊保护地位。

4. 缺乏新技术条件下的隐私权保护规则。根据《个人信息保护法》第62条的规定，国家网信部门统筹协调有关部门针对人脸识别、人工智能等新技术、新应用，制定专门的个人信息保护规则、标准，但目前此项工作尚无明显进展，导致人脸识别技术侵犯隐私权的保护缺乏具体有针对性的规定，不能很好应对现实中人脸识别技术对隐私权保护的冲击。

（三）人脸识别技术对隐私权保护的冲击

根据法律规定，侵害隐私权的方式有刺探、侵扰、泄露和公开等。在大数据驱动下，通过人脸识别技术的个人身份识别和数据分析处理，数据控制者能精准地掌控人们的个人隐私，并从中挖掘出巨大利益。

因为人普遍具有偷窥他人隐私的人性弱点，隐私权如果不能得到有效的保护，会使人的尊严受到践踏。而在人脸识别技术面前，公民的隐私权存在被侵犯的风险，主要是因为：

1. 根据法律的规定，通过人脸识别所抓取的人的面部特征属于直接可识别到个人身份的敏感信息，必须经过权利人单独同意才能使用。未经权利人授权，超出授权的范围、目的和方式，或没有通过合法途径知悉、泄露、公开或使用了公民的隐私，就构成了对公民隐私权的侵犯①。人脸识别技术的隔空捕捉信息和网络爬取数据等特征使其在具体应用过程中有能力绕过对方知情同意，在未经授权或超出用户明确许可的收集目的之外，采集、使用、流转他人的面部信息数据。②

许多网络服务提供商通过不当收集使用用户的面部信息极大地侵犯了用户的隐私权，进而对财产安全造成极大冲击。如一些信息被随意售卖③，

---

① 人脸识别被大量滥用。在济南，一家售楼处部署了人脸识别装置，以记录和区分中介带来的客户和自然到访的客户，针对不同来源的客户，实行不同的优惠方案。2019年，中国医科大学在部分教室用人脸识别进行考勤和课堂管理，学生发呆、打瞌睡都能被记录下来。
② 蒋洁. 人脸识别技术应用的侵权风险与控制策略［J］. 图书与情报，2019（5）：58-64.
③ 央视曾报道：在某些网络交易平台上，只要花2元钱就能买到上千张人脸照片，而5000多张人脸照片的标价还不到10元。

"照片活化"工具也可以轻易购买用于破解部分平台的人脸识别系统，盗刷部分防范不严的金融账号内的财产，甚至冒用他人信息虚假注册账号等。

2. 人脸识别系统不仅能识别出"你是谁"，还能根据算法的设计和网上收集的数据分析出被识别人的年龄、性格、职业、偏好等极具隐私的信息，使个人隐私变得公开。

有些网络服务提供商对人脸信息进行深度分析关联个人喜好，建立数据库来为自身的市场以及营销活动服务，甚至是向政府部门和其他公司提供服务，以及向用户推送与协议无关的消息例如垃圾邮件，侵犯用户的个人隐私权。[1]

3. 在信息数据的存储上不存在绝对的安全性。人脸特征数据只要进入计算机，就会被转换为计算机代码，在网络环境中，人脸识别安全保护系统如果存在漏洞，甚至在不存在漏洞的情况下，也可能会造成未经授权的访问，发生存储的信息数据代码被窃取和重构导致重大隐私侵权。而从理论上讲，在网络时代，不仅是企业，公权力行为中对人脸识别的应用[2]，也会带来侵犯隐私权的风险[3]，因为所有的信息数据都存在被技术性获取

---

[1] 美国的人脸识别服务公司 Clearview AI 通过搜寻数十个网站，例如脸书、推特和谷歌等以获取人们的面部数据，这些数据不仅源自个人发布的信息或者是家人朋友发布的信息，甚至连不经意间出现的陌生人拍摄的照片中的人脸信息也一并收集，Clearview AI 的面部识别软件已经被 2200 多家实体公司使用，从美国移民局和海关执法局到美国联邦调查局，再到梅西百货、沃尔玛和美国银行等公司都是其客户，近期该公司因涉嫌违反伊利诺伊州的《生物特征信息隐私法》被提起集体诉讼。

[2] 政府机关使用人脸识别的场景主要是安防和智慧政务。

[3] 2019 年 5 月英国南威尔士公民爱德华·布里斯奇在英国知名人权组织的支持下，以午餐时间被人脸识别摄像头拍摄并被侵犯人格权利为由，将南威尔士警方告上法庭。该案首次审理时，原告诉称公共场合使用人脸识别技术侵犯隐私权，违反数据保护条例。被告辩称该技术类似公共场合拍摄或监视手段，该行为在法律框架下依然合法。最终威尔士行政高等法院女王审判庭虽然认可人脸识别技术"干扰"个体隐私权，但认为警方将该技术用于公共安全符合法律框架规定，并未支持原告诉求。2020 年 8 月，上诉法院最终支持原告诉求，认为公共监控中使用人脸识别侵犯公民隐私权，违反《人权和基本自由欧洲公约》第 8 条、英国 2018 年《数据保护法案》第 64 条以及 2010 年《平等法案》第 149 条。石佳友，刘思齐. 人脸识别技术中的个人信息保护：兼论动态同意模式的建构 [J]. 财经法学，2021（2）：60-78.

而泄露的可能。"给人脸识别投反对票的人们更注重的是公众隐私。许多支持禁止使用人脸识别的人表示，要在该技术彻底侵犯自己隐私之前就终止掉。"①

如何对人脸识别技术应用进行规制，制定规则和标准，在鼓励支持新技术发展的同时，保护好个人隐私权成了各个国家需要思考的问题。

二、人格尊严

从人的本性上讲，社会生活中，每一个人都有渴望得到自己认可和他人尊重的心理，归根结底是自尊的需要。美国社会心理学家马斯洛（Maslow）曾经提出著名的"需求层次理论"，即当人的生存、安全和社会需要基本满足之后，对文化和精神的需要将越来越强烈，这种心理需要为自尊需要。② 人格，是做人的资格和权利。"尊严"（dignity）一词源于拉丁文中的dignitas，意为有价值或有名誉的，"尊严"一词意味着人作为人应有的地位，也就是康德所说的是人能自治之结果。③ 从社会角度讲，人格尊严是做人的资格、权利和地位受到自己自治和他人尊重，是自然存在的，并不以人的死亡为终点。从法律意义上讲，人格尊严是法律彰显和维护的每一个法律上的个体所享有的自由、平等和独立的身份与其所应受到的尊重。

（一）内涵

人格尊严的内涵包括：

1. 平等权。实现平等需要反对两种情况：一是特权，二是歧视。享有特权的人会产生优越感，滋生骄纵心理和行为。被歧视的人容易产生自卑心理和反社会行为。人格尊严要求社会"以人待人"，即个人的道德价值和社会地位受到社会和他人平等的承认和尊重，而不与阶级、贫富等客观量化标准相关。④

---

① 杨蓉.旧金山成全球首个禁用人脸识别的城市［J］.计算机与网络，2019（11）：12-13.
② 马斯洛.马斯洛人本哲学［M］.成明，编译.北京：九州出版社，2003：52-61.
③ 李震山.人性尊严与人权保障［M］.台北：元照出版社，2001：04.
④ 张凤仪.人格尊严：人格权立法之价值追求［J］.现代商贸工业，2022（10）：146-147.

2. 一定程度的自决权。"自治即为人类和每个理性自然的尊严之基础。"康德的本意就是从人的自治推导出人的尊严，这也体现出自治和尊严之间的相互关系，即没有自治就没有尊严。① 但人格尊严不能完全自治，要考虑公共利益、他人利益而进行适当限制。

3. 主体性和社会性。人格尊严具有主体性，个体具有对自身价值追求与肯定的权利。人格尊严具有社会性，个体具有要求他人认可、尊重、排除他人侵犯的权利和尊重他人人格尊严的义务。康德认为，"人格"就意味着必须遵从这样的法则，即"不论是谁在任何时候都不应把自己和他人仅仅当作工具，而应该永远视为自身就是目的"②。人对人格尊严的追求在很多情况下超越了财产甚至生命。

4. 法定性。"人的本质问题，人的人格，对于法的本质是决定性的。"③ 国家和法律的根本目的在于确认和维护个体的人格尊严。

(二) 人格尊严的保障

我国形成了人格尊严的法律保障体系。严格来讲，法律所确认和保护的所有权利都与人格尊严有关，但具体来讲，从能否具体化、明确法律保护措施和法律责任为依据，人格尊严可以分为具体人格权和一般人格权，具体人格权在《中华人民共和国民法典》人格权编有详细规定。对一般人格权进行规定的主要有《中华人民共和国宪法》第33条第3款："国家尊重和保障人权"的规定确立了人格尊严受保护的价值基础；第33条第2款："中华人民共和国公民在法律面前一律平等"成为人格尊严实现的保障基础；第38条："中华人民共和国公民的人格尊严不受侵犯。禁止用任何方法对公民进行侮辱、诽谤和诬告陷害。"其确立了人格尊严受法律保护的直接依据。《中华人民共和国民法典》第109条及第990条第2款、《中华人民共和国消费者权益保护法》第14条、《中华人民共和国国防法》第62条第3款、《中华人民共和国预防未成年人犯罪法》第3条、《中华

---

① 王利明. 人格尊严：民法典人格权编的首要价值 [J]. 当代法学，2021 (1)：3-14.
② 康德. 道德形而上学原理 [M]. 苗力田，译. 上海：上海人民出版社，2002：52.
③ 考夫曼，哈斯默尔. 当代法哲学和法律理论导论 [M]. 郑永流，译. 北京：法律出版社，2013：490.

人民共和国未成年人保护法》第4条等十几部法律的规定使我国人格尊严立法更加完备。

（三）人脸识别对人格尊严的侵犯

人脸识别技术的应用除了通过侵犯肖像权、隐私权等具体人格权侵犯人格尊严外，还存在侵犯人格尊严的风险。

1. 对人格尊严平等享有的侵害风险。无论公民年龄、性别、教育程度、宗教信仰、社会贡献等外在特征如何，每个人都享有平等的人格尊严。人脸识别的算法歧视和信息泄露等，可能使特定人群遭受不公正待遇，影响了人格尊严的平等享有。

2. 遮蔽了人格尊严的主体性和自决权。人格尊严被侵犯经常表现为强烈的主观感受，只要人心理上感觉到不舒服，应该就是人格尊严被侵犯了。有些人意识到人脸识别可能会产生不利后果，或者意识不到，但是不愿意使用人脸识别，感觉是对自己的冒犯，但基于各种原因，不得不同意。在城市治理、学校管理和社会生活等多场景中，人脸识别被强制使用和知情同意机制的失灵，严重忽视个人自决权的行使。

3. 忽视了人格尊严的社会性。个人通过他人和社会的认可与尊重，会对自己更加认可。而赢得他人和社会的认可与尊重的一个重要方式就是个人的独特性。应当承认，每个人都是独一无二的存在，在与其他人的比较中都是独特的个体，因而无法被别人所模仿和替代。正是个人的独特性和不可重复性，人类的每个成员才拥有一种实质性的尊严。[1] 以变异性或多样化为基石的生物学，赋予了每一个个人以一系列的独特属性，正是这些特性使个人拥有了他以其他方式不可能获得的一种独特的品格或尊严。[2]

---

[1] 胡玉鸿. 个人的独特性与人的尊严之证成[J]. 法学评论, 2021（2）: 39-54.
[2] 哈耶克. 自由秩序原理（上）[M]. 邓正来, 译. 北京: 生活·读书·新知三联书店, 1997: 103.

人脸不仅具有生理和心理上的独特性①，还具有文化上的独特性，②映射出某种情感、性格和人格，作为个人社会身份的象征，是人际交往和构建信任的通行证。人脸被摄像头等设备自动抓取后生成数字图像以识别、认证或核实特定个体，成为识别与被识别的工具。人脸背后的人格因素及其所承载的信任与尊严等价值被稀释，一个具有独立人格的人，变成一系列的数字和符码，失去了独特性。③ 同时，深度仿造技术也可能使个人的人脸、声音等被他人取代，严重侵犯公民的人格尊严。

人格尊严不能完全表现为具体人格权，但在人脸识别过程中无所不在。在以人为本理念下保护人格尊严是公民其他权利实现的前提和基础。

三、平等权

（一）平等和歧视

平等对社会聚合具有重要作用，是人们追求的社会状态，也是法律的重要价值。平等权是公民的一项基本权利，我国《宪法》明确规定："中华人民共和国公民在法律面前一律平等。"《中华人民共和国民法典》第4条、第14条、第113条等规定了公民在民事领域的平等权利。而人脸识别技术在长足发展的同时，也因为一些人为的和技术上的原因，造成了隐性

---

① 古代脸上刺字的处罚，不仅使被处罚者产生生理上的感受，更加重了心理上的压力。
② 我国很多学者阐述过人脸的社会文化功能和人脸蕴含着的人的尊严。如翟学伟. 中国人的脸面观：形式主义的心理动因与社会表征［M］. 北京：北京大学出版社 2011；人情、面子与权力的再生产：情理社会中的社会交换方式［J］. 社会学研究，2004（5）：48-57；文旭，吴淑琼. 英汉"脸、面"词汇的隐喻认知特点［J］. 西南大学学报（社会科学版），2007（6）：140-144；钱建成. "脸"的跨文化隐喻认知［J］. 扬州大学学报（人文社会科学版），2011（5）：110-114；徐艳东. "脸"的道德形而上学：阿甘本哲学中的"脸、人、物"思想研究［J］. 哲学动态，2015（2）：15-20. 等.
③ 郭春镇. 数字人权时代人脸识别技术应用的治理［J］. 现代法学，2020（4）：19-36.

的歧视和偏见，如种族歧视①、价格歧视②、"性别歧视+种族歧视"③ 和算法偏见④等，严重损害公民的平等权益。

根据美国国家标准与技术研究院（NIST）的测试，人脸识别率最高的是白人男性，最低的则是黑人女性。不管是人脸识别系统的设计者在设计算法时存在主观偏见，还是这项系统背后的数据样本不够具有代表性，总之，现在市场上的人脸识别系统表现出了明显的种族歧视和性别歧视倾向，也就是不平等。一些及时认识到人脸识别带有种族歧视倾向的企业立刻做出表态⑤。2018年关于机器学习系统中的平等和不歧视权利保护的《多伦多宣言》中提出，系统使用机器学习技术可以极大而迅速地改变或加强权力结构或造成歧视，侵害公民的平等权。

（二）人脸识别造成歧视的原因

通过分析，我们会发现人脸识别造成歧视性结果的原因主要有：

1. 有缺陷的数据收集。即数据输入偏差很可能导致数据输出偏差，这源于某一个群体的代表性不足或过多。比如新西兰护照机构使用了一个自动系统来检查护照照片。该系统经常拒绝亚裔申请人，声称由于照片显示他们闭着眼睛，所以其照片无效。这种偏见的自动决策是最初数据收集缺陷的直接结果：由于该系统主要建立在非亚裔测试对象的训练数据之上，对于那些不符合系统简单模型的人，系统的表现就很糟糕。⑥

---

① 如美国迈阿密的智能化治安监控系统重点关注低收入的黑人群体和西班牙移民。
② 使用人脸识别门禁或支付系统的商家通过捕捉用户喜好和购物行为，勾勒购物习惯并提供不同的推荐列表和价格标准。
③ 美国麻省理工学院对于微软、Facebook、IBM等公司人脸识别系统的研究表明，检测肤色较深女性的出错率比检测肤色较浅的男性高出35%。
④ 算法偏见自身的功利导向性使其对社会成员的平等权侵害会加速甚至可能放大，如在2015年谷歌图像识别算法误将黑人认为大猩猩事件中，算法系统正是基于算法偏见的导向性而出于惯性辨识错黑人，这一事件足以展现算法偏见对黑人群体平等权的侵害，虽然事后谷歌屏蔽了相关词条，但并没有根除系统中的偏见，相反只会不断加深。
⑤ 2020年美国的国际机器商业公司（IBM）为支持种族平等，宣布退出人脸识别业务，公司首席执行官（CEO）克里什纳表示："IBM公司将会坚决反对，也不会容忍使用任何技术来对大众进行监视种族定性、侵犯基本人权和自由。"
⑥ 托马斯·威施迈耶，蒂莫·拉德马赫．人工智能与法律的对话2［M］．上海：上海人民出版社，2020：116．

2. 有缺陷的数据聚合。初始训练数据本身是具有代表性的,但是在稍后的处理过程中被引入了偏见,智能化学习和表现会复制这种偏见,从而强化这种偏见。① 例如科勒卫浴利用人脸识别技术分析顾客的消费潜力②。原本平等选购的顾客,却在无形中被商家标上了穷、富的标签,被不同对待。

3. 人的主观恶意。人脸识别技术的设计者或程序员有意地将歧视或偏见输入面部数据库、分析参数和模型系统中,造成结果的歧视或偏见。

4. 算法的不可控制。即使不存在上述所有的因素,人脸识别算法的内在属性仍能表现出歧视性。算法有自主学习能力,是不断成长和发展的,由于系统不断地接收数据信息,算法能很快识别出信息之间更为复杂的关联,随着关联复杂度的增加,也变得越来越不透明,即使是程序设计者,也不能够回溯其计算过程了,算法进入黑箱阶段,结果可能出现歧视性。

表 3-1　算法分类表③

算法分类	算法名称	特征描述
1	"白箱"算法	算法完全是确定的,即为预先确定的指令集
2	"灰箱"算法	算法是不确定的,但易于预测和解释
3	"黑箱"算法	算法呈现出突发性,很难甚至不可能预测、解释
4	"感知"算法	算法能够通过图灵测试,已经达到或超过人类智商
5	"奇异"算法	算法能够实现自我递归完善,已经具备"奇异"功能

---

① 托马斯·威施迈耶,蒂莫·拉德马赫. 人工智能与法律的对话 2 [M]. 上海:上海人民出版社,2020:116.
② 科勒卫浴利用人脸识别技术分析顾客的消费潜力。在门店安装了具有人脸识别功能的摄像头,一旦顾客进入科勒卫浴门店,人脸信息就会被捕捉、记录,以后顾客再去哪家店,去了几次,科勒卫浴都会知道,甚至能分析出顾客的性别、年龄、消费能力以及当时的心情。
③ 孙建丽. 算法自动化决策风险的法律规制研究 [J]. 法治研究,2019 (4):108-117.

《黑箱社会：控制信息和金钱的数据法则》的作者弗兰克·帕斯奎尔提出这样的观点：个人信息越来越多地被别人掌握，而每个人本身既不能阻止这种情况的发生，也不知道会产生怎样的后果。

智能算法严重冲击了技术中立的观念，显示出了高新科技中人的意志、价值观等对社会的影响，人类社会存在偏见是不可避免的，但科技应用不应该对这种偏见放大或强化，甚至出现科技异化、技治主义倾向。

5. 人脸识别的持续性不平等信息关系的存在。在人脸识别信息处理"收集—处理—再处理"反复不断的过程中，如果说基于特定的人脸识别信息收集节点的"知情同意"让双方暂时处于某种信息平等对称状态，那么，随着人脸识别信息收集和处理活动的展开，个人和处理者越来越处于持续性信息不平等状态中，处理者在人脸识别信息收集目的、用途、损害后果和救济措施等方面就存在不断侵害个人信息权益的可能性。[①]

四、财产权

（一）概念

财产权是指公民个人通过劳动或其他合法方式取得、占有、使用、处分财产的权利，是公民基本权利的重要内容，是公民在社会生活中获得自由与实现经济利益的必要途径。[②] 财产是人生存的物质基础，是鼓励人们奋斗的动力。

经济学理论中的财产应当具有使用价值和交换价值。"不论财富的社会形式如何，使用价值总是构成财富的物质内容。在我们所考察的社会形式中，使用价值同时又是交换价值的物质承担者。"[③] 法学理论中的财产，一是指具有经济利益的权利的集合[④]，卡尔·拉伦茨认为："某主体的财产

[①] 林凌. 人脸识别信息"人格权—用益权"保护研究 [J]. 中国出版, 2021 (23): 41-46.

[②] 《宪法学》编写组. 宪法学: 第2版 [M]. 北京: 高等教育出版社, 2020: 213.

[③] 马克思恩格斯全集: 第23卷 [M]. 中共中央马克思恩格斯列宁斯大林著作编译局, 译. 北京: 人民出版社, 1975: 48.

[④] 拉伦茨. 德国民法通论: 上 [M]. 王晓晔, 邵建东, 程建英, 等译. 北京: 法律出版社, 2004: 410-411.

是其具有经济价值的多个权利所集成的，只有具备经济价值的权利方为财产，这些权利在一定的法律关系中可以转化为物质利益。"如《中华人民共和国民法典》第 127 条的规定："法律对数据、网络虚拟财产的保护有规定的，依照其规定。"二是指财产性权利的客体。黑格尔认为"财产是自由最初的定在"①。

我国《宪法》第 13 条第 2 款规定："公民的合法的私有财产不受侵犯。国家依照法律规定保护公民的私有财产权和继承权。"其为合法的私有财产权的保护提供了必要的宪法基础和依据。《中华人民共和国民法典》将宪法规定具体化，规定了公民的物权、债权、知识产权、股权、数据、网络虚拟财产等财产权利，并为保护公民的财产权提供了具体的程序和救济途径。

人脸识别信息数据具有财产权属性，已经作为商品进入交换领域，具有使用价值和交换价值，同时，还具有被利用来创造新价值的潜在价值。人脸信息数据已经完成了从资源化到资产化再到资本化的价值进路。②

（二）人脸识别对公民财产权的侵犯

人脸识别对公民财产权的侵犯主要表现为：

1. 非法获取、使用和提供公民人脸信息。因为人脸信息的财产性，非法获取、使用和提供即构成侵犯财产权。比如，在网络交易平台上售卖人脸信息，背后有其市场需求，主要包括以下三方面：一是为了"撞库"。撞库是指凭借用户的身份信息、人脸识别信息和其他相关信息破解用户账号。二是为了精准营销。了解个人的运动轨迹，通过人脸比对可以掌握到此人上过什么网站，用过哪些类似的服务，拿到此人的相关信息后可以通过大数据等技术与此人真实身份相结合，实行精准营销。三是为了精准诈骗。诈骗者通过搜集个人相关信息，了解个人购买的物品，以退票、退钱、更换货物为由，使公民上当，点击诈骗者所提供的二维码，从而进行精准诈骗。

---

① 黑格尔. 法哲学原理 [M]. 范扬，张企泰，译. 北京：商务印书馆，1961：61.
② 大数据战略重点实验室. 块数据 5.0：数据社会学的理论与方法 [M]. 北京：中信出版社，2019：125.

2. 对人脸识别信息数据的泄露。人脸识别信息数据作为生物识别信息数据，是一种特殊的个人身份识别标识，一旦泄露，根本无法更改，尤其是金融领域的信息数据泄露，不法者通过身份盗用侵犯财产。同时，以人脸信息为媒介去勾连更多的他人隐私信息，用于敲诈勒索、非法经营、倒卖牟利等行为，使人们的财产安全面临较高的侵权风险。

3. 深度伪造人脸。使用AI换脸技术伪造人脸绕过真正的人脸识别，行业内称"过脸"。为了保障信息数据的安全，现有人脸识别技术的应用需要被采集者动态录入信息，比如支付宝免密支付功能的开通，需要用户点点头、张张嘴、眨眨眼等动作来配合人脸信息的识别。仍有一些不法分子通过伪造人脸完成账号实名认证，侵吞他人财产。

2020年8月13日，杭州钱塘新区公安部门抓获两名盗取个人信息的犯罪嫌疑人苟某、张某。二人通过技术手段骗过平台人脸识别，在多个网络平台共盗取数千条平台账号个人信息。2020年年初，浙江衢州中级人民法院的一份刑事裁定书披露，张某、余某等人运用技术手段骗过支付宝人脸识别认证，并使用公民个人信息注册支付宝账户，非法获利数万元，最终因侵犯公民个人信息罪而获刑。

在上述两起案件中，犯罪嫌疑人均是利用AI换脸技术非法获取公民照片进行一定预处理，而后通过"照片活化"软件生成动态视频，骗过人脸核验机制。[1]

人脸识别技术应用侵权不是单一的，会同时侵犯公民多项权利，如深度伪造、公开使用他人人脸，会同时侵犯公民的肖像权等。为了保护公民的人身和财产安全，需要对人脸识别技术进行综合引导和规制，防范侵权风险。

第四节 人脸识别技术侵权的危害

不管人脸信息主体是否意识到，人脸识别技术侵权的危害是客观存在

---

[1] 邓崎凡. 不法分子"换脸"骗过人脸识别偷走个人信息[N]. 工人日报，2020-10-22（6）.

的，表面上有歧视、偏见或心理入侵等，深层次带来的是对秩序的侵害、对安全的威胁、对正义的破坏、对自由的挑战、对法律权威的践踏和对权利意识的侵蚀。

一、对秩序的侵害

（一）秩序是法律的基本价值

秩序有整齐、规则之意，是人类社会存在和发展的基础，是人类的基本需求。柏拉图认为在社会生活中存有某种秩序、某种一致性和某种恒久性。如果社会生活中不存在这样一种有序性的东西，那么任何人都不能做好自己的事情或满足自己最基本的需求。

从静态上来看，秩序是指人或物处于一定的位置，有条理、有规则、不紊乱，从而表现出结构的恒定性和一致性，形成一个统一的整体。就动态而言，秩序是指事物在发展变化的过程中表现出来的连续性、反复性和可预测性。自然秩序是自然物质结构的有序性和物质间关系的连续性与稳定性，是由自然界的规律表现出来的一切自然现象的发生、发展和运作的秩序。社会秩序表示在社会中存在着某种程度的关系的稳定性、进程的连续性、行为的规则性、财产和心理的安全性等。[1] 在美国法学家博登海默看来，秩序是"在自然进程和社会进程中都存在的某种程度的一致性、连续性和确定性"[2]。秩序作为法的基本价值之一，为法律追求和保护其他价值奠定了基础。

对于法律秩序的定义，学界一般参考《牛津法律大辞典》中对法律秩序的定义，即法律秩序是"从法律的立场进行观察，从其组成部分的法律职能进行考虑的、存在于特殊社会中的人、机构、关系原则和规则的总体。法律秩序和社会、政治、经济、宗教和其他的秩序并存，它被当作是具有法律意义的有机的社会……法律秩序也包括某种原则与规则，如行为的准则等，'法律秩序'这个术语被一些法学家在不同意义上用作制度或

---

[1] 张文显. 法理学：第4版 [M]. 北京：高等教育出版社，2011：260.
[2] 博登海默. 法理学：法律哲学与法律方法 [M]. 邓正来，译. 北京：中国政法大学出版社，2004：219.

法律体系甚至是法律的同义词"。

可见，秩序是一种特定的稳定性状态，对秩序的需求来源于人类的内心，社会秩序受到普遍的遵从会带给人类安全感，一旦陷入社会无序的生活之中，意味着人类要面对无止境的恐慌和不安全感。

法律秩序形成于法律对社会关系的调整，即法律通过调整社会关系把无序控制在一定的范围之内。秩序是法律的基本价值：首先，秩序是人类社会生活的基础。人类社会是群居社会，但人具有自我保存的本能，导致人与人之间为了获取更多的生存资源而相互竞争、冲突，人类首先要处理的关系就是人与人之间的关系，法律需要对竞争和冲突进行必要的约束，形成秩序，以维持人类的和平生活。其次，社会通过法律对利益的平衡和调节达到有序。作为社会生活的基础，利益是社会生活中唯一、普遍起作用的社会发展动力和社会矛盾根源。法律通过对多元利益的平衡，维系社会秩序，并在利益格局的不断被打破和重整过程中逐步地向前发展。最后，秩序是法的基础价值。法的价值包含秩序、利益、正义等，但任何价值的实现，都必须建立在社会有序的基础上。

（二）人脸识别技术对秩序的挑战和应对

在建设科技强国的道路上，科技把个人、企业和国家进行了紧密的关联。

人工智能和数字经济的发展离不开个人信息数据的利用，人脸识别技术在大量人脸信息训练的基础上获得了长足发展和多场景应用。企业利用人脸信息进行技术研发和创新，为人们生活提供便利的同时，也提高了自身的决策效率和经济效益。政府作为主要的权威的个人信息管理者与使用者，一方面可以利用这些信息保障和推进公共安全、公共管理和公共福利；另一方面政府也会利用这些信息提高行政效率，保护公民的基本权利与自由。[1] 国家在保持稳定秩序的状态中向前发展。

人脸识别技术的快速发展所带来的技术滥用、人脸信息数据收集和使用的无序、对权利的侵犯等，对现有的社会秩序造成了巨大冲击，对法律

---

[1] 张新宝. 从隐私到个人信息：利益再衡量的理论与制度安排［J］. 中国法学，2015（3）：38-59.

秩序形成了巨大挑战，因为网络空间的虚拟性和信息数据使用的隐秘性，调整现实社会的规则在网络空间调整的有效性欠缺，给人们带来了无序状态的危机感和忧惧感，使社会安全风险增大。

如果任由各种不规范的行为发生而不加以规制，不仅会使用户因为信息数据不安全导致不信任加强而减少原始信息数据的产生，还可能因为信息数据收集和利用的混乱造成数据的不准确，对在大数据基础上运用各种算法做出决策的正确性造成影响，最终阻碍大数据良性健康发展。所以，人们开始寻找一种维持安全生活的方式，规避无序带来的风险，在科技创新的同时，法律制度和风险防范机制的创新势在必行。

秩序作为法律的基础价值，可以通过法律合理配置权利和义务，鼓励和规范人们行为的方式进行构建。

在成文法国家，立法往往具有滞后性。但在科技领域，我国应适当加强立法的前瞻性，根据国家的发展需要和国情实际，设定规范的技术发展方向，为科学技术发展提供预设规则，以更好地促进、规范和保护科技发展，确保形成良好的社会秩序，使人脸识别技术的发展更加符合社会秩序与法律秩序，在法律的调整范围内发展。

在科技领域实现法的秩序价值，必须加强法律对于科技的吸收和研究。苏力曾指出，我们当然不能忘记法律的价值理性，但更应当指出，目前法律中的科学技术的因素不是太多了，而是远远不够。法律中的科学精神，法律对实证科学的关注以及对实证研究成果的采纳都太缺乏了。如果不改变这一点，我们就会永远停留在原则的争论之中，永远无法推进对法律的了解和对实际问题的解决。[①]立法是人进行的专业活动，在科技领域实行良法善治，保证科学立法、民主立法，需要由科学技术专家参与甚至主导科技立法。

人脸识别技术发展更应该突出以信任为基础的契约精神，用户基于信赖交出自己的人脸信息数据，数据控制者基于诚信使用数据，使大数据稳定有序发展，数据的收集、储存、交易和利用的整个过程都保持良好的

---

① 苏力. 法律与科技问题的法理学重构[J]. 中国社会科学, 1999 (5): 57-71, 205.

秩序。

二、对公平正义的破坏

（一）公平正义是法的最高价值

公正是社会主义核心价值观社会层面的重要价值取向，公平正义是法的最高价值追求。"古往今来，人们思想认识关涉的几乎所有价值评判问题，人们社会活动追求的几乎所有利益和权利问题，人们社会行为引发的几乎所有关乎是非曲直的裁判问题，都与公平正义具有高度相关性。"①

但何谓公平正义，因其使用领域的宽泛性和理解的多元性，至今都没有形成统一的界定。如奥地利著名规范分析法学家凯尔逊所言："自古以来，什么是正义这一问题是永远存在的。为了正义的问题，不知有多少人流下了宝贵的鲜血与痛苦的眼泪，不知有多少杰出的思想家，从柏拉图到康德，绞尽了脑汁；可是现在和过去一样，问题依然未获解决。"②"正义有着一张普洛透斯似的脸，变幻无常、随时可呈不同形状并具有极不相同的面貌。当我们仔细查看这张脸并试图解开隐藏其表面背后的秘密时，我们往往会深感迷惑。"③

从词源学的角度看，"正义"具有久远的历史。最早出现在拉丁语中，是由拉丁语"justitia"一词演化而来的，最初有"平、直"之意，后逐渐发展为英语的"justice"一词，不仅有"公平、公正、合理"等含义，而且还有"法律审判、制裁"等含义。柏拉图认为正义就是善，"这种善的概念控制着每个人并且影响到他的灵魂，即使他有了点错误。如果是这样，每种所做的行为就与这种善相一致，并且人性的任何部分受善的控制，那么我们得管它叫正义，这是整个人类生活中最美好的"④。庞德认为："正义这个词在伦理上，我们把它看成是一种个人美德或是对人类的

---

① 李林．通过法治实现公平正义［M］//俞可平．国家底线：公平正义与依法治国．北京：中央编译出版社，2014：61．
② 张文显．二十世纪西方法哲学思潮研究［M］．北京：法律出版社，1996：575．
③ 博登海默．法理学：法律哲学与法律方法［M］．邓正来，译．北京：中国政法大学出版社，1999：252．
④ 柏拉图．法律篇［M］．张智仁，何勤华，译．上海：上海人民出版社，2001：295．

需要或者要求的一种合理公平的满足。在经济和政治上，我们把正义说成是一种与社会理想符合，足以保障人们的利益与愿望的制度。"① 哈耶克认为："所谓正义，始终意味着某个人或某些人应当或不应当采取某种行动；而这种所谓的应当，反过来又预设了对某些规则的承认：这些规则界定了一系列情势，而在这些情势中，某种特定的行为是被禁止的，或者是被要求采取的。"② 这与罗尔斯对正义的认识具有一致性："每个人都应当得到他所应当获得的东西（而不论是善果还是恶果），被人们普遍认为是正义的；然而，每个人应当得到他所不应得的善果，或者被迫承受他所不应蒙遭的恶果，则被人们普遍认为是不正义的。"③

我国学者李林认为，在中国语境下，公平正义问题涉及三个关键词：公平、公正和正义。公平，一般用于地位相等的人们之间，是一种同位对等性的用语。包括公民参与经济、政治和社会其他生活的机会公平、过程公平和结果分配公平等。公正，通常指社会权威机构和个人在处理社会事务时应秉持不偏不倚、不枉不纵、公而无私的立场和态度。正义，主要是对政治、法律、道德等领域中的是非、善恶做出的肯定判断。④ 卓泽渊指出，公正可能被理解为公平的同义语，也可能被理解为正义的同义语，或者被理解为公平正义的统称。在汉语中，公平与正义或许有较大的差别。公平似乎更侧重于居于相对关系人之外的裁判主体或裁判规则的合理性与公允性。正义似乎更侧重于终极的合理性与合道义性……在有关辞书中常常可以见到的是，将公平、正义或者公正、公平并列。⑤

由此可见，在理论上难以形成对正义的统一界定，在使用上对公平正义的理解具有极大的主观性、随意性和不确定性，而法律有规范性、明确

---

① 庞德.普通法的精神［M］.唐前宏，廖湘文，高雪原，译.北京：法律出版社，2000：56.
② 哈耶克.法律、立法与自由（第二、三卷）［M］.邓正来，张守东，李静冰，译.北京：中国大百科全书出版社，2000：52.
③ 罗尔斯.正义论［M］.何怀宏，何包钢，廖申白，译.北京：中国社会科学出版社，1988：225-233.
④ 李林.通过法治实现公平正义［M］//俞可平.国家底线：公平正义与依法治国.北京：中央编译出版社，2014：62.
⑤ 卓泽渊.作为和谐社会法治价值的公正［M］//李林，等.构建和谐社会的法治基础.北京：社会科学文献出版社，2013：161.

性、统一性和可诉性等特征。所以，需要由法律通过权利、义务和法律责任等来确定公平正义的内容和实现方式。

公平正义是社会主义法治的价值追求，是法治的生命线，是我们党追求的一个非常崇高的价值，全心全意为人民服务的宗旨决定了我们必须追求公平正义，保护人民权益，伸张正义。党的十九届四中全会明确将"坚持全面依法治国，建设社会主义法治国家，切实保障社会公平正义和人民权利"作为我国国家制度和国家治理体系的显著优势之一，并提出"健全社会公平正义法治保障制度"。全面依法治国，必须紧紧围绕保障和促进社会公平正义来进行，必须牢牢把社会公平正义这一法治价值追求体现到立法、执法、司法、守法等法治建设各个环节[1]，"努力让人民群众在每一项法律制度、每一个执法决定、每一宗司法案件中都感受到公平正义"[2]。只有体现公平正义的立法才是良法，只有通过严格执法、公正司法和自觉守法才能实现公平正义。

（二）人脸识别技术侵权对公平正义的挑战和应对

人脸识别技术侵权对公平正义的挑战主要表现为：

1. 对人脸信息主体和个人信息处理者之间公平正义的挑战。人脸信息是人脸识别技术发展的基础，也是企业获取利润的前提，人脸信息有赖于每一个人脸信息主体的人脸特征。在人脸信息收集阶段，人脸信息主体因为相关知识、技术和信息的不匹配性而表现出明显的被动性，不能表现出自己的真实意志。非法收集人脸信息当然就更不可能征求人脸信息主体的意见了。在人脸信息的挖掘、分析和利用环节，处理者更是依据自己的意愿，对获取的信息数据进行任意整合，完全不考虑人脸信息主体的意见。甚至由于技术原因，如算法的不透明和算法歧视等，使用的结果还经常会对用户的权利造成伤害。人脸信息主体为人脸识别技术发展贡献了信息数据，不仅没有得到回报，还要付出权利受侵犯的代价，这是对公平的严重破坏。

---

[1] 《习近平法治思想概论》编写组. 习近平法治思想概论[M]. 北京：高等教育出版社，2021：107-108.

[2] 习近平. 在中央全面依法治国委员会第一次会议上的讲话（2018-08-24）[M]// 习近平. 论坚持全面依法治国. 北京：中央文献出版社，2020：229.

2. 对法律提出了挑战。新技术的出现，导致新的法律关系出现，传统法律不好调整或调整不了，需要通过新立法分配公平正义，制定和实施良法是回应新技术应用的必然选择。

习近平总书记指出："人民群众对立法的期盼，已经不是有没有，而是好不好、管用不管用、能不能解决实际问题；不是什么法都能治国，不是什么法都能治好国；越是强调法治，越是要提高立法质量。"① 如何制定促进和规范科技创新的良法是人脸识别技术对立法的挑战。

司法是实现公平正义的最后一道防线，习近平总书记指出："所谓公正司法就是受到侵害的权利一定会得到保护和救济，违法犯罪活动一定要受到制裁和惩罚。如果人民群众通过司法程序不能保证自己的合法权利，那司法就没有公信力，人民群众也不会相信司法。法律本来应该具有定分止争的功能，司法审判本来应该具有终局性的作用，如果司法不公、人心不服，这些功能就难以实现。"② 司法机关在对受到侵害的权利依法进行保护和救济时，需要做到正确、合法、及时。

正确包括认定事实正确和适用法律正确，合法的基础和前提是有相关法律，及时是在法律规定的期限内完成相关行为。如果法律缺乏对新技术的明确规定，就会对司法机关通过案件审理使人民群众感受到公平正义带来挑战。在人脸识别侵权案件中，没有专门法律规定，司法机关就需要寻找最适合的法律，作为案件的审判依据。正如学者对我国"人脸识别第一案"的评价，"困境背后价值衡量上的微妙，使司法者不仅要'戴着镣铐跳舞'，在法律框架内做出裁断，还需要敏锐感受时代的律动、舆论的汹涌，通过裁判参与未来社会的建构"③。否则，可能会造成当事人的合理诉

---

① 习近平. 全面推进科学立法、严格执法、公正司法、全民守法（2013-02-23）[M]//习近平. 论坚持全面依法治国，北京：中央文献出版社，2020：20.
② 习近平. 全面推进科学立法、严格执法、公正司法、全民守法（2013-02-23）[M]//习近平. 论坚持全面依法治国，北京：中央文献出版社，2020：22.
③ 张谷. 寻找"人脸识别第一案"中的阿基米德支点[EB/OL]. 中国法院网，2021-04-10.

求不能得到满足或者同案不同判的结果。①

现代政治理论认为，行政权最容易对公民造成侵害。人脸识别被广泛应用于公共管理领域，有权机关应当严格执法、积极作为，对利用人脸识别技术侵犯公民权利的行为，及时查处，减少人脸识别对公民权利的侵犯，维护公平正义。因为侵权的普遍性和技术性因素，这是不小的挑战。

在全民守法上，首先要提高全民的人脸识别相关知识和意识，对侵权行为起到监督作用。其次是提升全民法治意识和素养，认识到法律的约束和保护功能，自觉维护权利、履行义务，减少和杜绝利用人脸识别侵权行为。这些因人脸识别技术应用而产生的要求，对国家、社会和公民都构成了挑战。

三、可能造成自由危机

（一）自由是人类对美好社会的向往和追求

自由是人最重要的需求之一，从古至今，人类对自然进行的各种改造，对社会进行的各种变革，其中都包含着对自由愿望的追求。在中外历史上谈及自由的观点比比皆是。儒家思想代表人物孔子主张"克己复礼"。道家思想代表人物老子崇尚天人合一，道法自然，认为在顺其自然的境界中可以达到自由的目的。② 庄子追求逍遥游，"游心乎德之和"。霍布斯曾

---

① 我国"人脸识别第一案"中，杭州市中级人民法院从服务合同的角度阐释了人脸识别的店堂告示只是经营者的单方要约，未经消费者承诺不发生效力，据此判令杭州野生动物世界删除郭某的人脸信息和承担赔偿责任。有学者认为"倘若该案从侵权行为的视角考察，则可能有新的发现并产生别样的优势"。焦艳玲. 人脸识别的侵权责任认定 [J]. 中国高校社会科学，2022（2）：117-128. 在我国"人脸识别第一案"之前，美国也发生过类似案例，2010年Facebook推出了人脸识别技术，扫描用户发布的照片，创建与用户匹配的人脸签名数据库。2015年8月，伊利诺伊州居民Adam Pezen、Carlo Litica和Nimesh Patel在加利福尼亚北部地区对Facebook提起集体诉讼，指控Facebook的人脸识别技术违反了伊利诺伊州《生物特征信息隐私法（BIPA）》。2021年，法院最终批准了双方的和解协议，Facebook需要向160万名原告支付总计6.5亿美元的赔偿。苏珊珊. 6.5亿美元赔偿！Facebook这起集体诉讼案终于达成和解协议 [EB/OL]. 雷峰网，2021-03-01.

② 胡纯华. 社会主义核心价值观与普世价值观之辨析：以自由概念为例 [J]. 湘南学院学报，2020（6）：17-23.

说过："所谓自由，依照这个字的正式意义，乃是没有外在阻碍的意思。"①黑格尔认为："自由乃是于他物中发现自己的存在，自己依赖自己，自己决定自己的意思。"② 马克思主义哲学对"自由"进行了多维的阐释，从主体角度："自由的有意识的活动恰恰就是人的类特性。"③ 从认识论的角度，自由是对必然的认识和客观世界的改造。在这里必然性指的是客观世界的本质和规律，人类在认识客观世界中获得了事物本质和规律性的认识，才能主动地而不是被动地去改造客观世界，因此，自由是建立在对必然认识的基础之上。同时，人们对客观世界的规律性认识越深刻，获得改造客观世界的自由就越大。

从这些对自由的理解和阐释中可以看出，自由与主体意志和客观必然性之间的关系，主体的自由不仅要受到自己意志的指引，还要受到自然和社会等外部力量即客观必然性的影响。当主体的意志追求和客观必然性一致时，主体感受不到外部力量的作用，认为自己的行为完全是自己意志追求的结果，感觉非常自由。当主体的意志追求和客观必然性不一致时，主体感受到外部力量的限制，认为自己的行为不完全是自己意志追求的结果，感觉自由受到了限制。如果感受到外来的限制是合理的，适当调整自己的行为，感受到的仍然是自由。

（二）自由是法的重要价值

我国《新华字典》将"自由"定义为："人们在法律规定的范围内，随意安排自己活动的权利；哲学上指人们在实践中认识了客观规律，并能有意识地运用到实践中去；不受拘束和限制。"这一界定"自由"一词的字面意思是不受约束，在哲学层面上是对必然性的把握和对客观规律的认可，以及在法学意义上则是在国家权力允许的范围内从事各种活动都包括在内了。

法律层面的自由是自由在法学领域的运用，反映出主体意志和国家权

---

① 周辅成. 西方伦理学名著选辑：上卷 [M]. 北京：商务印书馆，1987：664.
② 黑格尔. 小逻辑 [M]. 贺麟，译. 北京：商务印书馆，1997：94.
③ 马克思.1844年经济学哲学手稿 [M]. 中共中央马克思恩格斯列宁斯大林著作编译局，译. 北京：人民出版社，2000：57.

力之间的关系，当主体的自主意志行为与国家权力一致时，即主体的行为合法时，主体是自由的。孟德斯鸠说："自由是做法律所许可的一切事情的权利。"① 同时主体的法律自由是实现自由的一种手段或方式，通过法律自由，获得其他社会活动的自由。马克思认为："法律不是压制自由的手段，正如重力定律不是阻止运动的手段一样。法律是肯定的、明确的、普遍的规范，在这些规范中自由的存在具有普遍的、理论的、不取决于个别人的任意的性质。法典就是人民自由的圣经。"②

法律层面的自由包含：一是自由即法定允许的。对私主体来讲，法律没有禁止的，即是自由的。对公主体来讲，在法律明确规定的范围内活动，就是自由的。人的社会身份决定了必然要处理与他人的关系，尤其是数字经济的本质就是共享，法律给社会活动规定清晰明确的边界，是为了主体更好地实现自由。当然，法的内容是受到物质生活条件制约的，如果脱离了社会现实生活的需要和客观条件，即便法律规定了自由权利，却是无法真正实现的，甚至会阻碍立法目的的总体实现。正如哈耶克所言："我从自由之中得到的好处大部分还是出自别人对自由的利用，而且主要出自我不能利用但他人可以利用的自由。"③ 二是自由包含着责任。主体需要对自主选择的行为承担责任。社会心理学的研究表明，如果一个社会群体使其成员在处理任何问题之前都要得到上级的指令，那么，它就在取消了人们的自主地位的同时，也取消了人的创造性活动和责任心。人们在这种不自由的状态中生活过久，依赖别人为自己安排生活和行为就会成为一种传统和习惯，人们变得因循守旧。④ 三是自由的基础是平等。主体平等享有法律规定的权利，平等履行法律规定的义务，是实现自身意志自由不可缺少的条件。

（三）人脸识别技术侵权可能造成自由危机

网络技术的普及看似正在拓宽人们自由发表意见的平台，增加人们自

---

① 孟德斯鸠. 论法的精神（上）[M]. 张雁深，译. 北京：商务印书馆，1997：154.
② 马克思，恩格斯. 中共中央马克思恩格斯列宁斯大林著作编译局编译. 马克思恩格斯全集（第一卷）[M]. 北京：人民出版社，1995：176.
③ 哈耶克. 自由宪章[M]. 邓正来，译，北京：中国社会科学出版社，1998：57.
④ 郑成良. 论自由权利：简析自由概念在法理学中的含义[J]. 当代法学，1988（3）：29-32.

由选择的渠道，丰富人们自由行动的领域，而事实上，代码正隐藏于程序的背后以潜在的危险方式解构自由，带来深层次的人类社会的"自由危机"①。

人工智能和信息技术的普及应用，把虚拟世界和现实世界紧密地联系在了一起，在虚拟世界具有控制地位的科学技术越来越严重地影响着现实世界，甚至全方位地"入侵"人们的生活。

人脸识别技术给人们生活带来的最大改变就是便利和快捷，但正是这种便利和快捷可能给人们的自由造成危机。② 一是技术的侵权性，使民众因寒蝉效应而不能充分行使自己的自由权，同时，将人们的日常生活置于米歇尔·福柯所言的"全景敞视监狱"之中，自由无从谈起。二是技术消解民众的主体性。在人脸识别中，人们作为主体性本质表现的意志自由受明显限制：丧失对该技术的拒绝使用权。从意志自由的角度，人们有权利选择使用或拒绝使用该项技术。然而，技术的非接触性等特征和现实正迫使人们被动使用。在人脸识别中，表现出了数字强势群体和弱势群体在权利和义务关系上的不平等，强势群体基于技术优势，非法剥夺了弱势群体的权利，使其自由受到限制。算法技术不断代替人们做出决定，人们的思考、分析和决定等能力不断减弱，随着长期对算法便捷性形成的依赖，主体性能力逐渐丧失；接收全面信息和表达观点的自由逐渐被剥夺，人成了隐藏在信息数据后面的客体。

自由是社会主义核心价值观社会层面的基本内容，是我国法的重要价值。注重自由的平等性保护，是制定人脸识别技术相关的法律法规时不容忽视的内容。

---

① 郑智航，雷海玲．代码技术对传统自由的挑战与法律应对［J］．西安交通大学学报（社会科学版），2022（2）：139-148．
② 2018年11月，美国民主党7名众议院成员针对人脸识别技术的准确性提出质疑，并且提出，公民可能因出于对人脸识别技术的恐惧，不再愿意积极参与公共场合举行的游行、示威、集会、抗议、宗教等活动，甚至不再有勇气在公共场合发表言论，严重扼杀《宪法第一修正案》赋予美国公民在公共场合行使言论及行动自由的权利。

四、对法律权威的践踏

(一) 尊重、维护法律权威

从古至今,任何时代都需要社会调控,需要进行社会调控的主体和一定的调控方式。在全面推行依法治国背景下,法律是重要的社会调控方式,要想达到社会调控目的,必须树立和维护调控方式的权威性。党的《中共中央关于全面推进依法治国若干重大问题的决定》提出:"坚决维护宪法法律权威",要求"任何组织和个人都必须尊重宪法法律权威,都必须在宪法法律范围内活动,都必须依照宪法法律行使权力或权利、履行职责或义务,都不得有超越宪法法律的特权"。党的十九大报告再次重申:"维护国家法制统一、尊严、权威,加强宪法实施和监督,推进合宪性审查工作,维护宪法权威。树立宪法法律至上、法律面前人人平等的法治理念。任何组织和个人都不得有超越宪法法律的特权,绝不允许以言代法、以权压法、逐利违法、徇私枉法。"尊重、维护法的权威是全面推行依法治国的关键,是保障国家长治久安与稳定发展的基础。

在《牛津法律大辞典》里,法律权威被解释为:"一种法律制度或体系以及其中的每项原则或规则,如果其存在是根据或来自该国宪法所确认的一个或多个法律渊源,并且在执行和被遵守的过程中,该原则和规范本身显示出了它们是权威性的原则和规范,我们就可称它们是有权威的。"①"如果存在法律对某一行为的要求是做出那一行为的保护性理由,那么法律就拥有权威;亦即,如果法律的存在是合适的行为而排除相冲突的考虑,法律就是有权威性的。"②

法律的权威性源于自身的正当性和合法性,体现在法的执行与遵守的过程中,表现为人们对法的遵从、尊重与信服。

(二) 法律权威的建构

建立良好的法律制度,并在此基础上实现法律的内化,才能真正彰显

---

① 沃克. 牛津法律大辞典 [M]. 北京社会与科技发展研究所, 译. 北京: 光明日报出版社, 1989: 78.
② 徐江顺. 由遵法到尊法 [J]. 齐齐哈尔大学学报 (哲学社会科学版), 2016 (11): 58-63.

法律的权威。

1. 良法之治。古希腊哲学家亚里士多德曾说："已成立的法律获得普遍的服从，而大家所服从的法律又应该本身是制定得良好的法律。"① 好的法律制度对一个人的主观认识和实践行为影响是巨大的，"一种坏的制度可以使好人做坏事，一种好的制度也可以使坏人做好事。"② 所以，法律要体现人民利益和诉求，维护和保障人民权利，是客观规律和主观意志的结合，能对人的行为发挥出引领和规范作用，这样的法律才会得到人民的拥护和支持，内化为认同和信服，自觉尊重和维护法律。法律权威受到人的认知、思考和选择的影响，所以法律应有受到侵犯时的惩罚和救济机制，强制遵守。

2. 营造平等的法治环境。营造平等的法治环境，需要社会主体共同努力。国家机关依照法律规定行使权力，强化界限意识和服务意识，做到法律面前人人平等。立法机关加强法律制度设计，司法机关、执法机关和监察机关在工作中，做到拒绝权力的干预，对每一项合理诉求同等对待，对权利和义务进行平等的保护和追究，落实法律的规定和争端解决机制。人们遇到法律问题和纠纷，积极寻求法律的帮助，不能借助权力的介入、对平等的法治环境进行破坏。

3. 提升人们的法律素养。法律权威的树立需要人们发自内心地对法律服从与践行。法律的主要内容是权利、义务和责任，所以，需要提升人们的法律素养，培育和强化人们对自身客观性的认识，对权利、义务和责任的认知和对法律的理性思考，通过人们对法的适用行为树立法律权威。

4. 加强法律有效实施。"法律的生命在于实施，法律的权威也在于实施。"③只有通过有效的法律实施，才能实现立法者的立法目的，维护法律权威。

这需要加强国家立法、司法和执法等机关对法律正当性的理由论证，

---

① 亚里士多德. 政治学 [M]. 吴寿彭, 译. 北京：商务印书馆，2009，199.
② 哈耶克. 自由秩序原理 [M]. 邓正来, 译. 生活·读书·新知三联书店，1997：786.
③ 中共中央关于全面推进依法治国若干重大问题的决定 [N]. 人民日报，2014-10-29（1）.

毕竟现代权威的约束力不能仅仅建立在强制的基础上，"权威的约束力，依赖于被约束者认为妥当的其他理由，依赖于正当化论证，依赖于内心响应"①。虽然法律面前人人平等，所有个人和组织都必须在宪法和法律的范围内活动，任何人没有超越宪法和法律的特权，但国家机关比普通公民掌握更多的知识和信息，有必要在法律适用的各个环节对法律及适用情况进行充分的理由说明，使公民对法律发自内心地接受和服从，并通过法律"定分止争"功能的发挥，树立起法律权威。

（三）人脸识别技术侵权对法律权威的践踏

虽然我国科技立法的步伐落后于科技的迅猛发展，缺乏人脸识别或生物识别的专门和系统立法，但就目前的法律规定，从规范角度看，可以对人脸识别侵权行为进行依法处理。

比如我国的《消费者权益保护法》《民法典》《网络安全法》《个人信息保护法》等从不同角度强调收集、使用个人信息的合法、正当、必要的原则和知情同意要求，并具体详细规定了个人信息种类、保护程序和惩罚措施等，完全可以遏制对人脸信息的非法收集和滥用，但收集和滥用乱象并没有明显改观，甚至还有愈演愈烈之势。

这种对法律权威的严重践踏，不能归咎于立法和司法，而是反映出执法和守法状况不理想，存在有法不依、执法不严、违法不究的问题。随着法治政府建设、行政执法体制改革深化和法治社会建设的推进，可以使执法意识、责任和守法意识得到加强。这就需要加强法律实施，做到习近平总书记强调的："要加强宪法和法律实施，维护社会主义法制的统一、尊严、权威，形成人们不愿违法、不能违法、不敢违法的法治环境，做到有法必依、执法必严、违法必究。"②达到由于法律的适用，使社会治安状况较好，人们不染指自身不应得的财产份额，生活在社会中的人们普遍具有安全感，无须考虑人身受到威胁和财产被掠夺的问题，从而创造良好社会环境，使人们树立守法是一种美德和幸福的观念的结果。

---

① 季卫东. 通往法治的道路：社会的多元化与权威体系 [M]. 北京：法律出版社，2014：48.
② 习近平. 习近平谈治国理政 [M]. 北京：外文出版社，2016：145.

五、对权利意识的侵蚀

(一) 公民权利意识的重要作用

"权利"是古代社会向现代社会过渡过程中,"身份"不断淡化、"个体"不断崛起的产物。随着"资产阶级革命发端—资产阶级革命爆发—资本主义统治的确立"的历史过程,权利的本质沿着"自由—平等的自由—法律保障的利益"的脉络不断流变,权利概念完成了从伦理式到实证主义的转变。我国学者根据某种逻辑,对权利的资格、利益、主张、权能、自由、规范、合理预期、选择等要素进行有机组合,形成了对权利的不同理解。[1]

公民权利意识是特定的社会成员对自己作为独立主体的一切利益与自由的认知、主张和要求,以及对他人权利的认知、主张和要求利益与自由的社会评价,它构成了宪法精神和公民意识的核心。具体讲权利意识包含四个层次:一是公民能够认识和理解自身所依法享受的权利、承担的义务及其价值;二是自觉主动行使和捍卫自己的权利,增强自主意识和主体性认知;三是思考与他人权利的关系,公民在行使自己权利的同时,不应损害他人的合法权利;四是对与法律的关系形成正确认知,推动法律进步。由此可见,公民权利意识正是公民对自我和他人权利的认知与情感,广泛渗透于公民与国家、与社会、与他人及与自我的不同关系中。

公民权利意识的提升有助于公民法治意识的增强。权利和义务是法的主要内容,对权利的认知、要求和维护,可以促使公民产生对法律了解的需求,了解法律规定了哪些权利、权利实现的方式和途径等,理性思考自身与法律的关系,自觉接受法律的规定,推动法治发展。

维护权利与争取权利的经历,可以使公民逐渐形成较强的民主意识、主体意识,对公共事务管理的参与意识逐渐提高,对国家权力体系形成有效监督力量,促进国家政治文明发展。

权利意识能激发公民的爱国主义和社会责任感。具备权利意识,促使

---

[1] 秦小建. 宪法的道德使命:宪法如何回应社会道德困境[M]. 北京:法律出版社, 2015:146-159.

公民思考权利与义务对立统一的关系，引导公民形成对国家、对社会、对他人的责任意识，进而上升为爱国情感和社会责任感。同时，对他人权利也有进一步的了解与客观的社会评价，能够促使公民之间互相尊重彼此享有的权利，能够激发公民维护他人以及集体权利的意识，以达到社会的和谐发展目的。避免因权利意识淡薄而造成的对责任、义务担当的缺失，促使公民主动承担国家、社会繁荣发展的义务，具备爱岗敬业、诚实守信、追求公平、崇尚正义的思想品质，进而完善公民社会人格，形成正确的世界观、价值观和法治观。

（二）人脸识别技术侵权对权利意识的侵蚀

人脸识别技术侵权更严重的后果是侵蚀了人脸信息主体的权利意识，造成了隐私的暴露、算法的歧视、自主权的丧失、信息的滥用等。很多用户意识不到自身权利被侵害，即使有部分用户意识到了权利被侵害，但收集提供证据的困难、维权途径的不清晰等问题成为他们用法律维权的障碍。长此以往，用户的权利意识逐渐模糊甚至消失，主体性认知和法律意识淡化，侵权行为更加泛滥，人脸识别领域失序状态加剧，形成恶性循环，最终阻碍技术发展，甚至对法治建设造成破坏。

除此之外，技术的数字化、虚拟化，使得人与人之间的交流更多呈现出符号化、超地域性、隐匿性等特征。重经济利益轻社会效益，监督机制滞后，人脸识别技术侵权带来的诚信缺失、技术霸权等，都会对科技有序健康发展造成阻碍。

第四章

权利及其公共性

人是自然属性与社会属性的统一体,"人的本质不是单个人所固有的抽象物,在其现实性上,他是一切社会关系的总和"①。这决定了人只有通过组建共同体并参与共同体生活才能获得更好的生存和发展。在科技发展和实现科技为人类服务的过程中,必须处理好"个人权利与他人权利""个体权利与共同体权利"的关系,既满足人的正当化需要,又保证共同体的健康存续。尤其要宣扬权利的共同体观念,因为"从实质上讲,共同体是个人的身份认同和价值归属,人若想获得更好的生存和发展,就不能随心所欲,而必须自我约束成为一个符合共同体共识的人,遵从共同体的规则、习俗"②。如果共同体成员只追求个体权利而忽视他人和共同体权利,则会破坏共同体的和谐有序,最终导致个人权利不能实现。

在以共享、协作为表现特征的智能技术时代,共同体权利观的缺失,对他人个体权利的漠视,将会造成整个行业的秩序混乱。经过掠夺式的信息数据利用后,将迎来个体信息数据报复式保护,致使技术发展缺乏最基础的物料——个人信息数据,技术改进提升缓慢甚至停滞,产业发展难以为继。数字生态系统的平衡被打破,影响国家在国际上的数字竞争力。

人脸识别技术应用造成侵权的根本原因是以个体为核心的权利观的发展,导致共同体权利观的缺失。在技术研发和应用时,只关注自身经济利益,不重视他人利益和社会利益,导致出现了一些问题。具体来讲,是因为人脸识别技术研发具有高度专业性,但应用门槛很低。目前研发和使用主体没有资格限制,应用领域和应用程序缺乏明确规定,技术规范、标准

---

① 马克思恩格斯选集:第 1 卷 [M]. 北京:人民出版社,1995:60.
② 秦小建. 宪法的道德使命:宪法如何回应社会道德困境 [M]. 北京:法律出版社,2015:194.

等欠缺，市场主体的逐利性、立法的不完善、执法力度不够、民众意识的缺乏以及社会责任感的缺失等原因，使人脸识别技术成为侵权的工具。

第一节　人脸识别研发及应用的技术思路

随着人工智能、大数据等与社会生活的全面深度融合，人对科技的依赖性增强，也促使科技发展的步伐不断加快。如果说人对科技的依赖是"看得见的依赖"，比如，案件侦破中对视频监控的利用，人们日常生活对网络的大量应用，截至 2021 年 12 月，我国网民规模达 10.32 亿，互联网普及率达 73.0%，手机网民规模达 10.29 亿，网民使用手机上网的比例为 99.7%，[①] 尤其是在 2020 年 1 月新冠疫情暴发以来，新技术在疫情防控中的作用更加凸显。那么，科技对人的依赖则是"看不见的依赖"，比如，人工智能发展对个人信息数据和网络用户等这些基础资源的利用。

科技发展过程中，因技术价值和社会价值的不一致，给法律价值带来了冲击和挑战，使科技和法律之间的冲突不断在各领域显现。比如，基因技术、辅助生殖技术、网络技术、信息技术和算法技术等对传统法律如何规范造成的冲击和挑战。在深思法律如何回应社会需求的过程中，"技术中立"辨思在理论层面和实践层面都不容回避，因为不同的立场会严重影响科技立法的制度设计和司法实践的案件审判。

一、"技术中立"辨思

（一）司法中的技术中立

1984 年，美国联邦最高法院在著名的"索尼（Sony）案"[②] 中确立了

[①] 中国互联网络信息中心. 第 49 次中国互联网络发展状况统计报告 [R/OL]. 中国互联网络信息中心网站，2022-02-25.

[②] Sony Corp of America, Inc. v. Universal City Studios, Inc., 464 U.S.（1984）. 学界往往将索尼案中所确立的原则视为技术中立原则。张今. 版权法上"技术中立"的反思与评析 [J]. 知识产权，2008（1）：72-76. 郑玉双. 破解技术中立难题：法律与科技之关系的法理学再思 [J]. 华东政法大学学报，2018（1）：85-97.

"技术中立原则",即某项产品或者技术是被用于合法用途还是非法用途,并非产品或者技术的提供者所能预料和控制,因而不能因为产品或技术成为侵权工具而要求提供者为他人的侵权行为负责。①

当时,索尼公司生产了一款家用录像机,消费者可以使用该录像机将电视上播出的电影录下来,以便随时观看,甚至出售这些录像带。环球电影制片公司等权利人认为,消费者未经许可使用录像机录制权利人制作的电影构成版权侵权,而索尼公司明知其制造销售的录像机可能会被消费者用于侵犯版权,故属于帮助侵权。美国最高法院出于保护技术创新的考虑,借鉴了专利法中的日常用品原则,指出如果行为人制售的产品可能被广泛用于合法的、不受争议的用途,即实质性非侵权用途,就不能仅因为该产品的用户利用其实施侵权行为而推定行为人具有帮助侵权的意图并承担侵权责任,从而认可了"技术公司无法控制用户行为"的说法。②

但在"纳普斯特(Napster)"一案中美国法院肯定了帮助侵权的责任。③该案中,纳普斯特公司开发了一款P2P共享软件。通过该软件,网络用户可以不需要存储服务器而直接共享各自电脑中的文件。由于纳普斯特公司的大量用户利用该软件从事音乐作品的盗版传播,纳普斯特公司被音乐权利人告上法庭,要求纳普斯特公司对其用户的盗版行为承担帮助侵权的责任。该案与索尼案的共同之处在于,P2P软件与索尼录像机都具有"实质性非侵权用途",不同之处在于,P2P软件需要网络服务器提供帮助才能运行,即用户下载P2P软件后,纳普斯特公司服务器仍然可以通过多种手段对其用户的行为进行持续的控制。法院由此认为,虽然纳普斯特公司和索尼公司提供软件和产品的行为本身并不涉及侵权责任,但纳普斯特公司提供软件之后又提供

---

① 陈洪兵. 论技术中立行为的犯罪边界[J]. 南通大学学报(社会科学版),2019,(1): 58-65.
② 黄旭巍. 快播侵权案与技术无罪论[J]. 中国出版,2016 (23): 50-53.
③ 陈洪兵. 论技术中立行为的犯罪边界[J]. 南通大学学报(社会科学版),2019,(1): 58-65.

帮助服务，尤其是在权利人向其发送多份维权通知后，明知用户利用其软件实施侵权行为，该公司在明明可以在技术上对此侵权行为予以制止的情况下，未采取任何可能的手段和措施来制止侵权行为的发生，所以应承担帮助侵权责任。[①]

上述美国两个典型判例的启示是：如果产品本身属于技术创新，而且具有实质性非侵权的用途，即主要用于合法用途，则该产品的提供具有合法性，不负帮助侵权责任；但如果对用户具有持续的控制力，即有能力采取相关措施以制止可能的侵权，则可能承担帮助侵权责任。[②]

（二）科技中立之论争

1. 科学中立之争。科学技术价值观的不同，决定了"中立"观点的赞成者秉持的是否认主观性和责任承担。比如，在科学的中立性之争中，诺贝尔奖得主恩斯特·钱恩（Ernst Boris Chain）认为："科学如能限制在研究、形容自然的法则，它绝不会牵涉到道德和伦理问题，这包括物理科学与生物科学。"[③] 按照钱恩的观点，纯粹科学是中性的，因此在这个领域工作的科学家们对他们发现的可能应用不需要有道德上的不安。他继续证明，科学家不论对科学产物的有害副作用，还是对使用它们有助于发展的武器的破坏后果，没有任何责任。[④] 物理学家奥本海默（Oppenheimer）也回答得很干脆："我们的工作改变了人类生活的条件，但是如何利用此种改变是政府的问题，不是科学家的事。"[⑤]

否定观点的持有者认为，科学的目的是求真扬善，这也是科学家的义务——科学家有义务从知识到智慧，承担其应有的道德责任和社会责任。[⑥]法国科学家莫诺（Monod）则说："没有一个人否认，在这个'科学时

---

① 黄旭巍. 快播侵权案与技术无罪论 [J]. 中国出版, 2016 (23): 50-53.
② 陈洪兵. 论技术中立行为的犯罪边界 [J]. 南通大学学报（社会科学版），2019, (1): 58-65.
③ 林俊义. 科学中立的神话 [M]. 台北：自立报系文化出版部，1989: 4.
④ LIPSCOMBE J, WILLIAMS B. Are Science and Technology Neutral? [M]. London-Boston: Butter-Worths, 1979: 14.
⑤ 林俊义. 科学中立的神话 [M]. 台北：自立报系文化出版部，1989: 4.
⑥ 李醒民. 科学家对社会的道德责任 [J]. 河池学院学报，2011 (3): 1-14.

代',当社会如此之多或可能比'吸毒者'生活在和依赖于他喜爱的'麻醉品'更多地生活在和依赖于它的技术（因此最终依赖于科学本身）时，科学家承担着严重的责任。"① 苏联科学家谢苗诺夫认为："科学为人类提供了一种伟大的认识工具，它使人类有可能达到史无前例的富裕和绝无仅有的平等。这便成了科学的社会功能最重要和最有成就的关键。因此，科学的社会责任也就越来越大了。一个科学家不能是'纯粹的'数学家、'纯粹的'生物物理学家或'纯粹的'社会学家，因为他不能对他工作的成果究竟对人类有用还是有害漠不关心。也不能对科学应用的后果究竟使人民境况变好还是变坏采取漠不关心的态度。不然，他不是在犯罪，也是玩世不恭。"②

2. 技术中立之争。作为科学的应用，有关技术的中立性争论一直没有终止。法兰克福学派从价值观的角度对科学技术的中立观进行了批判，③ 比如，1955年，海德格尔（Heidegger）在《技术的追问》一文中坚决否认技术中立，他指出技术的本质并非技术本身，而是一种解蔽手段，事物通过技术呈现了它们自身的本质。④ 所谓的中立是无意义的中立。马尔库塞（Marcuse）认为技术理性把一切都还原为单一向度的东西，世界的本质结构被降格为日常存在，批判了技术的价值中立观，他认为"价值中立仅仅是一种带有偏见的方式，它表达的是技术与伦理和审美的分裂"⑤。在他们看来，"价值中立仅仅是一种带有偏见的方式，它表达的是技术与伦理的分离，而在前现代社会，伦理和审美将技术限制在文化上稳固的设计和目标范围内，分离之后，技术成了可供一切用途使用的手段"⑥。在哈贝马斯（Habermas）看来，技

---

① 李醒民.科学家对社会的道德责任 [J].河池学院学报，2011（3）：1-14.
② 戈德·史密斯，马凯.科学的科学：技术时代的社会 [M].赵红州，等译.北京：科学出版社，1985：27.
③ 王文敬，洪晓楠.法兰克福学派的科学技术价值观批判 [J].科学技术哲学研究，2017（6）：100-106.
④ 海德格尔.演讲与论文集 [M].孙周兴，译.北京：生活·读书·新知三联书店2011：3-37.
⑤ 芬伯格.在理性与经验之间：论技术与现代性 [M].高海青，译.北京：金城出版社，2015：225.
⑥ 芬伯格.在理性与经验之间：论技术与现代性 [M].高海青，译.北京：金城出版社，2015：225.

术和科学都是意识形态。[①] 技术中立论指出，技术在本质上是中性的，"技术为人类的选择与行动创造了新的可能性，但也使得对这些可能性的处置处于一种不确定的状态。技术产生什么影响、服务于什么目的，这些都不是技术本身所固有的，而取决于人用技术来做什么"[②]。雅斯贝尔斯（Jaspers）认为："技术仅是一种手段，它本身并无善恶，一切取决于人从中造出什么，它为什么目的而服务于人，人将其置于什么条件下。"[③]

技术中立论强调的是技术的自然属性，说明的是技术在它的原生状态之下的构成或价值。技术决定论则强调技术的社会属性，说明的是技术在一定的制度要求下所显现的价值。照例说，两者在本质上也是对立的。但实际情况不然。在笔者看来，从总体上说，任何技术都是自然属性和社会属性、目的与手段的辩证统一，因而，技术中立论与技术决定论都是有失偏颇的理论，两者的对立只是形式上的对立，而两者的错误却在本质上是一致的。[④]

工具论技术观往往将技术概念具象化，在现代社会表现为科学应用论，坚持技术的价值中立性，视技术为实现人类目的和社会价值的手段。实体论技术观倾向将技术概念抽象化，把技术看作一种具有相对独立性且体现自身特定价值的社会力量，强调技术发展的内在逻辑。[⑤]

实体论技术观设定了技术自身内在的发展逻辑，使仅作为手段的技术具有了目的性的特征。埃吕尔（Ellul）持有一种典型的实体论技术观，他以绝对有效性来界定技术，认为技术是"在人类活动的每一个领域（在一定的发展阶段）通过理性获得的并具有绝对有效性的方法总和"[⑥]，并指出

---

① 哈贝马斯．作为"意识形态"的技术与科学［M］．李黎，郭官义．译，上海：学林出版社，1999：38-83．
② 陆江兵．中立的技术及其在制度下的偏向［J］．科学技术与辩证法，2000（5）：53-57．
③ 雅斯贝尔斯．历史的起源和目标［M］．魏楚雄，俞新天，译．北京：华夏出版社，1989：142．
④ 陆江兵．中立的技术及其在制度下的偏向［J］．科学技术与辩证法，2000（5）：53-57．
⑤ 张成岗．西方技术观的历史嬗变与当代启示［J］．南京大学学报（哲学．人文科学．社会科学版）．2013，（4）：60-67，158-159．
⑥ 黄晓伟，张成岗．技术决定论的现代性透视：源起、脉络及反思［J］．自然辩证法研究，2018，34（11）：27-32．

现代技术的最根本特点是其自主性，技术作为一个系统遵循其内在逻辑。他指出："技术的特点就在于它拒绝温情的道德判断，技术决不接受在道德和非道德运用之间的区分，相反，它旨在创造一种完全独立的技术道德。"

技术的发展本身在制度环境下会出现与制度的性质相对应的价值偏向特征，所以，技术中立论是站不住脚的。而技术决定论则把技术在制度下所表现出来的性质当作技术本身的性质，完全忽视了技术的自然属性及其体现，因而同样是不科学的，[1]但这些理论为我们思考技术和法律的关系提供了不同的视角。

（三）对科技的制度规范：中立的确认和排除

在对科技的制度规范上，美国等互联网发展比较早的国家，开始了网络科技规制。从2002年美国联邦通讯委员会（FCC）开启网络行业规制进程，到2017年推翻网络中立规定，整个过程充满了争论。"网络中立"经历了"提出—阐释—质疑—采用—弃用"的过程。[2]

科技由人的思想表达和基础设施综合构成，科技承载着政治、经济、

---

[1] 陆江兵. 中立的技术及其在制度下的偏向 [J]. 科学技术与辩证法，2000（5）：53-57.

[2] 网络中立，是指网络服务提供商（简称ISP）应平等地对待网络数据，不对用户、内容、网站、平台、应用、关联设备及通信方式进行主体及价格歧视。2002年，为解决网络科技公司带来的风险及证券市场崩溃的后遗症，美国宽带用户和创新者联盟（以下简称CBUI）首次阐释"网络中立"。但如何确定"非歧视"主体和标准，陷入了充满争议的现实中。美国学者吴修铭甚至质疑道，"网络中立"之概念界定应由政府完成吗？抑或是参照互联网工程任务组的标准？抑或是网络理论家的直觉？2004年，FCC主席米歇尔·鲍威尔率先提出互联网中立原则，涉及接入内容、使用软件、接触个人设备、获得服务信息。2008年的FCC对电信巨头康姆卡斯特下达了第一份正式的互联网管理行政处罚令并导致被诉。2010年，美国联邦法院肯定了FCC部分网络管理权限，但判决并没有否认网络中立。其后上诉法院的终审裁决确定：并不认可FCC拥有直接管辖权。FCC为此申请国会确认其行政管理权限。但国会的选择受制于特殊的表决进程，议员利益也各有不同，这使得其所设计的中立标准无法实现。奥巴马积极推动"网络中立"立法进程，以回应民众的期待。2009年，FCC在原中立四原则的基础上新增了"非歧视性"和"透明"两大原则，并于2010年11月发布《开放互联网报告与指令》，引发了关于网络中立的争论，因条文漏洞和利益相关者的法律诉讼而暂缓。2015年年底，美国网络安全法出台，中立观念基本被抛弃。2017年12月，不顾互联网诸多公司和民众反对，FCC投票推翻了网络中立规定。李涛. 技术理性视阈下的网络信息法治路径探析：以美国技术理性考察为例 [J]. 社会科学家，2020（12）：109-114.

文化和安全的促进和维护功能，尤其在人工智能时代，研发者的科技和道德观念可以通过算法表现并加强放大，通过技术的应用影响社会，作用巨大，完全的技术中立不可能实现。主张技术中立更像是摆脱责任的借口。

技术具有客观性，技术发展和进步需要遵循技术的逻辑，但技术能体现主观性。技术能否保持中立，技术研发者和生产者是否需要对技术的应用承担责任，笔者认为可以通过下面四个方面进行具体考察。

1. 人的意志是否能通过技术体现，并对技术应用的结果进行干预。所有技术的产生和发展，都体现了人的意志，表现了人的需求和目的，但有的技术应用结果是研发者干预不了的。比如，大家熟知的菜刀理论[①]，有人用菜刀伤人，菜刀的研发者和生产者不能就伤人的行为及后果承担责任，因为他们没有伤人的主观故意，也不存在过失，菜刀生产的目的很明确——切菜，用来杀人是对菜刀的非正常使用，他们对使用行为和结果是没办法干预的，对菜刀伤人不承担责任是具有合理性进而具有合法性的。不然，就会发生因冻豆腐可以伤人，豆腐的制造商都要承担责任的荒唐事了。这个菜刀的研发生产技术是中立的。

但在现代网络信息技术智能化条件下，不仅研发者的意志可以通过算法设计隐性地嵌入技术当中，而且技术还承担着以人的价值实现为核心的多种价值，线性模式看待新时代科技严重滞后，技术功能具有多维性。同时，研发者对技术使用的危害结果是可以通过技术手段进行防范和干预的。这种科技是不具有中立性的。

2. 技术的研发者是否需要对技术实践后果承担责任。中立观点认为，技术功能和实践功能分离，研发者不对技术作用于实践的负面结果承担责任。现代信息科技的技术功能和实践功能是不能分开的。责任确定了自由的边界，责任是对实践结果的价值评价，法律归责体现了技术的社会价值从道德意义向法教义学责任的转化。这个转化过程一方面将价值重塑中的道德原理以规范的形式表达出来，并通过部门法实践，划定相关实践主体

[①] 菜刀既可以切菜，也可以伤人，但菜刀的研发者和生产者不能对有人用菜刀伤人的后果承担责任。经常被用来说明，技术研发者不必对技术作用于社会的负面效果承担责任，只要他们对此没有主观上的故意。

的责任形态。① 技术的研发者、程序的设计者等都需要对自己的"产品或服务"和技术实践后果承担责任。

3. 对科技应用后果的主观认知。技术应用中出现的负面影响，一般是技术的研发者明知或应知的，何况人脸识别技术应用的社会效果，已经非常充分地反馈给了研发者。对于技术的正常使用也可能导致侵权后果，研发者是清楚或应当是清楚的，他们对违法行为的发生，不能说都具有主观故意，却不能排除过失。人脸识别技术的应用具有明显的主观性，研发者对侵权的发生是明知或至少是应知的，对技术的应用应当负责。

4. 技术负载价值问题。通俗地说，技术负载价值就是该技术为谁服务的问题：它对一些人产生好的效果，为其"尽心尽职"地服务，而对另一些人产生坏的效果，损害他们的利益，带给他们不幸和痛苦。这种双重效应中，是否存在着其"积极效应"为一部分人专有而消极效应则由另一部分人忍受的"不公平分布"？如果是，技术的研发者就应该为技术的负面效应负责。如果不是，就不必负责。如设计菜刀时的目的和意图，并不包含着针对某一特定群体的偏向性，所以不能将这样的目的和意图视为技术所负载的价值。② 但在使用上，不同的使用者对菜刀负载了价值，菜刀的使用者需要负责。在信息科技上，研发和使用环节都存在负载价值，尤其是人脸识别技术、算法技术等，研发者不能以"技术中立"为免责的理由。

人脸识别技术研发和使用的目的都是为人们的生活提供便利，但在实现这个目的的过程中，对一部分人产生了好的效果，比如，对人脸信息处理者带来了收集庞大信息数据的便利，但对于信息主体，造成了现实的或潜在的权利侵犯，而且，这种结果研发者是明知的，也是技术可以干预改变的。甚至人脸识别技术的研发就是在侵权的基础上开始的，因为研究所需要的大量人脸信息就是通过侵权的方式收集来的。人脸识别技术的应用也一直伴随着侵权的争议。

---

① 郑玉双. 破解技术中立难题：法律与科技之关系的法理学再思 [J]. 华东政法大学学报，2018（1）：85-97.
② 肖峰. "技术负载价值"的哲学分析 [J]. 华南理工大学学报（社会科学版），2017（4）：47-55.

所以，在科技的治理上，需要从技术的研发开始，对技术专家和技术应用进行全过程的规范，以实现保护相关主体和维护国家安全的目标。

（四）我国对信息科技的建构性治理：对技术中立的否定

我国形成了包括法律、行政法规、规章、司法解释、国家标准化指导性技术文件和行业规范、团体标准等组成的信息科技治理框架，在治理框架和司法实践中，对技术中立进行了否定。

1. 制度规范

（1）立法。《中华人民共和国消费者权益保护法》《中华人民共和国网络安全法》《中华人民共和国民法典》《中华人民共和国刑法》《中华人民共和国刑法修正案（七）》《中华人民共和国刑法修正案（九）》《中华人民共和国个人信息保护法》《中华人民共和国数据安全法》《全国人民代表大会常务委员会关于加强网络信息保护的决定》及地方数据立法。《中华人民共和国政府信息公开条例》《互联网信息服务管理办法》《中华人民共和国计算机信息系统安全保护条例》《计算机信息网络国际联网安全保护管理办法》等，尤其是2021年4月27日国务院通过的《关键信息基础设施安全保护条例》，坚持"谁运营、谁负责"原则，强调运营者的主体责任，为我国深入开展关键信息基础设施安全保护提供了有力的法治保障。

2021年3月15日，国家市场监督管理总局公布《网络交易监督管理办法》，国家网信办等四部门联合发布《互联网信息服务算法推荐管理规定》，并于2022年3月1日起施行。其要求算法推荐服务提供者应当坚持主流价值导向，积极传播正能量，建立完善人工干预和用户自主选择机制，不得利用算法实施影响网络舆论或者规避监督管理行为以及实施垄断和不正当竞争行为。国家工业和信息化部2013年制定了《电信和互联网用户个人信息保护规定》，起草了《工业和信息化领域数据安全管理办法》等系列文件，建立行业数据安全标准体系，指导各单位规范从严推进各项工作。2013年4月，工业和信息化部印发《规范互联网信息服务市场秩序若干规定》，明确提出生产企业不得在移动智能终端中预置未向用户明示并经用户同意，擅自收集、修改用户个人信息的应用软件；2016年12月，工业和信息化部印发《移动智能终端应用软件预置和分发管理暂行规定》，再次明确未经明示且未经用户同意，不得实施收集使用用户个人信息、开启应用软件等侵害用户合法权益或危害网络安全的行为。

（2）司法解释。2017年5月8日，最高人民法院、最高人民检察院联合发布《关于办理侵犯公民个人信息刑事案件适用法律若干问题的解释》，对侵犯公民个人信息罪进行了系统梳理。2021年7月27日，最高人民法院发布《最高人民法院关于审理使用人脸识别技术处理个人信息相关民事案件适用法律若干问题的规定》，以保护当事人合法权益、促进数字经济健康发展为宗旨，对滥用人脸识别问题做出司法统一规定。2011年8月1日，最高人民法院、最高人民检察院联合发布《关于办理危害计算机信息系统安全刑事案件应用法律若干问题的解释》，加强了依法惩治危害计算机信息系统安全犯罪活动的司法指导。

（3）国家标准化指导性技术文件和规范文件。国家质量监督检验检疫总局和国家标准化管理委员会2012年颁布的《信息安全技术公共及商用服务信息系统个人信息保护指南》（GB/Z 28828-2012），是我国首个关于个人信息保护的国家标准。2019年，国家市场监督管理总局和国家标准化管理委员会发布《信息安全技术网络安全等级保护实施指南》（GB/T 25058-2019）。2020年，中国人民银行正式发布《个人金融信息保护技术规范》（JR/T0171—2020），首次对个人生物信息分类分级、收集和保护做出规定。2020年，新修订的《信息安全技术 个人信息安全规范》（GB/T 35273—2020），首次区分了个人信息和个人敏感信息，明确了个人信息的判定方法和类型，将包括面部识别特征在内的个人生物识别信息列为个人敏感信息，规定了收集、保管和使用个人敏感信息应遵循的知情同意原则、最小够用原则和再次转让明确授权原则。2021年实施的《信息安全技术 个人信息安全影响评估指南》（GB/T 39335—2020）可以支撑《个人信息保护法》对个人信息安全影响评估的规定。

（4）行业规范。中国支付清算协会2020年印发《人脸识别线下支付行业自律公约（试行）》。支付宝发布国内首个《生物识别用户隐私与安全保护倡议》。2019年4月10日，公安部网络安全保卫局联合北京网络行业协会、公安部第三研究所共同研究制定《互联网个人信息安全保护指南》。

此外，2020年7月，工业和信息化部印发《关于开展纵深推进App侵害用户权益专项整治行动的通知》，提出四方面十项要求。此后，工业和信息化部组织中国信息通信研究院、电信终端产业协会（TAF），有针对性地制定了《APP用户权益保护测评规范》10项标准；对于广大用户特别关心的"最小必要"等收集使用用户个人信息原则，也制定了《App收集使用个人信息最小必要评估规范》8项系列标准，涉及图片、通信录、设备信息、人脸、位置、录像、软件列表等信息收集使用规范。上述18项标准于2020年11月27日在全国APP个人信息保护监管会上以电信终端产业协会（TAF）团标形式发布，为APP侵害用户权益专项整治工作提供依据和支撑，为企业合规经营明确规范要求。①

2. 司法实践

在司法实践中，排除了技术中立的抗辩。典型案件有"快播"案和"万词霸屏"案。

（1）"快播"案②

基本案情：被告单位快播公司自2007年12月成立以来，基于流媒体播放技术，通过向国际互联网发布免费的QVOD媒体服务器安装程序（简称QSI）和快播播放器软件的方式，为网络用户提供网络视频服务。其间，快播公司及其直接负责的主管人员被告人王某、吴某、张某某、牛某某以牟利为目的，在明知上述QVOD媒体服务器安装程序及快播播放器被网络用户用于发布、搜索、下载、播放淫秽视频的情况下，仍予以放任，导致大量淫秽视频在互联网上传播。2013年11月18日，北京市海淀区文化委员会从位于海淀区的北京某技术有限公司查获快播公司托管的服务器4台。后北京市公安局从上述3台服务器里提取了29841个视频文件进行鉴定，认定其中属于淫秽视频的文件为21251个。

---

① App个人信息保护标准先行 工业和信息化部组织发布18项团体标准［R/OL］．中华人民共和国工业和信息化部网站，2020-12-04.
② 有"互联网色情犯罪第一案"之称。

公诉机关以被告单位快播公司和四被告人犯传播淫秽物品牟利罪提起公诉。北京市海淀区人民法院于2016年9月13日做出一审判决，以犯传播淫秽物品牟利罪，对被告单位快播公司判处罚金人民币1000万元；对被告人王某判处有期徒刑3年6个月，罚金人民币100万元；对被告人张某某、吴某、牛某某等也依法判处相应刑罚。宣判后，被告人吴铭提出上诉。北京市第一中级人民法院于同年12月15日做出二审裁定，驳回上诉维持原判。该案已发生法律效力。

该案入选"2016年推动法治进程十大案件"的理由是："快播"案是2016年广受社会关注的刑事案件之一，尤其受到众多互联网企业和广大网民的关注。"快播"案是互联网时代产生的新类型刑事案件，从证据收集、审查认定到刑法及相关司法解释的适用，均涉及不少新的法律问题。其中，最受关注的是如何看待快播软件的平台作用及其应当承担的法律责任。相关被告人及其辩护人一度提出，快播公司提供的是技术服务，不是专门发布淫秽视频的工具，基于技术中立原则，快播公司不应为网络用户传播淫秽物品行为承担刑事责任。法院审判对此做了依法回应。该案的依法判决，有利于互联网秩序的建立完善。同时昭示，互联网创新也应当遵守法律的规定，不能无原则地突破法律的底线。[①]

快播公司CEO王欣在庭审中提出的"基于技术中立原则，对快播公司的行为应适用避风港原则，快播公司不应为网络用户传播淫秽物品承担刑事责任"的抗辩理由，未获法院支持。该案引发了技术中立与法律应对的探讨。[②]

（2）"万词霸屏"案

2021年7月，百度公司发现某科技公司专门为他人提供"万词霸屏"服务，利用管理系统短时间内自动生成并发布大量关键词和推广网页。同

[①] 最高人民法院中央电视台联合开展"2016年推动法治进程十大案件"评选结果揭晓［EB/OL］.中国法院网.2017-04-20.
[②] 陈兴良.快播案一审判决的刑法教义学评判［J］.中外法学，2017（1）：7-28.

时，该公司还利用"高权重网站"易于被百度搜索引擎收录和排序的特点，在此类网站的域名项下添加被服务对象的推广网页。由此导致普通网络用户使用关键词进行搜索时，这些推广网页会大量占据搜索结果首页位置。于是，百度公司以该科技公司构成不正当竞争为由起诉索赔1000万元。

2022年4月，江苏省苏州市中级人民法院审结的原告北京百度网讯科技有限公司与被告某科技公司不正当竞争案，做出判决：被告公司立即停止涉案不正当竞争行为，登报消除影响并赔偿原告经济损失及合理开支共计275.3万元。① 此案的判决，是司法实践对利用技术中立名义钻算法漏洞行为的否定。

二、人脸识别技术研发主体多，技术提升空间大

作为新兴的人工智能的分支技术，人脸识别技术市场不断扩大，根据国际市场研究机构MarketsandMarkets发布的全球人脸识别市场相关报告，预计全球人脸识别市场规模在2024年将达到79亿美元。人脸识别技术在我国虽然起步较晚，但发展迅速。预计在未来五年中国人脸识别的市场规模将保持23%的平均复合增长速度，到2024年市场规模将突破100亿元。② 为了满足市场需求，人脸识别企业可能还要增加。从市场应用的结果评估人脸识别技术，在识别准确性、算法歧视性、权利保护安全性等方面存在不少亟待解决的问题，技术的提升空间还很大。

（一）技术研发主体广泛

据"企查查"数据统计，截至2022年4月20日，全国共有251946家人工智能企业，88120家研发企业，15641家涵盖人脸识别的企业，人脸识

---

① 所谓万词霸屏，即通过技术手段对上万个海量关键词进行设定，从而让用户在搜索时，被推广公司始终能排在前面。本案系全国首例判决生效的涉搜索引擎不正当竞争纠纷案，被称为"全国万词霸屏生效裁判第一案"。徐飞云，艾家静. 遏制搜索乱象 激扬网络清风——苏州中院审结"全国万词霸屏生效裁判第一案"[N]. 人民法院报，2022-04-25（3）.

② 2020年人脸识别行业研究报告发布[R/OL]. 中国安防行业网，2022-4-10.

别研发企业 1208 家。①

研发主体广泛，可以从更多视角对技术进行研究，避免了研究的单一性，能加强研究的广度和深度，快速推动技术进步，提高国家的科技创新实力。但是，研发主体之间会存在研发水平和能力参差不齐的状况，若研发产品的安全保护和防伪性能较低的话，不仅会对信息主体权利造成侵犯，也会因为应用效果差，影响公众对整个产品、技术的信任，从而对整个行业发展带来不利影响。如何规范人脸识别技术的研发环节，需要进行制度的创新。

1. 规范技术从人开始。根据《中华人民共和国宪法》第 47 条规定："中华人民共和国公民有进行科学研究、文学艺术创作和其他文化活动的自由。国家对于从事教育、科学、技术、文学、艺术和其他文化事业的公民的有益于人民的创造性工作，给以鼓励和帮助。"每一个公民都有进行科学研究的自由。

人工智能是国家大力支持进行研究的行业，应该鼓励有能力的公民积极参与技术研发。但是，人工智能技术研发人员的价值观对技术应用能产生很大影响，又需要对研发人员的道德观念有所要求。所以，应该采用建构式规制方式回应社会需要，建构研发人员与社会的良性互动，使数字生态系统保持良好的开端。在依法保障研发人员从事科学研究权利的同时，应对人脸识别技术研发人员的业务能力和职业道德两个方面进行规范。

理由有四：一是作为专业技术人员，他们是这个领域的专家，普通公众对这个领域的知识和安全性等所知甚少，这对他们来说意味着责任，他们应该尽最大可能保证技术的安全性和可靠性。二是他们研发的产品应用对其他人影响巨大，他们不仅对购买技术产品、设备的客户负有责任，对应用主体也应负有责任。三是在人工智能造成的侵权中，有些是系统漏洞

---

① 笔者在企查查官方网站查询的结果。

造成的，有些却可能是研发人员不负责任或不道德行为造成的。① 四是研发人员的价值观等可能会导致算法偏见。人脸识别算法遵循技术治理的逻辑自洽，自发受着社会价值共识的诸多影响。为了匹配人脸，建立的人脸数据库、分析参数、模型系统等，都全程嵌入了监管者意志、程序员观念、社会主流价值，此种单向度的逻辑推理缺少规范的价值遵循、正当的程序路径，在追求效率、秩序价值的同时未能审慎权衡公正、自由等位阶更高的价值理念。②

这就要求研发人员不仅要保持高水准的技术竞争力和创新能力，也要避免故意的恶行，并对自己的职业和职业共同体保持高度的敬畏和谨慎，遵循良好的职业道德。为此，需要制定职业规范和技术要求标准。一是由

---

① 在技术领域，大众汽车的"失效装置"是一个影响广泛的道德缺失案例。大众汽车集团生产的数百万辆柴油车（包括大众、奥迪和保时捷品牌）中，包含了专门用于伪造美国和欧盟尾气排放测试的软件。该软件能够检测到这些汽车何时进行尾气排放，并且会在这个时候正常地启用排放控制系统，该系统中包括氮氧化物污染物（NO_2）的捕集装置。该捕集装置的运行会增加燃料的使用量，因此为了提高汽车在路上行驶时的性能，软件会故意减少该装置在行驶时捕集的 NO_2 的量。这样就导致释放到空气中的 NO_2 比美国环境保护局（EPA）所允许的 NO_2 排放量高出了 40 倍。为了隐藏捕集装置在运行时的行为，他们修改了车载诊断系统的软件，以便让排放控制系统看起来是正常运行的。该软件系统和相应的控制硬件被称为"失效装置"（defeat device）。在该失效装置被公开发现之后，大众汽车的首席执行官因这件丑闻而辞职，但是，还有数十名工程师、程序员和其他工作人员参与了该事件中。奥迪团队开发了这种失效装置，其目的是作为一种捷径，以避免需要对汽车进行重新设计以满足排放标准可能带来的极高成本。当大众汽车和后来的保时捷汽车也面临类似的挑战时，该技术在其他车型中被共享，并进行了相应的修改。调查结果显示，在大约 10 年的时间里，在众多车型上至少实施了 6 种不同的失效装置。为了实现单个失效装置，至少需要有某个人或团队来设计它，需要另一个团队对其进行编程，然后还有一个团队负责测试并将其集成到汽车系统中。从员工提供的证词和大量电子邮件中可以清楚地看到，这些参与失效装置开发的员工及其经理都知晓这些系统的用途。尽管大众汽车公司内部的许多人都知道这种设备的存在，但是直到一个大学的研究人员发现了这种排放差异，并且在 EPA 跟进调查之后，这个装置才最终被公之于众。大众集团美国公司、大众集团和奥迪公司受到美国环境保护署、美国司法部和加利福尼亚州空气资源理事会就特定的排放合规问题的调查。[美] 莎拉·芭氏，蒂莫西·M. 亨利. IT 之火：计算机技术与社会、法律和伦理 [M]. 郭耀，译. 北京：机械工业出版社，2020：347.

② 袁俊. 论人脸识别技术的应用风险及法律规则路径 [J]. 信息安全研究，2020（12）：118-126.

全国信息技术标准化技术委员会生物识别特征分技术委员会制定《生物识别技术研发道德规范》，作为职业道德指引并监督实施，每年进行职业道德考核，避免失德研发；二是制定安全标准和研发能力标准，对创新技术进行评估和测试；三是形成诚信、创新的企业文化，解除研发人员因诚信可能失掉工作的后顾之忧。就像习近平总书记所说："引导资本主体践行社会主义核心价值观，讲信用信义、重社会责任，走人间正道。"①

随着科学技术及其产品社会功能的增强，应用领域的扩大，科学知识已成为巨大的权力，对世界产生着大范围、大规模的影响，科技研发者应该像产品的生产者必须为他的产品负责一样，本着"科学造福人类"的善良意图进行科学研究，并为他的科技成果及应用对国家社会乃至人类承担起重要的社会责任。

在人脸识别技术的研发者中，主要包括设计人员、开发人员、算法的编制人员等，不能仅仅为了追逐私利的目的进行研究，而要担负起促进平等、民主、保障隐私、信息安全和公平正义等责任，诚实地为国家和社会提供相关知识的普及、咨询和决策，提出风险评估和防范意见，甚至参与国家相关立法。

2. 对技术研发结果进行应用审批。企业完成研发进入应用之前，由全国信息技术标准化技术委员会对应用所需的安全性、可靠性和隐私保密性等进行技术审核，由国家网信办进行审批，方可进入应用市场。

国家网信办批准后，按照应用行业分类，比如，交通、金融、卫生健康、教育等，将有关情况转发法律规定的信息和数据监管部门，由这些部门在技术应用期间进行定期回访、动态追踪与监督等，实行全程监管。

（二）技术提升空间大

根据人脸识别应用反馈，人脸识别技术本身如进行图像识别的机器学习技术、程序的设计和算法技术等尚不成熟，导致技术上面临较大的问题，有自然光照条件下识别准确率问题、安全防范问题、信息泄露问题和算法偏见问题等，需要通过技术创新解决。

一般来说，精确度受肤色、光线和姿势三个因素的制约。首先，就肤

---

① 习近平. 依法规范和引导我国资本健康发展 发挥资本作为重要生产要素的积极作用[N]. 人民日报，2022-5-1（1）.

色特征而言，作为人脸的重要信息，它不局限于人脸的细节，较少受到身体变化的约束，比口、鼻等面部器官具有更好的稳定性。然而，这种稳定性会放大系统的肤色偏差，导致识别精度的不确定性增加。2015年曾出现过谷歌人脸识别把一个黑人识别为大猩猩的事件。其次，不同的光线照射也会造成识别精度的不同。一般太阳光照射，识别精度会下降。最后，姿态因素也会影响识别的准确性。面部姿势包括正面和侧面（俯仰、轮廓、旋转），不同的姿态拍摄角度会对不同年龄段的人产生不同的识别精度，导致识别系统的准确率下降。[①]

关于提高人脸识别防伪能力问题。据报道，来自莫斯科国立大学和华为莫斯科研究院的科学家们研发出一种特殊纹路的纸，可以在纸上生成对抗攻击图像，让其显示为三维立体图像，进而可以干扰和欺骗人工智能，将这张纸贴在头上，人脸识别系统就无法识别当事人真正的图像。[②] 即便是活体测试，也已产生通过3D人脸建模进行破解的思路和方法。据美国《财富》杂志报道，美国圣地亚哥的一家人工智能公司Kneron用高清3D面具和照片，在世界多地成功地欺骗了人脸识别系统。在面部识别技术广泛应用的亚洲商店，Kneron团队用一个特制的3D面具，成功欺骗了支付宝和微信的人脸识别支付系统，完成了购物支付程序。我国新闻曾报道小学生凭借打印出来的父母头像照片，成功打开了需要人脸识别的快递柜。央视"3·15"晚会中，主持人利用照片处理成的动态图和3D模型骗过了刷脸系统，成功进入他人账户。央视曾报道多起用"AI换脸"技术盗取他人账户的案件。[③] 深度伪造技术更显示出了对人脸识别防伪技术优化升级的迫切性。

算法偏见和信息泄露等。算法偏见导致了多种违反平等权的现象，如

[①] 袁俊. 论人脸识别技术的应用风险及法律规则路径[J]. 信息安全研究，2020(12)：118-126.

[②] 想要保护你的脸？推荐"反面部识别技术"[EB/OL]. 中国安防协会网，2019-09-29.

[③] 一问到底："刷脸"时代 你的人脸信息安全吗？嫌疑人"AI换脸"骗过人脸识别实施犯罪[EB/OL]. 央视网，2020-10-26.

>>> 第四章 权利及其公共性

大数据杀熟，种族、性别和年龄歧视等。人脸信息数据泄露事件层出不穷，① 对于技术性原因导致的泄露，则需要有系统的防泄露技术予以防范。

三、人脸识别技术应用领域广，随意性较大

虽然说技术研发的目的就是为了应用，但应用应该遵循基本的法律、道德要求，不能滥用。目前，人脸识别已在我国多个领域得到广泛应用，从公主体到私主体，从监控安防、电子政务、智慧城市、智慧交通、智慧金融到智能门禁、电子支付、学校管理、医疗健康，甚至进入房产企业、各零售环节等，使用随意性很大，缺乏规范性。很多像科勒（中国）投资有限公司这样的商家，随便在经营场所安装人脸识别摄像头，抓取并分析得出包括性别、年龄在内的个人信息，并通过安装配套系统，在顾客不知情、没有感知的情况下抓取人脸识别信息，并通过抓取的信息实现精准营销、追踪行程、添加标签等功能。仅"万店掌"一家摄像头系统生产商，目前抓取的人脸数据信息累计已有上亿条。以人脸识别技术为代表的新型信息技术被滥用问题，再度激起大众的热议。

这种状况应该引发对这些问题的思考：如何规范人脸识别技术的滥用？

通过前文的分析，大家更清楚地看到，除了技术本身和研发人员价值观的原因，人脸识别对个人造成的侵权和对社会产生的危害更多是技术不当应用造成的，所以，除了提升技术和对技术研发人员进行规范以外，必须对人脸识别技术的应用环节给予更多的关注，对应用主体及相关应用目的、应用方式、应用程序和应用后果进行全程监管。

（一）我国没有对人脸识别信息处理者的资格等要求的规定

根据《民法典》第1035条的规定，"个人信息的处理包括收集、存储、使用、加工、运输、提供、公开等"。《个人信息保护法》第4条规

---

① 在商业场景，2018年发生了"剑桥分析数据泄露事件"，超过8700万Facebook用户数据泄露。2018年11月万豪喜达屋酒店发生5亿客户信息泄露。2019年Facebook被爆出2.6亿用户数据泄露。2019年12月我国专注安防的深网视界也泄露了680万条用户数据，包括人脸识别图像、图像拍摄地点等。在公共领域，服务多家执法机构的人脸识别公司Clear-view AI也遭遇重大面部数据泄露，包括警察局、执法机构和银行在内的600多家客户名单被盗。

定,"个人信息的处理包括收集、存储、使用、加工、运输、提供、公开、删除等",所以个人信息处理者是对个人信息进行收集、存储、使用、加工、运输、提供、公开、删除等的主体,包括自然人和组织。

在《民法典》制定之前,我国研究中参照了欧盟的立法,将承担信息处理的主体称为"信息控制者",将信息处理分为收集和使用或者收集、分析、处理等环节,表达上不规范、不统一。

《个人信息保护法》实施以后,使用"信息处理者"这个一元化的概念,全面概括了各个环节,概念使用上非常统一、恰当。但对于信息处理者本身的资格要求没有规定,未充分正视个人信息处理者的差异性,没有根据不同类型的义务主体设置不同的义务要求,从信息处理者的角度,没有体现出对敏感个人信息和一般个人信息保护的不同要求,弱化了敏感个人信息的保护层级,降低了对敏感个人信息的保护力度,使敏感个人信息的保护效果不太理想。虽然在第二章第二节及《个人信息保护法》第55条对处理敏感个人信息的告知义务和处理条件中增加了特定的要求,但对于不同的个人信息处理者的义务内容存在均等化,这与各类义务主体侵害个人信息权益的风险不匹配。"这一做法相对减轻了侵权风险较高者的义务,弱化了个人信息保护效果;又相对加重了自然人、非以个人信息处理为核心业务的主体在使用个人信息过程中的负担。"[①]

从主体权能而言,个人信息处理者不仅能根据自身意愿,自主决定信息的处理目的和方式,还应该具有保护个人信息不被泄露、防范个人信息处理过程中遭受损害的各种风险和按照安全价值原则承担保护信息安全义务的能力。也就是说,不是所有的个人或组织都可以成为信息处理者,对信息处理者应该有资格或条件要求。

对于个人信息处理者应该设置资格、条件要求,并进行备案、审查等程序审核,实行资格准入,以便于对个人信息安全负责或当出现了应用的负面结果时进行问责。比如,欧盟的 GDPR 中规定,员工数量在250人以下的组织不能承担控制者的责任。但在活跃交易市场、推动技术落地、促进技术升级意义上,对个人信息处理者不宜也不便规定进入市场的禁止性

[①] 张珺. 个人信息保护:超越个体权利思维的局限[J]. 大连理工大学学报(社会科学版),2021(1):90-97.

或资格要求，我国对人脸识别信息处理者没有任何资格和程序要求。

（二）对人脸识别应用的要求

1. 应用目的。单独看《个人信息保护法》第26条的规定，不论是什么性质的主体，如果人脸识别是为了维护公共安全，应该是不需要征得信息主体同意的，如果为了其他目的，则需要取得个人单独同意。因为"图像采集、个人身份识别设备"应该包括人脸识别设备，"所收集的个人图像、身份识别信息"也应该包括人脸识别信息。但根据第29条的规定，处理敏感个人信息应当取得个人的单独同意，不管是为了维护公共安全目的还是其他目的。所以，第26条和第29条的规定存在不一致性。

2. 应用场所。对宾馆、商场、银行、车站、机场、体育场馆、娱乐场所等容易侵权的经营场所、公共场所做了特别的合法性要求。

3. 应用原则。应用人脸识别要坚持合法、正当、必要的原则，符合法定程序，遵循公序良俗，遵守社会公德，有充分的必要性，有严格保护措施，并向个人告知处理人脸信息的必要性及对个人权益的影响。

4. 对公权力的特殊要求。国家机关和法律、法规授权的具有管理公共事务职能的组织应当依照法定权限和法定程序应用人脸识别，要严格遵守"权力法定"要求，不能越权使用。

四、伦理、法律要求缺乏

信息数据资本进入市场，因为权属不明，基本处于被无序争抢的状态。[①] 因为侵权的隐性特征，形成了"表面上风平浪静，实际上暗流涌动"

[①] 2017年6月1日发生的"丰鸟数据之争"。顺丰速运与菜鸟网络相继关闭了双方之间的数据接口。最终，在国家邮政局的调解下，双方就数据合作共享达成了一致意见。中关村数字产业联盟副理事长、DCCI互联网研究院院长刘兴亮认为："为了抢夺物流数据的控制权，菜鸟和顺丰不惜上演大战，由此可见大数据的重要性。""丰鸟大战"背后：数据资源是核心 合作共享为正道［EB/OL］．中国智能制造网，2017-06-07. 有关信息数据使用的司法纠纷原被告都是信息数据处理者，少有个人主体提起诉讼，确实证明了涂子沛所说的"当拥有数据的各大互联网公司赚得盆满钵满，公开宣称它们拥有庞大数据资产的时候，大多数消费者对数据的价值还处于无知无觉的状态。对这些数据如何被使用、被谁使用、最终有多少个拷贝和版本、保存在哪里，消费者更是一无所知"。涂子沛．数文明：数据如何重塑人类文明、商业形态和个人世界［M］．北京：中信出版社，2018：40.

的局面，各大信息处理者争抢信息数据，而普通公众则毫无感知。

很难预先制定具有"定分止争"功能的信息数据法律制度，我国信息数据立法周期较长，立法效率低，滞后性明显，都是出现问题之后倒逼立法。2020年的《民法典》、2021年的《数据安全法》和《个人信息保护法》的通过，使我国在国家层面有了对人脸识别有一定规范作用的法律规定，但没有一部专门直接规范人脸识别的法律层级的立法。没有专门立法的明显缺陷就是有些行为违法与否无法确定，受损的权利保护需要"借用"其他法律的规定，这就需要适用机关根据具体情况和自己对法律的理解，进行案件的处理，对法律统一适用带来一定挑战。

在立法欠缺的情况下，对技术的规范应该依赖于伦理，虽然有些伦理倡议，但我国没有对人脸识别进行伦理审查的机构、伦理审查的程序和对审查结果的反馈等规定，伦理审查制度有待构建。

在人脸识别立法上，美国州立法先行，比如伊利诺伊州2008年《生物识别信息隐私法案》、得克萨斯州2009年《生物特征信息隐私法》、华盛顿州2017年《华盛顿州议会1493号法案》、加利福尼亚州奥克兰市2019年《监视及社区案例法令》、加利福尼亚州旧金山市2019年《停止秘密监视条例》、马萨诸塞州萨默维尔市2019年《萨默维尔禁止人脸技术监控条例》、俄勒冈州波特兰市2020年《面部识别条例》等，主要强化对政府部门使用人脸识别技术行为的规范。随着人脸识别数据商业化应用区域的扩大、泄露事件的频发以及全球对隐私权保护的强化，尤其是欧盟GDPR的出现，美国加快了联邦层面的人脸识别专门立法进程，提出了多项人脸识别立法的议案，比如，2018年《商业人脸识别法案》、2019年《人脸识别技术保证法案》、2019年《美国联邦隐私保护法案》、2020年《人脸识别道德使用法案》等。

欧洲则加强了人脸识别的伦理规范。欧盟在制定GDPR后，于2019年4月8日，发布了一份"人工智能道德准则"，宣布启动人工智能道德准则的试行阶段。在处理数字伦理问题上，欧盟委员会发布了《人工智能白皮书——通往卓越和信任的欧洲路径》，建立了人工智能高级专家组。德国联邦政府成立了数据伦理委员会，德国联邦议会成立了关于人工智能的调查委员会，该委员会也计划处理相关道德问题。个别企业设立了道德指引或相关原则。

我国在人脸识别领域的立法上,应该制定专门的技术研发、技术应用的立法,制定生物识别信息的立法,与现有的信息保护立法形成内容协调统一的体系性立法,形成内容完整、逻辑清晰、制度完备的规则体系。设立伦理审查机构,建立伦理审查机制,在法律不应或不能规定的领域,发挥伦理审查的作用。

五、有效监督不能实现

有效的监督需要监督主体、监督程序和方式、监督结果等组成的体系完善。根据社会治理的多元化需求,在人脸识别的监督中,应当包括具有监管职责的国家部门监管、企业的自我监督、行业监督和公众监督等。司法也可以被看成监督的一种,因为通过司法保护可以使人脸识别技术发展和应用更加规范。

(一) 对人脸识别应用的监管

1. 监管主体。根据《个人信息保护法》第60条和《数据安全法》第6条的规定,我国有权的人脸识别信息监管主体包括国家网信部门、国务院有关部门、县级以上地方人民政府有关部门,数据监管部门有工业、电信、交通、金融、自然资源、卫生健康、教育、科技等的主管部门,公安机关、国家安全机关、国家网信部门等。

2. 监管职责。《个人信息保护法》第62条对国家网信部门在监管中的职责规定得相对明确,但第61条关于其他监管部门的个人信息保护职责规定不具体。

3. 监管存在的问题。人脸识别应用主体的普遍性,为侵权的多发性提供了可能。为了减少侵权行为的发生,遏制人脸识别的滥用,应当加强对应用主体的监管。但目前的监管制度规定不完善,监管实践效果不佳。

结合《个人信息保护法》和《数据安全法》的规定,我国在人脸信息处理监管上存在的问题主要有:

(1) 行政监管主体多,但职能分工不清楚。按照依法行政的要求,监管需要遵循"法定机关、法定程序和法定理由"进行主动、事前监管,职权法定需要法律对监管部门进行授权，目前缺乏明确的法律授权规定。如果仅仅以"行政管理权"作为监管的法律依据和《个人信息保护法》的第61条作为监管内容的话，则会因为内容太笼统致使可操作性变差。各监管部门分工不清，可能造成各部门相互推诿，不履行监管职责。

（2）监管后的处理不到位。监管机关对人脸信息处理者的违法行为的处理是处以行政处罚，但追究不了信息处理者的民事责任，并不能弥补信息主体因侵权行为而导致的民事损害。

4. 监管制度的完善。如果要进行有效监管，不仅规定监管主体，更应该清晰各监管主体的职责权限和监管程序，否则，因为规定的监管部门太多导致监管职能无法真正取得实效。

为了发挥出监管应有的作用，需要进行监管制度的完善。

（1）立法对各监管部门职责明确化。因为个人信息处理对个人人身、财产安全、国家人工智能、数字经济发展和社会和谐稳定影响巨大，加强监管是立法选择，监管是行政监管，部门跨层级、跨行业，所以，在法律已经对监管机构明确规定的现状下，由国务院用行政法规的方式进行细化规定，明确监管职责、程序、方式和责任等，增强监管的可操作性。

（2）创设应用资格证制度。按照行业，由法定的监管部门，对涉及人脸识别应用的主体进行备案，并进行实质性审查，对合法性、正当性尤其是必要性进行评估，合格后颁发应用资格证，作为应用人脸识别的合法性证明。

（3）对应用目的进行调查。应用目的调查侧重于私主体的行为，因为私主体为了维护公共安全应用人脸识别可能性较小。如果调查认定起始目的合法，则需要加强动态监管，以防目的的偏离，随时处理。

（4）及时处理举报和投诉。对人脸识别技术的滥用，仅仅依靠监管部门主动监管力量是有限的，应当依法发动民间监督资源，鼓励公众对人脸识别违法违规使用进行举报和投诉，以区域或行业为范围，向社会公布举报和投诉电话、负责人、流程等，将工作做到实处、细处，对举报和投诉进行记录、及时处理、及时反馈，增加公众对监管部门的信任，增强举报和投诉的积极性和有效性。

（5）进行制度创新。如果监管认定人脸识别应用违法，再由消费者权

148

益保护委员会代表受害人进行集体诉讼，人民检察院支持诉讼。这样可以帮助被害人提供证据，人民法院也可以适当减轻调查取证的压力，节省社会资源。

（6）增强监管主动性。国家依法设置监管部门，目的是减少直至杜绝对人脸识别的违法应用，监管部门不能局限于被动处理，应当主动创新监管方式，比如发放相关法律、法规等文本，进行应用者权利义务的宣传，使应用主体提高义务认知，主动履行法律义务。开展类似于"清朗行动"的专项治理行动，并坚持常态化。对违法行为，依法严格处罚，营造"守法光荣、不愿违法"的社会环境。

（二）人脸识别的企业监督

《个人信息保护法》第5章专章规定了个人信息处理者的义务，并对处理信息达到国家网信部门规定数量的企业和提供重要互联网平台服务、用户数量巨大、业务类型复杂的企业义务做了特殊要求。

我国的《互联网信息服务算法推荐管理规定》第5条明确规定："鼓励相关行业组织加强行业自律，建立健全行业标准、行业准则和自律管理制度，督促指导算法推荐服务提供者制定完善服务规范、依法提供服务并接受社会监督。"《个人信息保护法》第58条规定了提供重要互联网平台服务、用户数量巨大、业务类型复杂的个人信息处理者，应当履行"定期发布个人信息保护社会责任报告，接受社会监督"的义务。

但企业的监督主要由企业自主决定，容易流于形式。行业监督是比较可行的监督方式，同一个行业在技术、管理和市场化模式等方面具有一定的相似之处，相互之间比较了解，具有监督的便利性和有效性。2020年1月，中国支付清算协会发布《人脸识别线下支付行业自律公约（试行）》，从安全管理、终端管理、风险管理和用户权益保护等角度提出技术要求和业务规范。[①] 2019年8月，支付宝发布了国内首个《生物识别用户隐私与安全保护倡议》，呼吁从事该行业的科技企业加入进来，一起规范和保护

---

① 中国支付清算协会.关于印发《人脸识别线下支付行业自律公约（试行）》的通知[EB/OL].中国支付清算协会网站，2020-03-16.

用户信息。① 从理论上讲，行业规范更能反映企业的实际需要，更容易得到企业的遵守，但因其不具有强制性，监督效果取决于企业的自律程度。

落实个人信息保护负责人制度。根据《个人信息保护法》第52条规定，"处理个人信息达到国家网信部门规定数量的个人信息处理者应当指定个人信息保护负责人，负责对个人信息处理活动以及采取的保护措施等进行监督"。目前，我国很多企业都在内部设立了专门的数据保护职位或人员。②

个人信息保护负责人制度是强化企业内部信息治理的创新性制度，目的在于促进企业个人信息保护的专门化、专业性与独立性，与欧盟等国家和地区的数据保护官（Data Protection Officer, DPO）制度具有一定相似性。该职位的设立会使法律责任更加容易追查到人，法律规定更容易落到实处。

（三）司法监督

司法判决和案例指导不仅能监督案件所涉及的企业，通过典型案件的宣传，能督促具有相同或相似行为的企业主动改正违法行为，鼓励被侵权主体拿起法律的武器，维护自己的权利，同时，还能营造诉讼不可怕的环境，减轻信息主体诉讼的心理压力。但实际上，我国并没有对"人脸识别第一案""价格歧视第一案"等典型案件进行社会面的广泛积极宣传，没有发挥出应有的监督作用。

多数感受到人脸识别侵犯自己权利的主体，会考虑到成本、周围人的看法等，几乎不会选择采用耗时耗力的诉讼方式解决问题，客观上纵容了人脸识别使用者的侵权行为，增加了人们的面部信息权益被侵犯的风险。

---

① 汪子旭. 支付宝发布国内首个《生物识别用户隐私与安全保护倡议》[EB/OL]. 经济参考报网站, 2019-08-27.
② 有的政府部门也已经进行了试点，例如，广东省已出台《广东省首席数据官制度试点工作方案》，试点建立首席数据官制度，创新数据共享开放和开发利用模式，提高数据治理和数据运营能力。深圳市也发布了《深圳市首席数据官制度试点实施方案》，将在该市本级政府、福田等4个区政府、市公安局等8个市直单位试点设立首席数据官，提高数据治理和数据运营能力，助力深圳智慧城市和数字政府建设。王利明，丁晓东. 论《个人信息保护法》的亮点、特色与适用[J]. 法学家, 2021, (6): 1-16, 191.

（四）社会监督

如果公众具有一定的权利意识、信息数据意识和法治意识，对人脸识别的滥用能形成强大的监督，就能减少侵权行为的发生。当前我国真正进入"刷脸时代"，各大商场、酒店、车站、学校、小区等地都设有人脸识别，从日常进出小区、乘坐地铁、取快递，到线下支付、领养老金、身份审核等，人脸识别技术贯穿我们的衣食住行和娱乐消遣，成为日常生活的普遍形式。但是，目前普通公众信息意识薄弱，人脸识别技术的生活化应用使人们对于人脸信息被收集的行为也习以为常，并认为理所当然。除了对人脸识别技术缺乏了解，民众对于自己的权利也缺乏一定认知，不知道使用人脸识别需要征得自己的同意。所以，社会监督目前并未形成。

在生活实践中，很多人脸识别设备的安装，未得到当事人的知情同意，其中既包括由于当事人认知能力不足或信息不对称而没有在真正意义上知情，也包括知情之后未能发自内心做出同意或反对。人脸信息所有者的被动地位，要么是没有意识到权益被侵害，要么是意识到权益可能被侵害但出于一些考虑还是选择接受现状，无论是哪一种情况，都是民众缺乏自我保护意识的表现。当然，更多的是安装者未履行告知义务，而大众也并未提出反对或异议，选择了接受。所以，目前而言，公民普遍对于个人信息不合理或过度采集缺乏保护意识，也是造成人脸识别技术侵权的重要原因。

第二节 人脸识别技术及应用的价值共识

价值引领思想，思想指引行为。人脸识别等智能技术带来了社会利益格局的调整、信息获取方式和内容的变化、信息数据生产要素利用方式的改变以及技术价值、经济价值和社会价值的冲突等，改变了多元价值主体对社会主流价值整体性认同的过程和机制。凝聚社会价值共识，用社会主义核心价值观来凝心聚力，无疑具有重要的理论和现实意义。

一、价值共识

价值共识是社会主体在价值观念上的协调一致。凝聚价值共识就是在社会交往中通过差异化价值整合和价值冲突协调而形塑多元价值主体对社会主流价值整体性认同的过程。[1] 正如习近平总书记所说:"越是思想认识不统一就越要善于寻求最大公约数。"[2]

(一) 智能技术时代凝聚社会价值共识的重要性

党的十九大报告指出:"社会主义核心价值观是当代中国精神的集中体现,凝结着全体人民共同的价值追求。"[3] 它是当代中国社会的价值共识。

在智能技术时代,信息数据资本的抽象性和价值发挥形式的复杂性使利益格局改变重组,个人价值多元化,群体价值多样化。不合理的价值观通过技术的方式传播和放大等可能消解社会价值共识的权威。凝聚社会价值共识,可以消除不同价值观的冲突,增强社会合力,为"两个一百年"奋斗目标的实现提供价值引领。

在科技治理中,需要多元主体参与。社会各方应平等、协商、合作,共享科技发展成果,实现增强国家科技实力,提高国家科技形象和在国际上的话语权地位。有共同的精神纽带,才会有推动社会发展的统一意志和行动,认同程度越高,治理难度和成本就会越低,治理效能越高。社会价值共识是实现共建、共治、共享治理效能的思想基础和精神纽带。

在人脸识别技术研发和应用中,价值共识可以减少信息主体和技术研发者、信息处理者之间的认识分歧,使研发和信息处理方向聚焦在为人类生活提供技术服务上,减少侵权行为的发生和对信息主体的伤害,增加信息主体对技术的信任。

---

[1] 张林. 算法推荐时代凝聚价值共识的现实难题和策略选择 [J]. 思想理论教育, 2021 (1): 86-92.

[2] 中共中央文献研究室. 习近平关于全面深化改革论述摘编 [M]. 北京: 中央文献出版社, 2014: 46.

[3] 习近平. 决胜全面建成小康社会夺取新时代中国特色社会主义伟大胜利——在中国共产党第十九次全国代表大会上的报告 [N]. 人民日报, 2017-10-28 (1).

（二）技术所带来的社会价值分化

人的价值观念形成或改变与所处环境、所掌握信息和思维方式等有关，在技术所带来的多元技术环境、了解信息局限、非独立思维和信任危机等的影响下，社会价值共识形成受到阻碍。

1. 现代智能技术的高效挤压了人们思维的空间。比如，身份的审核可以瞬间完成，这对人们惯常的认识规律带来了冲击。接触一项新事物，人们会充满好奇，心想这项事物会给个人、社会和国家带来什么影响，经过观察和思考，选择接受还是拒绝。但现在人们首先感受到人脸识别的便利，因为知识的欠缺，思考没有结果，或者根本来不及思考，技术应用就开始大规模渗透到人们的日常生活中，人们在迷茫和被动之下只能接受。长时间的使用，使人们形成了对技术的依赖，逐渐丧失了权利要求和价值判断的理性、意识和能力。而且，制度规范的滞后性、分散性，技术侵权的隐蔽性和侵权证据呈现的困难性等，消解了人们可能形成的价值共识。

2. 技术提供信息的方式和内容造成价值的差异。在大数据分析的基础上，智能化技术通过心理入侵，掌握个体的喜好，并根据不同需要，算法会"投其所好"精准推荐不同的信息，形成"信息茧房"，使人们沉浸在满足自己需要、被动形成和不断强化的价值认知环境里，并和与自己价值判断相同的人形成"群体价值"，对群体之外的合理性观点和意见产生抗拒或排斥。全面完整信息的屏蔽、失真失实信息的提供等，会使人们不了解事件全貌，甚至出现断章取义的情况，进而丧失认知、思考和价值判断的主体能动性。不同群体之间因获取信息的不同而产生价值的差异，价值观念的复杂多样会淡化社会价值共识。

3. 技术应用造成的信任危机动摇了价值共识的社会基础。信任是人与人能够密切合作的基础，是基于认同和愿意托付的期待。在信任的基础上比较容易形成价值认同，能够降低交易成本，促进社会稳定，利于价值共识的形成。

在人脸识别的技术性价值——效率上，国家、企业和社会主体具有高度共识，但对于人脸识别的社会价值则难以形成共识。人脸识别技术应用造成的隐私、公平和安全性问题，引发人们对人脸识别技术的信任危机，造成人身、财产以及心理上的安全隐忧。

在由全国信息安全标准化技术委员会等机构成立的 App 专项治理工作组和《南方都市报》人工智能伦理课题组发布的《人脸识别应用公众调研报告（2020）》中，对问题"你是否相信以下机构会负责任地、安全地使用人脸识别技术"的回答，显示受访者对政府部门、学校、国企、金融机构和私企的信任度分别为：74.06%、63.63%、62.16%、51.37%和31.79%。30.86%的受访者表示已经因为人脸信息泄露蒙受财产损失；受访者最担心的安全隐患，分别是人脸信息泄露（63.64%）、个人行踪被持续记录（54.4%）和账户被盗刷，导致财产损失（53.72%）。[1]

由北京大学互联网发展研究中心联合360集团发布的《中国大安全感知报告（2021）》显示：70%的受访者担心算法能获取自己的喜好和兴趣等隐私问题而算计自己；50%的受访者表示，在算法束缚下想要逃离网络、远离手机；70%的受访者表示担心账号和个人信息泄露。[2] 重建信任，是形成社会价值共识的基本路径。

4. 技术应用中的利益分配破坏了价值共识的现实基础。合理有序的利益关系和利益整合机制是生成社会价值认同和凝聚社会价值共识的现实基础。[3] 马克思曾一针见血地指出："'思想'一旦离开'利益'，就一定会使自己出丑。"[4]

在人脸识别技术不断升级和应用场景不断扩大的背后，是无数人脸信息被无序收集和使用。数据交易的大规模兴起和数字经济建设，更加凸显了信息数据的价值。虽然在这个过程中，技术研发者和信息处理者都付出了劳动，创造了价值，获取利益是合理的，但信息主体并没有因为信息数据的付出获得任何的利益回报，甚至连基本的尊重都没有得到，还要遭受侵权的结果。似乎从信息交出的那一刻，信息所带来的利益都与他们无

---

[1] App 违法违规收集使用个人信息专项治理工作组，南方都市报个人信息保护研究中心，人工智能伦理课题组. 人脸识别应用公众调研报告（2020）[EB/OL]. 创泽智能机器人网站.

[2] 清研智库 | 中国大安全感知报告：7成人感觉被算法"算计"[EB/OL]. 搜狐网，2022-03-01.

[3] 张林. 算法推荐时代凝聚价值共识的现实难题和策略选择[J]. 思想理论教育，2021（1）：86-92.

[4] 马克思恩格斯文集：第1卷[M]. 北京：人民出版社，2009：103.

关。利益分配的不公平，使利益受损的人们很难产生和信息数据既得利益者的共同命运感，不仅价值共识难以形成，甚至会因需要、利益及目标的不同而发生价值冲突。调整利益整合机制势在必行，因为"利益整合机制是凝聚价值共识的核心机制"[①]。

（三）人脸识别社会价值共识的达成

面对社会价值分化的现状，我们应该采取综合性的应对策略，以达成对人脸识别的社会价值共识。

1. 扩展人们的思维空间。随着人脸识别技术制度规范的完善、人脸识别应用的理性回归，应当增加人们使用人脸识别的选择性，使人们在对自己的权利保护、技术应用的风险、企业改进的方向和国家制度的引导等全面了解的基础上，做出自己的价值判断，提出自己的要求和建议。国家和社会可以通过知识指引和榜样树立的形式，扩大社会价值共识度。

2. 破解信息茧房。算法精准推荐是算法市场化的重要原因，但价值共识的形成需要建立在全面掌握信息的基础上，这就需要进一步扩大算法推荐的信息范围，增加算法推荐的多样性，争取构建个性化信息推送与多样化信息推送的动态平衡，从技术源头上扩大数据收集和算法模型的信息选择范围，扩容算法模型的信息挑选维度。我们应该在算法设计和应用过程中更多注入社会公共理性，不断完善人机协同的分发模式，争取在满足个性化信息需求的同时增加信息推送内容的多样性，提高社会主导价值内容的传播比重。比如，可以继续挖掘反向个性化推荐的实践与应用，在精准画像用户兴趣图谱的基础上尝试为用户推荐一些他们可能"不喜欢""没兴趣""需要关注但没有关注"的内容。[②] 同时，公众尽量提高自律性和信息辨识能力，减少对算法推荐信息的依赖。

3. 重建技术信任。普遍信任是建立在社会公正以及对个人主体地位尊重的基础上的[③]，重建信任就是要通过制度安排建立一个公平正义、尊重

[①] 袁银传，郭亚斐. 试论当代中国价值共识的凝聚机制［J］. 思想理论教育导刊，2018（7）：74-78.

[②] 张林. 算法推荐时代凝聚价值共识的现实难题和策略选择［J］. 思想理论教育，2021（1）：86-92.

[③] 郭慧云，丛杭青，朱葆伟. 信任论纲［J］. 哲学研究，2012（6）：3-12+111+127.

规则、公开透明的现代交往秩序,并将它们上升为人们稳定的心理预期和价值共识。① 因为"当无序状态出现时,关系的稳定性消失了,结构的有序性混淆不清了,行为的规则性和进程的连续性被打破了,偶然的和不可预测的因素不断地干扰人们的社会生活,从而使人之间信任减少、不安全感增加"②。

重建对人脸识别技术的信任,一要完善人脸识别领域的法律制度,以公平正义为法的最高价值追求,保障人们的平等地位,杜绝技术权力,并加强监管,保证制度的实现。二要确立"以人民为中心"的价值共识标准。科技是为人类服务的,是为了不断满足人民群众的美好生活需要,要使人民共享技术发展的成果,增强人民群众的获得感和幸福感。技术研发要关注人民需求,尽量从技术上减少和杜绝对人民权利造成侵犯的可能,技术应用要方便人民的生活,减少技术异化的可能。人民对技术应用的感受是权利被尊重、科技使自己的生活更美好,各主体之间充分信任,为社会价值共识凝聚提供坚实的民意基础。公众应提高信息数据意识和算法素养,了解人脸识别技术和算法特点,减少对技术所持的怀疑。

欧盟委员会发布的《人工智能白皮书——通往卓越和信任的欧洲路径》,主要内容就是围绕"卓越生态系统"(ecosystem of excellence)和"信任生态系统"(ecosystem of trust)两个方面的建设展开。"信任生态系统"是欧洲 AI 未来监管框架的关键要素。必须确保体系遵守欧盟的规则,包括保护基本权利和消费者权利,尤其是那些在欧盟运行的、风险较高的 AI 系统。这个政策为市民使用 AI 应用增添了信心,为企业和公共组织的 AI 创新提供了法律保障。③

4. 调整利益整合机制。马克思指出:"人们为之奋斗的一切,都同他们的利益有关。"④ 利益是人们价值观念产生的逻辑起点,在各种价值冲突

---

① 徐尚昆. 社会转型、文化制度二重性与信任重建 [J]. 中国人民大学学报, 2018 (2): 152-161.
② 张文显. 法理学: 第4版 [M]. 北京: 高等教育出版社, 北京大学出版社, 2011: 260.
③ 欧盟《人工智能白皮书——通往卓越和信任的欧洲路径》(附全文) [EB/OL]. 搜狐网, 2020-02-21.
④ 马克思恩格斯文集: 第1卷 [M]. 北京: 人民出版社, 2009: 187.

的背后,都有利益的影子。所以,实现全社会的共同利益是达成价值共识的基础条件。法是对利益的调节与平衡,在人脸识别应用中,我们应该在深刻了解技术特征的前提下完善立法,建构起合理有序的利益整合机制,来消弭价值冲突,着重处理好信息主体利益和企业利益,个人利益、企业利益与国家利益,经济利益与社会利益,眼前利益与长远利益之间的复杂关系,增强主体共同命运感,在扩大利益认同的基础上筑牢价值共识的现实根基。①

二、对利益的追求

司马迁在《史记·货殖列传》中曾说道:"天下熙熙,皆为利来;天下攘攘,皆为利往。"利益是人进行创造的最大动力,但因为资源的有限性和主体的多元性,利益也是矛盾产生的根源。

早在1980年,著名未来学家阿尔文·托夫勒便在《第三次浪潮》一书中,将数据热情地赞颂为"第三次浪潮的华彩乐章"。从2009年开始,"大数据"成为互联网信息技术行业的热门词语。2012年,伴随着深度学习领域的技术突破,人脸识别成为计算机视觉领域中的重要应用方向。2015年以来,人脸识别技术开始从公共领域的安防应用普及到商业领域。美国是人脸识别技术应用最早和最大的市场,我国大力支持大数据和人工智能发展,2014年"大数据"被首次写入政府工作报告,2017年"人工智能"被写入政府工作报告,工业和信息化部制定《促进新一代人工智能产业发展三年行动计划(2018—2020年)》,我国的人工智能进入发展的快车道,人脸识别技术更是很快完成了从技术开发到市场应用的跨越。

大数据、人工智能的价值在全球受到重视,欧盟及各主要国家开始了大数据、人工智能发展的激烈竞争、政策支持和法律规范。各大信息技术企业加大数据利用和技术开发升级步伐,数据交易大规模兴起,人脸识别应用越发普及。

"数据资源化、数据资产化、数据资本化是数据的价值进路,也是大

---

① 张林.算法推荐时代凝聚价值共识的现实难题和策略选择[J].思想理论教育,2021(1):86-92.

数据发展的必然趋势。"① 人具有利益追求的本性，资本、市场具有追逐利益的特性。正当的利益获取应当支持，非正当的利益获取则应当进行规范。智能技术更专注于"如何更智能"，注重效率，在开发和应用阶段，会造成对他人利益的忽视或损害。对人脸识别技术的治理，需要通过社会主义核心价值观进行引导，凝聚确保科技造福大众的价值共识，并通过法律对各主体正当利益的确认和保护，达成治理目标。

"立法是认识利益、表达利益的过程。要调整好各种不同的利益，首先要了解和认识利益。"② 要实现对人脸识别侵权风险的有效治理，首先需要对人脸识别技术研发到社会应用所涉及的全部环节和所涉及的所有利益进行衡量，对利益保护情况进行研究，对权利、义务是否做到合理配置进行检视。

（一）投资者利益

人脸识别技术的投资者，主要指投入财力、物力和其他所需资源并组织人力进行人脸识别技术开发的个人或组织。其投资行为具有响应国家创新发展的布局，促进国家科技发展的积极作用；具有通过相关技术研发、市场应用获取投资收益的合理诉求；也具有对技术开发和应用承担监督等义务。因此，制度设计中应通过合理的权利、义务确认体现出对投资者利益的认可，以达成鼓励创新、鼓励投资和预防技术风险的平衡。

（二）研发者利益

研发者是以自己的智力劳动投入人脸识别系统开发的主体。在系统开发过程中，会产生大量的智力劳动成果，这些成果受到知识产权法律制度的确认和保护。2021年以来，我国人脸识别专利公开数量快速增长，目前我国已成为人脸识别领域专利申请最多的国家。但围绕算法的权利保护、研发者的义务承担等如何进行则需要进一步研究确认。研发者对其研发产品、算法及技术应用所引发的风险，应承担的义务和责任也需要具体

---

① 大数据战略重点实验室. 块数据5.0：数据社会学的理念与方法［M］. 北京：中信出版社，2019：125.
② 郭道晖. 论立法中的利益分配与调节［M］//湘潭大学法学院. 湘江法律评论：第2卷. 长沙：湖南人民出版社，1998：10.

考量。

但是，研发者的角色具有双重性，一方面是技术的研发者，另一方面是人脸信息处理者，在研发过程中需要大量人脸图像作为训练基础，涉及对人脸信息的处理。

（三）信息处理者利益

因为法律规定的个人信息处理非常全面，只要涉及其中的任何一个环节，就是个人信息处理者，而且法律没有对信息处理者的资格做任何要求，所以我国的人脸信息处理者人数较多。

主要包括：一是人脸识别技术研发者。二是利用人脸信息公用和商用的主体。三是购买人脸识别设备用作核验身份信息的主体，比如车站、机场、金融机构等，人脸识别是其提高工作效率的手段。

这些主体在以无数信息流为基础的信息王国里，通过各自的方式，在节约资源、提高效率、增进收益和做出更好的决策上，付出了努力，他们的利益也应该得到认可。

（四）信息主体利益

信息主体是广大的人脸识别用户，他们的个人信息被不同的个人信息处理者处理，他们既是享受技术发展便利的群体，又是受技术发展负面影响最大的群体。他们的个人信息自决权、隐私权、平等权等受到不断的侵犯，或受限于技术发展速度和制度规范滞后的现实，他们因人脸特征信息的唯一性和不可变更性，在技术面前面临更高的风险。所以，他们"作为智能技术的消费者和数据供给的原始来源，所应享有的利益也不应仅仅限于个人信息得以保护或者免受打扰，还应有经济方面的回馈。基于行为效率的考虑，这种经济利益或许并不直接体现为相关经营者对社会公众的经济性给付，也应该通过设计其他的给付方式得以呈现"①。自然人是个人信息保护法律关系中的首要主体，其关于个人信息的人格利益诉求是个人信息保护立法的基本出发点。②

---

① 王德夫. 论人工智能算法的法律属性与治理进路 [J]. 武汉大学学报（哲学社会科学版），2021（5）：29-40.
② 高志宏. 个人信息保护的公共利益考量：以应对突发公共卫生事件为视角 [J]. 东方法学，2022（3）.

我国2022年政府工作报告指出2022年政府工作任务,包括:"促进数字经济发展。加强数字中国建设整体布局。建设数字信息基础设施,逐步构建全国一体化大数据中心体系,推进5G规模化应用,促进产业数字化转型,发展智慧城市、数字乡村。加快发展工业互联网,培育壮大集成电路、人工智能等数字产业,提升关键软硬件技术创新和供给能力。完善数字经济治理,培育数据要素市场,释放数据要素潜力,提高应用能力,更好赋能经济发展、丰富人民生活。""推进社会治理共建共治共享。""强化网络安全、数据安全和个人信息保护。"上述各利益主体的利益都应受到确认和保护,因为他们都在用自己的行为为国家数字经济的发展做着贡献。

(五)公共利益

公共利益一般是指可以满足社会不特定主体需要的各种社会资源或条件。人脸识别领域的多发侵权事实证明,目前人脸识别技术应用具有较高侵权风险,法律注重对各主体权利的保护,有助于推动人脸识别技术的进步。但同时,在制度设计中,更应该对社会公共利益予以维护。

因为欠缺立法的明确规定,在法律中能够推测出包含人脸识别和公共利益的有《个人信息保护法》第26条:"在公共场所安装图像采集、个人身份识别设备,应当为维护公共安全所必需,遵守国家有关规定,并设置显著的提示标识。所收集的个人图像、身份识别信息只能用于维护公共安全的目的,不得用于其他目的;取得个人单独同意的除外。"其中"图像采集、个人身份识别"关联人脸识别,"维护公共安全"是社会公共利益的一种。《数据安全法》第8条:"开展数据处理活动……不得危害国家安全、公共利益。"《民法典》第1036条:"处理个人信息,为维护公共利益或者该自然人合法权益,合理实施的其他行为,行为人不承担民事责任。"这样概括、简略的规定,显然不利于区分公共利益的边界,甚至可能会增加以公共利益为由滥用人脸识别的风险,因为任何使用人脸识别的目的最终都可能被解释为是出于对公共利益的考量,造成公共利益的泛化和虚化。所以,在法律治理中,应该对公共利益进一步细化,以防范侵权风险。

法律要对不同主体的利益进行衡量,以公平正义和利益保护为最高的价值期待，通过对权利、义务的合理配置，实现人脸识别领域的有序发展。

三、权利公共性缺失

在人脸信息的开发利用链条上，关系着不同主体的利益。如果缺乏共同体利益意识，每个主体都只站在自己的利益立场上去利用个人信息的话，会因各主体利益要求的不一致而造成冲突，过分追求某一方面利益的满足而损害其他主体的利益。

在个人信息的保护上，立法和司法解释等以加强个人信息保护为重点，立法越来越细。比如，《个人信息保护法》第17条规定，个人信息处理者在处理个人信息前，"应当以显著方式、清晰易懂的语言真实、准确、完整地向个人告知下列事项"并"取得个人的同意"，处理敏感个人信息"应当取得个人的单独同意"，不可谓不细，甚至在《信息安全技术 个人信息安全规范》（GB/T 35273—2020）中提供了个人信息控制者可参考的交互式功能界面和个人信息保护政策模板，保障个人信息主体能充分行使其选择同意的权利。但多发的侵权实际状况，表明它们的实施效果不佳。不论是立法还是人脸信息开发实践，要想形成各主体之间的良性互动，需要转变思维方式，发挥我国的制度优势，实现从个人权利保护到共同体权利保护的进步。

（一）各主体的利益冲突

现代社会，个人拥有价值选择的自由，造成了价值的多元化。价值合理性的存在在于是否符合社会发展规律，同一时空有不同的价值维度，价值冲突成为常态，利益冲突源于价值冲突。虽然各主体在总体目标上是一致的，但在实现总体目标的过程中，会出现某些利益的冲突。

在个人信息的利用和保护上，个人可以基于公民的身份，让渡一部分权利，推动人脸识别技术发展，对于个人、企业和国家都是有利的，个人可以享受更好的企业服务和公共服务，企业可以有更好的竞争能力和经济效益，国家可以提高国际科技竞争力和国家话语权。但大规模侵权事件的发生，使各主体之间的关系变得紧张。

个人从自身利益保护出发，希望对其个人信息权益进行全方位的保护，不允许任何人收集和使用。企业则希望不受限制地最大化地收集和使用个人信息。政府作为公共利益的代表，因为角色的多重性，一方面要对个人信息和企业利益进行保护，推动技术发展和进步；另一方面又要对个人信息进行收集和使用，进行国家安全保护和公共服务。这使得各主体之间的关系不断发生冲突。

1. 个人与企业。企业在利用个人信息追求利益最大化的过程中，损害了信息主体的个人利益，突出的表现就是无限度收集和使用个人信息，以"同意"为借口，过度索取和滥用个人信息。随着信息智能化时代的推进，个人的信息安全保护和权利意识逐步增强，对企业的侵权行为表现出了排斥。

2. 个人和政府。个人利益和公共利益具有一致性，从理论上讲，公共利益源于个人利益，公共利益的保护有助于个人利益的实现，一般不存在冲突。但在现实中，过分追求实现个人利益最大化时，如果处理不好与公共利益的关系，可能会对公共利益造成侵犯。在法律上，公共利益经常成为限制个人利益的理由，成为个人追求利益时不能超越的外部界限。现实生活中公共利益可能成为某些主体限制个人利益的借口，造成公共利益的滥用，从而加剧公共利益与个人利益的对立，使个人和公共利益的代表——政府之间产生冲突。

在信息时代，个人信息具有巨大的利用价值，政府作为个人信息的保护者和利用者，为了公共利益，需要对个人信息的保护和利用进行综合考量，可能对个人信息权益进行缩减，造成个人利益和公共利益的冲突。比如，在疫情中表现出的个人信息保护和公众知情权的冲突。

同时，为了提高治理能力和治理水平，政府和企业在信息领域有着广泛密切的合作，"个人信息处理和流转过程中有密切的利益关系，对个人信息的获取与处理存在共同的诉求。在个人信息保护的实践过程中，政府和企业作为典型的信息处理者组成的'联盟'正与个人处于对立的一极"[1]。个人会产生"政府以公共利益为由对个人信息权利造成侵犯"的

---

[1] 郭江兰. 个人信息保护制度的反思与改进：以主体利益冲突与衡平为视角 [J]. 科技与法律（中英文），2021（6）：48-57.

防范心理。

3. 企业与政府。公民个人仅仅依靠自身的力量,是不能很好地保护个人信息不受企业侵犯的,需要依靠政府的支持和帮助。政府在对企业不当利用个人信息的行为进行约束时,过多倾向于个人信息的保护,会对企业利益造成一定影响。政府应该积极支持企业开展科技创新,加强对科技企业发展的政策扶持。在与企业的关系上,政府应做好对企业利用人脸信息的限制和鼓励企业创新发展之间的平衡。

(二) 个人权利保护模式的效果反思

在以个人信息权利为重点的保护模式下,从制度规范和理论分析来看,应该在个人信息保护上取得良好结果。可从实际来看,国家对个人信息保护法律的普及与其他法律的普及没有什么方式和途径的不同,对信息处理者处理个人信息的流程和技术相关的专业知识的宣传没有强化的特殊措施,个人信息主体的维权诉讼没有明显增加[1],社会主体对人脸识别应用没有感受到有什么变化[2],商户安装摄像头现象仍然比较普遍。在国家统计局、国家网信办等官方网站上没有搜索到企业进行个人信息保护影响评估的信息。[3] 我们需要反思这种保护模式存在的局限性。

1. 技术利用和个人信息利用的效率低。人脸识别技术的迅速普及,最大的利用价值就是效率,以"个人单独同意"为人脸信息处理的首要必要

---

[1] 马灿.《个人信息保护法》实施未满一个月 广东省消委会传来好消息 [EB/OL]. 东方财富网, 2021-11-25. 有媒体报道诉讼增加,但这些案件并不是在《个人信息保护法》实施后才提出的。《消费者权益保护法》也可以解决这些问题。

[2] 笔者曾对此问题进行调查,没有一位受访者感受到有什么变化,94%的受访者不知道《个人信息保护法》。

[3] 根据《个人信息保护法》第55条和第56条的规定,处理人脸信息,个人信息处理者应当事前进行个人信息保护影响评估,包括个人信息处理目的、处理方式等是否合法、正当、必要,对个人权益的影响及安全风险所采取的保护措施是否合法、有效并与风险程度相适应。并对处理情况进行记录,评估报告和处理情况记录应当至少保存三年。个人信息保护影响评估对完善个人信息保护具有重要的规范作用,但评估人员的组成、评估程序和评估结果等均缺乏规定,如果进行评估由个人信息处理者承担的话,评估虚化的可能性较大。并且,对于处理人脸等敏感个人信息的信息处理者,不分处理信息的多少,不分处理目的,均须担负评估义务的话,是否对处理信息量较少、不是营利目的使用的个人信息处理者不太公平。这项义务规定有监督落实、制度化和细化的现实需要。

条件，但实现个人真实同意，"前提是自然人能够充分控制个人信息的流动过程，但当前人类的大量活动发生在网络空间，高度依赖信息数据的频繁交互，个人信息流动客观上无法完全受个人意愿控制。自然人虽然被赋予充分支配其个人信息的权利，却难以确保自身信息完全受控"①。同时，需要个人阅读信息处理者的告知内容，这需要时间和对相关技术知识、风险等有一定的了解。一般主体阅读一项隐私保护政策和其他告知内容平均需要4分钟左右，如果更细更专业的告知则需要更长阅读时间，以至于很多人根本就没有想要完全读懂的时间和耐心。公众普遍不了解技术知识，对风险认知较为模糊，会草草选择同意或者不同意。如果选择不同意，后果如下：一是现在普遍的现象：享受不到信息处理者提供的服务；二是信息处理者可能会利用技术优势，对个人信息违法利用，并将侵权行为做得更为隐蔽。这种现实情况一方面降低了技术使用和信息利用效率；另一方面，同意规定流于形式，降低了法律实施的效率。

2. 人脸信息保护效果弱。以个人权利保护为重点的信息保护效果，与个人的保护能力高低密切相关。"个人单独同意"权的行使，需要信息处理者的充分告知和个人的充分认知相匹配。在法律规定中，"同意"构成信息处理者免责的理由，为了避免承担义务，信息处理者会详尽告知相关事项，但因"算法黑箱"和技术专业性，告知充分只是相对的，实际生活中并不能完全做到。同时，个人对技术、权利义务和信息处理风险等认知并不充分，导致个人信息保护能力不足，人脸信息保护效果弱。

3. 民事责任作用的发挥存在局限。在个人信息保护上，虽然权利主体是个体，民事责任的目的是保护和救济权利受到侵犯的个人主体，但"单个信息主体提出的维权请求效力范围也较狭窄，仅能促使信息处理者对该特定主体承担责任，保护效果无法适用于面临同一潜在风险或受到相同损害的其他信息主体，更辐射不到对公共利益的保护上"。而信息保护是社会公众共同的需求，"个人信息违法行为不仅侵害了某些特定自然人的利益，还侵害了不特定公众，增加了社会成本，损耗了社会的信任环境，损

---

① 张珺. 个人信息保护：超越个体权利思维的局限 [J]. 大连理工大学学报（社会科学版），2021（1）：90-97.

害了公共利益"[1]。

比如，相比较2021年的"大数据杀熟第一案"，被告针对原告一人承担法律责任。[2] 2017年年底江苏省消费者权益保护委员会诉北京百度网讯科技有限公司案[3]和2021年广东省消委会代表消费者连续提起四宗个人信息保护公益诉讼全部取得胜诉[4]，证明了社会共治保护个人信息安全的社会效果更好。

同时，民事责任追究的事后性、损害后果的隐性和取证维权的困难，使人脸信息保护的民事责任发挥存在局限性；而监管则能够起到事前、事中防范的作用。

(三) 个人权利保护模式的制度反思——以《个人信息保护法》为例

中华人民共和国第十三届全国人民代表大会常务委员会第三十次会议于2021年8月20日通过，自2021年11月1日起施行的《中华人民共和国个人信息保护法》是集中保护个人信息的立法，内容较为详细具体，标

---

[1] 张珺．个人信息保护：超越个体权利思维的局限 [J]．大连理工大学学报（社会科学版），2021（1）：90-97．

[2] 该案原告胡女士此前多次通过携程APP预订机票、酒店，在携程平台上消费了10余万元，成为该平台的钻石贵宾客户。去年，胡女士像往常一样通过携程APP订购了舟山某高端酒店的一间豪华湖景大床房，支付价款2889元。但胡女士在退房时，发现酒店的挂牌房价加上税金总价仅1377.63元。"不仅没有享受到星级客户应当享受的优惠，反而多支付了一倍的房价。"胡女士随后与携程反映情况。携程以供应商为由，仅退还了部分差价。于是，胡女士向绍兴市柯桥区市场监管局投诉。柯桥区市场监管局为切实维护消费者权益，指派公益律师免费为胡女士代理了这起民事诉讼。胡女士及其代理律师以上海携程商务有限公司采集其个人非必要信息，进行大数据"杀熟"为由诉至柯桥区法院，要求"退一赔三"，并要求携程旅行APP为其增加不同意《服务协议》和《隐私政策》时仍可继续使用的选项，以避免被告采集其个人信息，相应避免被告掌握原告数据对原告"杀熟"。绍兴市柯桥区法院于2021年7月7日经审理后当庭宣判：判处上海携程商务有限公司赔偿原告订房差价并按房费差价部分的三倍支付赔偿金，且在其运营的携程旅行APP中为原告增加不同意其现有《服务协议》和《隐私政策》仍可继续使用APP的选项，或者为原告修订携程旅行APP的《服务协议》和《隐私政策》，去除对用户非必要信息采集和使用的相关内容。绍兴首例"大数据杀熟"案成功维权 [EB/OL]．新华网浙江政务信息网站，2021-07-08．

[3] 江苏省消保委对百度发起公益诉讼 [EB/OL]．新浪网，2018-01-07．

[4] 马灿．《个人信息保护法》实施未满一个月 广东省消委会传来好消息 [EB/OL]．东方财富网，2021-11-25．

志着我国全面进入个人信息法律保护的新时代。

1. 对利益平衡的努力。从《个人信息保护法》的具体内容中可以看出，立法试图体现各种利益的平衡。比如，第1条规定："为了保护个人信息权益，规范个人信息处理活动，促进个人信息合理利用，根据宪法，制定本法。"第13条规定了处理个人信息"同意"权之外的正当性基础："为订立、履行个人作为一方当事人的合同所必需，或者按照依法制定的劳动规章制度和依法签订的集体合同实施人力资源管理所必需；为履行法定职责或者法定义务所必需；为应对突发公共卫生事件，或者紧急情况下为保护自然人的生命健康和财产安全所必需；为公共利益实施新闻报道、舆论监督等行为，在合理的范围内处理个人信息；依照本法规定在合理的范围内处理个人自行公开或者其他已经合法公开的个人信息；法律、行政法规规定的其他情形。"其体现出了立法不仅要保护个人信息权益，还要促进个人信息的合理利用，对个人利益、企业利益和公共利益进行平衡的立场。

2. 对个人权利保护的偏重。纵观全文，仍然表现出了对个人权利保护的偏重。比如，对个人信息保护的核心环节知情同意做了较为详尽的规定，个人享有信息处理的知情同意权、决定权、撤回权、查阅保存权和删除权等，增强了个人信息主体的信息控制力，回应了公众对个人信息保护的基本需求。但对于激发企业的积极性和创造性上，制度规定不够。

在处理个人信息时的告知事项中，要求准确、完整地告知"个人信息处理者的名称或者姓名和联系方式；个人信息的处理目的、处理方式，处理的个人信息种类、保存期限；个人行使本法规定权利的方式和程序；法律、行政法规规定应当告知的其他事项"。企业的信息权利如何保护没有规定。

在信息主体行使撤回同意权时，对撤回理由、撤回程序和因撤回同意造成的企业损失如何处理没有规定，易造成撤回权的宽泛和随意使用，导致个人信息交易成本的极大增加，可能会影响正常的商业和社会管理活动。

立法初衷是为了保护个人信息，但如果不能平衡个人、企业和公共利益之间的关系，影响企业发展和公共利益保护，最后反而不能有效保护个人信息。过分保护个人权利，割裂个人与社会的联系，会瓦解社会整体秩序，忽视个人信息的经济和社会价值，可能会使企业错失发展机遇，使我国丧失在全球数字治理体系中的优势地位。过度保护企业利益，可能会加剧侵权和信息利用的无序状况，甚至可能会使个人或企业主体意识扩张，导致社会责任感缺失。政府也不能以公共利益为借口，对企业利益和个人利益造成侵害。应树立命运共同体观，对各主体共同体权利进行保护。

四、从个人权利走向共同体权利

（一）权利的历史发展

权利是人类社会文明史上出现得比较早的一个概念，古希腊的亚里士多德把权利定义为："正义的观念是同国家的观点相关的，因为作为正义标准的权利，是调节政治交往的准绳。"[①]

近代以来的权利是资产阶级革命的产物，是人类自我存在、自我发展和自我利益实现的"主体性"意识觉醒和存在价值的证明。对于权利本质的认识，形成了把权利看作是人基于道德上的理由或超验的根据所应该享有的自然主义理论和把权利置于现实的利益关系中来理解的实证主义理论。前者比如，霍布斯、斯宾诺莎等人将自由看作权利的本质，或者认为权利就是自由。洛克认为，根据自然法，每个人生来就有追求"生命、自由和财产"的权利。康德、黑格尔也用"自由"来解说权利，但偏重于"意志"。后者比如，德国法学家耶林认为，权利就是受到法律保护的利益，并不是所有的利益都是权利，只有为法律承认和保障的利益才是权利。[②]边沁主张"权利即法律权利"，没有法律，就没有权利。实证主义对法律规则和秩序的认可，顺应了时代的发展诉求。

这种语境下的权利蕴含着对个体价值和尊严的认可和尊重，个体对利益的追求被认定是正当的，形成了"人作为人就享有权利"自然存在的界定方式，这里的"人"是自然存在的人，是孤立的原子化个体。人所依存

---

① 涅尔谢相茨. 古希腊政治学说 [M]. 蔡拓, 译. 北京: 商务印书馆, 1991: 192.
② 夏勇. 人权概念起源: 权利的历史哲学 [M], 北京: 中国政法大学出版社, 2001: 43–46.

的共同体（社会和国家）被隐藏起来了。这就产生了问题：法律如何解决人与人之间的权利冲突？丧失了共同体的权利观是无法适用于人类社会的，没法解决人与人之间的权利关系，以及构建和谐统一的社会关系。

法律是解决人与人之间的合作关系的，孤立的个人是不需要法律的。人的社会性使个人对权利的追求具有了价值，这里的"人"是处于社会关系中的人，"人为了满足其生产和发展，必然会基于其不同范围、不同程度的需求参与到社会生活中，从而形成相应的社会关系。在这个意义上，个体从自然存在升华为社会存在，实际上是个体参与到社会生活中，而正是权利，给予了个体参与社会生活的资格。因此，在个体与社会关系上，并不是个体作为人享有权利就想当然优先于社会，恰恰是参与了社会生活而享有了权利，而使自身从自然存在升华为社会存在"①。

毕竟"人的本质不是单个人所固有的抽象物，在其现实性上，他是一切社会关系的总和"②。"人只有在与共同体及其成员的相互承认与相互帮助中，才能达到个人自足状态。因而权利的实现，仰赖于共同体的正常存续；而共同体的正常存续，又立足于共同体成员履行其对于共同体的义务。"③ 在法律对权利的规定上，不能把个体和个体所依存的共同体分割开，偏废任何一端。加强权利保护的同时也要强调主体的义务和责任，使个体和共同体既有个性，又有共性，同时健康存续和发展。

（二）当代中国权利理论的适时变迁

个人"主体性"是肯定个人的价值和地位，认可人作为主体自由选择行为的正当性，并通过不同社会结构中的制度予以表现，在法律中通过"权利"的规定显示出对"个人主体性"的认可。

但随着权利观念的强化，个人主体性认知可能会走向极端，共同体观念被淡化，义务观念被遗忘，在"个人与他人""个人与共同体"的关系中，权利、义务完全失衡，造成人与人之间的冲突，个人与共同体之间的

---

① 秦小建．宪法的道德使命：宪法如何回应社会道德困境［M］．北京：法律出版社，2015：170-171．
② 马克思恩格斯选集：第 1 卷［M］．北京：人民出版社，1995：60．
③ 秦小建．宪法的道德使命：宪法如何回应社会道德困境［M］．北京：法律出版社，2015：253．

矛盾，最终因为共同体价值意义的消解而使个人主体性丧失存在的基础和价值。

理想的状态应该是权利和义务处于一种平衡之中，都是人类生存和发展的根本价值的载体形式，不是互为工具和手段，而是为了维护整个人类尊严的规则支撑。个人和共同体处于平衡之中，各自有独立的存在价值，并存在强烈的相互构建的关系：共同体作为人社会性的表现形式和组织方式，能够给予个人身份认同，并成为个人生存和发展的物质和精神家园；个人若想获得更好的生存与发展，就必须自我约束，遵从共同体共识的规则和习俗，处理好与共同体中其他个体的关系，维系共同体的存在。而义务和责任就是作为共同体成员应尽的职责。

通过文献分析可以看出，我国当代权利理论也是随着个人"主体性"观念的兴起而产生，随着对"主体性"认知的深化而发展的，权利、义务和共同体成了权利理论的研究核心，主要经历了这样三个阶段：

1. 20世纪80年代兴起的"权利本位论"。"权利本位论"强调对个体自主权的尊重和法律的限制。比如，郑成良对权利本位进行了如下界定："权利本位是指这样一种信念：只有使每一个人都平等享有神圣不可侵犯的基本权利（人权），才有可能建立一个公正的社会，为了而且仅仅是为了保障和实现这些平等的权利，义务的约束才成为必要；当立法者为人们设定新的义务约束时，他能够加以援引的唯一正当而合法的理由，也仅仅是这将有益于人们早已享有或新近享有的平等权利。"但他也做了限定，"长期以来，由于个人利益的独立地位没有得到应有的肯定，因而，在这种特定的社会背景下，权利本位的呼声确实包含着强调个人利益的蕴意。但是，它并不是把个人视为唯一的权利主体和利益主体。它所要求的仅仅是，任何权利主体的正当利益，无论是个人利益、团体利益还是公共利益，都必须受到社会的尊重和法律的保护。任何主体以非法形式侵害了其他主体的正当利益，都必须承担起法律责任"[1]。张文显强调"权利本位说鼓励人们主动地追求和行使自己的权利，勇于捍卫自己的权利，同时提醒

---

[1] 郑成良. 权利本位说[J]. 政治与法律，1989（4）：2-5.

人们注意法定的权利界限，敦促人们承担和履行相应的法律义务"[1]。

2. 20世纪90年代的"权利主体性"。在20世纪90年代的初期和中期，出现了道德权利、应有权利等摆脱法律制度框架的观点，权利被视为是个体的利益、资格、主张和要求，极大地凸显了个体的价值和意义。[2]比如，李步云提出并论证了"应有权利"，"人的'应有权利'以及与之相伴随的义务，一部分或大部分被法律化、制度化以后，转变成了法定的权利与义务。而另一部分则存在于现实生活的各种社会关系之中"[3]。郭道晖提出通过权利推定，对应有权利进行认可，"对这些应有权利，有必要和可能从立法上与适用法律上予以确认，或通过法律解释予以认可。这种从既有权利出发，对应有权利所进行的确认或认可，就是权利推定"[4]。

"一旦权利被表达为个体的利益、资格、主张等，接下来，在权利理论中就会发生一种改变，即权利主体迷失在自己对于客体的追求之中。"[5]所以，20世纪90年代中后期开始了对权利理论的反思，比如，张恒山认为："法律权利是法律主体为追求或者维护某种利益而进行行为选择，并因社会承认为正当而受国家承认并保护的行为自由。"[6]将社会评价和社会承认纳入权利内涵之中，使权利内涵发生了变化。同时，他批判权利论对义务和共同体的忽视。

我们应当注意，不能将我们定义权利时所用的"自由"这一概念同价值意义上的"自由"概念相混淆或等同。有的学者将权利看作主体的自由，相应地，将义务看作对主体的限制、约束；进而认为，自由体现人的本质，是法律追求的价值目标，所以，法律、法学都应当

---

[1] 张文显. 从义务本位到权利本位是法的发展规律 [J]. 社会科学战线, 1990 (3) 3: 137.

[2] 黄涛. 从个体到共同体: 当代中国权利理论的逻辑发展 [J]. 法治现代化研究, 2019 (2): 33-52.

[3] 李步云. 论人权的三种存在形态 [J]. 法学研究, 1991 (4): 11-17.

[4] 郭道晖. 论权利推定 [J]. 中国社会科学, 1991 (4): 179-188.

[5] 黄涛. 主体性时代的权利理论: 改革开放以来中国权利理论的逻辑演进 [J]. 法制与社会发展, 2019 (1): 51-67.

[6] 北岳 (张恒山). 法律权利的定义 [J]. 法学研究, 1995 (3): 42-48.

以权利为本位。在笔者看来，持上述看法的学者在思维上有一个不易为人察觉的跳跃：将作为权利的自由一跃而上升为价值意义上的自由。笔者认为，作为权利的自由，是具体的自由——具体行为的自由。它是就某一行为而言，主体具有做、不做或放弃的自由。这种自由，是在义务约束、限定的范围内而呈现的无约束、无阻碍状态。在被义务约束、限制的范围内，权利的自由是一种独立的、纯粹意义上的自由——只要不超越义务约束的界限、范围，权利的自由就不接受任何限制、阻碍。价值意义上的自由，是指作为法律的价值目标的自由。这种自由的含义较为抽象。笔者认为，这是指法律意图实现的社会自由状态。在这种状态中，每一个体的自由都不会与他人的自由发生冲突。为了实现这种自由状态，每一个体就必须先行地服从社会共同生活的必然性要求。这在法律上又表现为要求每一个体对共同性义务规则的遵守。因此，法律的价值目标——自由，作为社会全体的自由状态，是通过义务和权利这二者共同体现的，而并不单纯由权利所内含的那种有限的、具体的行为自由来体现。简单地将权利的自由等同于作为法律价值目标的自由，极容易将法律追求的价值目标的自由看作是无约束状态。这是我们应当注意避免的思维跳跃。①

3. 21世纪的"走向权利共同体"。进入21世纪以后，学者们在对以往权利理论的研究进行总结和反思中，普遍意识到共同体缺失的问题，在个体和共同体相互依赖的关系，共同体之于个人权利、个人生活的重要价值，共同体是个体内在生活和价值追求的一部分等问题上取得了一定共识，并随着对共同体认识的不断深化，从不同角度开始对权利理论进行新的思考和研究。

（三）共同体权利的构建

我国人脸识别技术的应用虽然是在21世纪，但因为我国共同体权利理论体系尚未真正构建起来，制度层面没有完全体现，在人脸识别技术应用领域表现出了明显的个体权利意识和行为，法律对个人信息数据的保护，

---

① 北岳（张恒山）. 法律权利的定义 [J]. 法学研究，1995 (3): 42-48.

更侧重个体权利。所以，有必要从人脸识别技术应用规范开始，构建权利共同体。

人脸识别共同体权利的构建，需要从理念和制度两个方面入手。

1. 理念上。应该具有国际视野，站在提升国家话语权和国家科技、数字经济高质量发展的高度，分析人脸信息的个体维度和共同体维度，并充分认识其内部张力，在共同体视角平衡三方利益，打造共建、共治、共享的治理格局，形成对人脸识别侵权风险的协同治理机制。

2. 制度上。以《宪法》为制定根据，不仅遵循宪法规定，也要吸纳宪法的关于权利的共同体观念[①]，以《个人信息保护法》《民法典》和《数据安全法》等总括性法律为基础，制定专门立法。技术立法要保持谦抑性，既要积极立法回应社会需求，又要避免仓促立法；既要保持立法的开放性，为未来发展留下必要空间，又要尽可能地将风险降到最低并防范潜在的风险。同时，立法要起到促进人脸识别技术发展、保护各主体权利、指引和规范信息处理行为的作用，规制要具体、清晰，增强可操作性，配合以技术和安全保障的评价标准，使各主体能够把立法作为依法行为的指南。

在人脸识别立法中需要重点对个人利益、企业利益和公共利益做出合理界分，规定信息处理者的权利范围，强调具体应用场景下人脸信息处理者的义务和社会责任，并形成规则义务体系。对信息主体的知情权、同意权、撤回同意权、删除权等权利行使程序和条件加以明确，规定信息主体的社会责任。根据不同使用目的，制定分级分类保护规则。具体化个人信息保护负责人和监管部门的职责。在算法治理上，强调对研发人员社会责任的要求和算法结果的平等性规定，跨越算法的可解释和可透明要求，寻求可行方案，为全球算法和信息数据治理提供中国智慧。

---

① 我国宪法在肯定现代个体主义权利观念进步性的基础上，强调兼顾权利的社会责任，彰显了权利的共同体观念，认为宪法权利的实现均须仰赖国家。人的生存发展是全面而自由的发展，它是共同体的逻辑起点和终极关怀，只有处于共同体之中，人才能获得终极意义，因而人的生存和发展必须与共同体的发展紧密结合起来。秦小建. 宪法的道德使命：宪法如何回应社会道德困境［M］. 北京：法律出版社，2015：81-82.

总之，在人脸识别立法上，要结合国情，制定体现中国特色的治理方案，使人脸信息从个人权利保护模式走向共同体权利保护模式，建立多元共治的权利保护机制。

第三节 立法对人脸识别侵权的回应

习近平总书记曾深刻总结道："人类社会发展的事实证明，依法治理是最可靠、最稳定的治理，要善于运用法治思维和法治方式进行治理。"① 在人脸识别的侵权治理上，因为专门立法的缺乏，致使实践中出现的大量侵权行为得不到及时处理，这样的情况不能满足社会需求，以至于对社会需求的回应显得有些无力。无论站在国家、社会、企业还是公众的视角，都需要制定和完善人脸识别的专门立法体系，弥补目前法律不能很好发挥治理作用的不足。

一、人脸识别相关立法

相关立法是指法律调整内容和领域与人脸识别技术和应用元素具有关联性的法律。人脸识别涉及信息、数据、算法和隐私等内容，所以，有关对这些内容和领域进行规范的法都属于人脸识别相关立法。其形式包括法律、行政法规、规章和地方性法规等。

经济领域、民事领域和行政领域的法律主要有：2014年的《消费者权益保护法》第29条首次在法律上规定了经营者在经营过程中收集、使用消费者个人信息时应履行的义务；2017年的《网络安全法》第41条、第42条、第43条和第44条等将个人信息列入保护对象，确立了收集个人信息应遵循的原则，原则性地规定了个人信息的收集、保管和使用方式，并强调用户对个人信息的自决权和处分权；2019年的《电子商务法》第23条、第24条和第25条规定了电子商务经营者和有关主管部门对个人信息

---

① 习近平. 在庆祝澳门回归祖国十五周年大会暨澳门特别行政区第四届政府就职典礼上的讲话[N]. 光明日报，2014-12-21(1).

的相关义务；2021年的《民法典》在"人格权"编第六章加入了个人信息保护的内容，并将生物识别信息列入个人信息，明确了处理个人信息应坚持的"合法、必要、正当"原则、知情同意原则以及传输限制原则；2021年的《个人信息保护法》通过对个人信息处理规则、个人的权利和个人信息处理者的义务、履行个人信息保护职责的部门、敏感个人信息的保护的规定，加强了对个人信息的全面保护；2021年的《数据安全法》是专门对数据安全保护的立法，包括个人数据。

在刑事领域主要有：1997年修订的《刑法》，规定了破坏计算机系统罪，对于侵入他人计算机删除、修改、增加数据信息的行为应予以刑事处罚；2009年2月，《刑法修正案（七）》正式实施，回应了社会大众对个人信息领域犯罪的关注，增设了出售、非法提供公民个人信息罪和非法获取计算机信息系统数据罪；2015年的《刑法修正案（九）》为更好地应对不断攀升的窃取、出售个人信息行为，放宽了对犯罪主体的限制并加重了处罚。

此外，还有数量众多的性质不同的行政法规、规章和地方性法规等。

二、目前立法不能充分满足社会需求

2021年11月18日，中共中央政治局召开会议，提出加快提升生物安全、网络安全、数据安全、人工智能安全等领域的治理能力[①]，为推动人工智能健康发展提供了重要指引。提升治理能力重要的是要提升法律治理能力。

目前，我国的人脸识别相关立法不能充分满足社会的需求。

（一）社会需要

虽然现在人脸识别技术应用已经非常普遍，暴露出的问题也比较多，但仍有较大的应用空间。技术带来的高效和便捷，使得社会对人脸识别技术应用的需求量比较大，技术设备的市场规模仍有继续扩大的可能。

---

① 中共中央政治局11月18日召开会议，审议《国家安全战略（2021—2025年）》《军队功勋荣誉表彰条例》和《国家科技咨询委员会2021年咨询报告》，中共中央总书记习近平主持会议［N］.人民日报，2021-11-19（1）.

但社会期待的应用是在有安全保障和良好秩序状况下的应用,能保障用户的信息、财产和人身安全,不因人脸识别的应用导致存在现实的安全风险或潜在的安全风险,或者至少在使用中能将风险降到最低,发生侵权行为后,能够清楚地知道维权的方法和程序,并能获得及时的救济。

这种社会需要的满足,一方面依靠技术的升级。但技术的提升处于动态的过程当中,不可能达到完全理想化的状态。另一方面,则需要依靠制度的指引和规范,需要对现行制度框架尤其是立法进行不断的补充和完善,使人脸识别立法体系完备,法律、行政法规、规章和地方性法规等形式齐全,依照《立法法》的规定,在各自的法定范围内对人脸识别技术和应用进行规范;内容相对集中、协调一致,不产生矛盾和冲突,从人脸识别的源头进行规范,对侵权行为形成事前指引、事中监管和事后救济的全过程规范。对不能满足的需要,比如,不让他人处理自己的个人信息,也应该进行理论和实践的说明,并进行一定形式的鼓励、保障和奖励,使大众信服。

(二) 法的价值

马克思曾强调,"'价值'这个普遍的概念是从人们对待满足他们需要的外界物质的关系中产生的"[①],指客体能够满足主体需要的某种属性。法的价值作为价值的一个分支概念,是指在人对法律的需要和实践过程中所体现出来的法的积极意义和有用性。[②] 社会对法的期待,包括利益、秩序、效率、平等、自由、安全、人权和公平正义等,法的价值需要通过立法、执法、司法和守法得以体现和实现。应通过科学、民主的立法程序,制定体系完备、内容统一、形式规范的具有现实性、权威性和稳定性的法律,严格执法、公正司法和全民守法,及时实现以良法保善治、促发展。

(三) 目前人脸识别立法不能充分满足社会需要

从目前有关人脸识别的立法来看,不能充分满足社会的需要,主要表现为:

---

① 马克思恩格斯全集:第9卷 [M]. 北京:人民出版社,1963:406.
② 《法理学》编写组. 法理学:第2版 [M]. 北京:人民出版社,高等教育出版社,2020:82.

1. 体系不够健全，缺乏核心法律。社会联系的系统性和紧密性，决定了一个社会问题不一定是一个方法就能解决的，需要系统的解决方法。

我国对人脸识别的法律规范，是从不同角度展开的，或者说是在法律对其他内容进行规范时涉及的，主要角度包括隐私权等权利保护、个人信息保护、数据安全、网络安全立法、算法等，人脸识别不是法律规范的主要内容。比如，在对个人信息保护中，人脸识别信息属于个人生物特征信息，个人生物特征信息属于敏感个人信息，敏感个人信息属于个人信息的一种，所以，在对个人信息进行保护的法律规定中，一般性规定和有关敏感个人信息的规定都对人脸识别有一定的适用性。当法律有对敏感个人信息的规定时，人脸信息适用这些特殊性规定；当缺乏对敏感个人信息的规定时，人脸信息保护需要适用法律的一般性规定。但这些零散的、未成体系化的规定不能涵盖人脸识别领域的所有问题。

人脸识别虽然涉及多方面立法，但人脸识别的对象是"人脸"这种特殊的个人生物识别敏感信息，还是具有区别于其他个人信息的独特的敏感性和复杂性，人脸识别侵权具有不同于一般信息和敏感个人信息侵权的多发性和大规模性等，缺乏以人脸识别为规范核心的法律，包括对研发人员进行职业约束的人脸识别信息工程师法和人脸识别技术应用法等。从其他角度进行法律规范不易直接找到侵权适用的明确规范和应承担的责任，无法做到对人脸识别侵权行为的及时、准确处理，导致当事人、司法机关等应用法律的成本增加。

2. 规范层级较低，影响治理效果。在现有法律规范的框架下，如果公众的守法意识很强，完全可以不发生或少发生人脸识别侵权事件。但基于市场条件下主体的逐利性和投机性，法律规定不完善或存在空缺就会被利用作为侵权的借口，所以，亟须发挥法的强制性。当守法由强制变为习惯性行为之后，对法律的需要反而不再迫切。目前人脸识别的专门规定或是司法解释或是其他文件，层次和级别较低导致效力不高，强制力缺乏，影响治理效果。

3. 内容分散不完备，造成适用困难。在现有规范中，内容存在重复性、分散性和不完备性。有些内容在不同规范中多次重复，比如原则、个人信息的界定等，虽然可能不完全相同，但差别不大，在不同的规范中被重复规定，价值和意义不大，且有立法技术不高之嫌。有些相关内容分散在不同的规范中，比如，个人信息监管部门和数据监管部门，监管部门规定都很多，且不明确，又有交叉和重叠，让人感觉监管体系混乱，不知如何分工合作，以及有效行使监管职能，发现侵权行为不知道该寻求哪个部门解决。有些内容欠缺完整规定，比如，个人信息保护影响评估，不能形成系统、清晰明确的规范指引，造成适用困难。

三、人脸识别专门立法所需要素

"马克思主义法学认为，法律是统治阶级意志的体现，而统治阶级的意志归根结底又是由其所处的社会物质生活条件所决定的。"[1] 从社会需要来看，制定人脸识别专门立法势在必行，但立法需要考虑主观因素和客观条件是否具备。

（一）国家重视

法律是国家制定的行为规范，国家对人脸识别立法重要性的认识程度决定了立法进程。

我国高度重视人工智能的发展和治理，不仅出台多项支持人工智能发展的政策，制定了人脸识别相关立法，还多次倡议加快提升人工智能安全治理能力。2019年以来，我国先后发布《新一代人工智能治理原则——发展负责任的人工智能》《全球数据安全倡议》和《新一代人工智能伦理规范》等文件，明确了人工智能治理框架和行动指南，强调将伦理道德融入人工智能全生命周期，促进公平、公正、和谐、安全，避免偏见、歧视、隐私和信息泄露等问题，为从事人工智能相关活动的自然人、法人和其他相关机构等提供了伦理指引。

2021年5月，中国担任联合国安理会轮值主席期间，主持召开"新兴科技对国际和平与安全的影响"阿里亚模式会议，推动安理会首次聚焦人工智能等新兴科技问题，为国际社会探讨新兴科技全球治理问题提供了重要平台，体现了大国责任担当。[2]

---

[1] 《法理学》编写组. 法理学：第2版 [M]. 北京：人民出版社，高等教育出版社，2020：40.
[2] 肖君拥. 强化人工智能安全治理（新论）[N]. 人民日报，2021-12-30 (5).

这些都说明，国家对人工智能等新兴科技的治理，对提升国家治理水平、推动法治发展、维护数字经济发展秩序以及国际和平与安全等的重要价值有充分认识，有助于推动人脸识别立法，对人工智能治理进行制度化探索。

（二）有立法准备和积累

在立法准备上，学界对涉及立法宗旨、价值、原则、域外经验介绍等内容进行了深入的理论研究，有些已经被吸收为法律的内容。结合人脸识别技术特点、应用实践和理论研究，加强人脸识别立法成为学界的一致认识。对分散个别立法模式和创新、协调和开放的发展理念虽然研究并不是很多，但能够达成共识。有关法律的相继颁布实施，涉及人脸识别的地方立法探索等，[①] 为人脸识别专门立法进行了一定的经验积累。

（三）立法时机相对成熟

人脸识别立法是科技专门立法，不能忽视技术的发展。人脸识别技术同样遵循"理论突破—技术攻关—实践验证—迭代发展"的螺旋式发展模式，目前处于"实践验证—迭代发展"阶段，这一阶段具有一定的稳定性，对暴露出的问题进行反思和总结会为技术改进提供经验和教训。对其进行制度规范，可以防范技术异化，使技术变得越来越安全、可靠。

立法遵循"针对现实问题—政策原则指导—低层级（地方或部门）立法探索—总结上升为法律—完善的法律体系"的路径。中国特色社会主义法律体系的形成和数据立法的实践都是遵循这个基本路径。目前数据立法处于向法律系统化的过渡阶段。人脸识别目前处于低层级（地方或部门）立法探索阶段，制定人脸识别的高层级立法已成为必然。

从全球和我国的情况来看，虽然不能说人脸识别技术应用的所有问题

---

① 2021年8月9日，杭州市人民代表大会常务委员会发布的《杭州市物业管理条例》第50条明确规定："物业服务人不得强制业主、非业主使用人通过提供人脸、指纹等生物信息方式进入物业管理区域或者使用共有部分。"该条例于2022年3月1日起正式实施，成为国内首部对小区人脸识别做出规范的正式立法。杭州立法：物业不得强制业主通过人脸识别、指纹等进入小区［EB/OL］．澎湃新闻网，2021-7-30.

已经显现出来，但主要问题已经被技术专家发现，法学专家也对主要问题进行了一定程度的研究。立法上，有域外立法和国内相关立法作为借鉴，人脸识别专门立法时机相对成熟。

（四）国际立法现状和趋势

从美国和欧盟对人脸识别的立法来看，美国立法以各州专门立法为主要形式，对人脸识别应用控制较为严格，尤其是对政府使用，除了有10个州立法禁止政府机构使用人脸识别外，2021年6月，美国参议员在国会提出了《人脸识别和生物识别技术禁止法案》，准备对联邦和大多数州的全部生物识别技术采取"一揽子"禁止，包括在全国范围内禁止执法机构使用人脸识别技术。这一法案也被批评为可能会剥夺生物识别技术给执法机构所带来的便利，包括查找被绑架的受害人、识别在机场入口所使用的伪造身份文件、在关键场合帮助反恐侦查、使得无辜的人免受犯罪指控等。欧盟对于人脸识别也倾向于严格控制，但观点不一。欧盟委员会主张禁止在公共场所使用包括人脸识别在内的"远程生物识别体系"（RBIS），除法律所规定的例外情形，这些例外情形都是为实现重大的公共利益所必需，所保护利益的重要性超过其风险，包括：查找潜在的犯罪受害人包括失踪儿童，对自然人的生命和身体安全的某些威胁或者恐怖主义攻击，侦测、定位、识别或检控犯罪嫌疑人。欧盟议会呼吁全面禁止公共场所的大规模生物识别监控技术，甚至要求欧盟委员会停止资助有关的研究项目。[①]

我国应根据人脸识别的现实应用，构建符合我国国情的制度规范体系。

（五）有立法所需的人才

因为技术的专业性和复杂性，科技专门立法需要遵循技术逻辑和法律逻辑，传统的由法律专家立法的模式应该转向技术专家和法律专家共同立法的模式。我国有人脸识别技术的尖端人才，有对人脸识别应用进行深入研究的法律专家，应该对人脸识别进行专门立法尝试。

当然，立法需要克服一些难题，包括：

---

① 石佳友. 人脸识别治理的国际经验与中国模式[J]. 人民论坛，2022（4）：48-53.

1. 技术的迅猛发展与法律的稳定性、权威性之间关系的互动。作为技术本身来讲，智能化技术更新很快，变化较大，稳定性和透明性差，而法律则需要相对的稳定性，不能朝令夕改；否则，有损法的权威性。

2. 法律语言的确定。制定法律需要法律语言，技术性的语言、代码等如何转变为符合法律表达的形式，也需要研究确定。

3. 风险的开放性和规范的稳定性。人脸识别技术作为一项新兴技术，虽被广泛运用，但目前尚无法完全了解和掌握其带来的风险，由人脸识别技术不当应用而引起的社会问题，虽然已在世界各地层出不穷，但仍然有些问题有待于进一步发现和研究。

4. 算法的不可解释性。算法治理是不能回避的问题，也是规制的难点，不能也没有必要要求"算法透明、可解释"[1]，应该寻找到对算法规制的可行方案，并获得共识。

---

[1] 在信息保护和数据、算法治理中，其他域外立法上有"可解释、透明化"要求。我国在法律上也要求"公开、透明"，比如，《个人信息保护法》的规定。在《互联网信息服务算法推荐管理规定》第4条明确规定"公开、透明"原则要求。但是，算法的公开、透明和可解释是不易实现的，并且有些是没有实质意义的。所以，公开、透明、解释哪些内容以及必要性论证可能应该成为必须清晰化的要求，也应该成为被深入研究的重要问题。

第五章

人脸识别技术侵权风险治理的系统方案

从人脸识别技术近年来的井喷式多业务场景应用、侵权的表现形式和造成侵权的原因中可以看出,科技对生活的改变是全方位的,合法、合理应用技术会使生活更美好,但不当应用技术则会带来侵犯他人权利的后果。保护个人权利和自由免受人脸识别技术的负面影响不能仅通过法律规范来实现,而是需要一套相互联系、相互支撑的"制度防范+技术控制"的一元制系统整合方案来防范人脸识别技术侵权的风险。人脸识别技术侵权风险治理的系统方案具体包括可能的法律解决方案、探索有效的技术方案和构建综合方案。

第一节 可能的法律方案

一、积极使用现行法律

检视我国目前的法律,虽然存在立法比较分散,内容粗略不具体,重复性、相似性规定较多,具体操作性和体系性差等问题,但大致搭建起了人脸识别信息保护的法律框架。通过法律梳理,结合法律对于一般个人信息、敏感个人信息甚至身份识别信息的规定,能提炼出用来防范人脸识别技术侵权的原则、程序、人脸信息收集和处理中的个人权利及信息处理者的义务、违法行为的责任承担等规定,这些内容如果真正落实,也能发挥法应有的规范人脸识别技术应用的作用。所以,在完善法律的同时,应该积极使用现行法律规定。

(一)坚持对原则的使用

法律原则是指可以作为法律规则的基础或本源的综合性、稳定性原理和准则，是构成法的三要素之一，它指导和协调着全部社会关系或某一领域的社会关系的法律调整机制，具有覆盖面宽、指导性和稳定性强、可以弥补规则不足的优点，贯穿于立法、执法和司法全过程。

在我国目前涉及人脸信息的收集和处理上，立法中确立了很多原则，比如《中华人民共和国网络安全法》确立的"收集、使用个人信息应当遵循合法、正当、必要原则"。《中华人民共和国消费者权益保护法》《中华人民共和国网络安全法》和《中华人民共和国民法典》都规定了处理个人信息应当遵循"合法、正当、必要原则""不得过度处理"等内容。《中华人民共和国数据安全法》第32条规定了数据收集"应当采取合法、正当的方式"，在合法目的和范围内收集、使用数据。《中华人民共和国个人信息保护法》不仅重申了"处理个人信息应当遵循合法、正当、必要和诚信原则""处理个人信息应当遵循公开、透明原则"，提出了具体的知情同意要求和方式，还在第6条提出了处理个人信息"明确、合理、相关"的目的，在第28条提出了敏感个人信息和"特定的目的""充分的必要性"和"采取严格保护措施"的严格信息处理条件，在第29条针对个人敏感信息提出了"单独同意、书面同意"要求，在第30条和第32条提出了告知和取得行政许可的规定，体现出国家对人脸信息等个人敏感信息保护的坚定态度。同时，法律对明示信息处理目的做了规定。

在没有具体法律规则的情况下，这些原则的积极使用，可以在一定程度上防范人脸识别侵权行为发生的风险。因此，在处理人脸识别信息数据时，要采取合适的方式方法，落实法律规定的原则。

1. 合法、正当、必要原则。这项原则主要是针对信息处理者的要求。合法性要求人脸信息处理者对人脸信息的处理要合乎法律的规定，法律对人行为的调整模式主要是应当、不得和可以，即义务和权利模式，人脸信息处理者应该严格依照法律规定行为，法律规定应当做的必须积极行为，不得做的不能行为；否则，构成违法。可以做的有权行为或不行为，不能超出"合法性"边界。通过前面的梳理可以看出，我国虽然没有直接调整人脸识别的法律规范，但上述法律都是可以涵盖人脸识别领域的，是具有适用性的。在实践中，违法应用人脸识别现象是大量存在的，有些行为公然违背法律的明确要求，比如窃取、非法出售和信息泄露等。对法律没有规定或规定较为原则不具体的，信息处理需要具备正当性、合理性。

正当性是指处理人脸识别信息的目的要合法合规合理，同时还应符合目的限制、诚实信用和公开透明的要求。①《民法典》第1035条规定了处理个人信息要明示处理信息的目的、方式和范围。《个人信息保护法》第6条规定："处理个人信息应当具有明确、合理的目的，并应当与处理目的直接相关，采取对个人权益影响最小的方式。"第28条第2款规定："只有在具有特定的目的和充分的必要性，并采取严格保护措施的情形下，个人信息处理者方可处理敏感个人信息。"第26条规定："在公共场所安装图像采集、个人身份识别设备，应当为维护公共安全所必需，遵守国家有关规定，并设置显著的提示标识。所收集的个人图像、身份识别信息只能用于维护公共安全的目的，不得用于其他目的；取得个人单独同意的除外。"第32条规定："法律、行政法规对处理敏感个人信息规定应当取得相关行政许可或者作出其他限制的，从其规定。"其体现出在处理敏感个人信息时行政监管要从严的趋势，也为未来细分信息类型、"量身"制定行政法规提供了可能性和空间。② 可见，法律对于个人信息处理目的的正当性给予了高度重视。

处理人脸识别信息要坚持"最小必要"的限度。如《民法典》第1035条"不得过度处理"；《个人信息保护法》第6条"收集个人信息，应当限于实现处理目的的最小范围，不得过度收集个人信息"，第55条规定的"事前进行个人信息保护影响评估"；以及多部法律中强调的"明示处理目的、方式和范围"，都是要求围绕处理目的，采取对信息权利人侵害最小的方式处理信息，尽量减小对信息权利人的侵害。

这就要求人脸识别信息处理者在具体处理过程中，要保证目的明确。当目的发生变化时，要重新征得同意，不能"一次同意无限次使用"，更不能随意用"关联关系"向"相关第三方"输送人脸信息数据。应根据不同应用场景，采用合适的知情同意模式，避免"告知虚设"。处理人脸识

---

① 王洪亮. 民法典与信息社会：以个人信息为例 [J]. 政法论丛，2020 (4)：3-14.
② 石佳友，刘思齐. 人脸识别技术中的个人信息保护：兼论动态同意模式的建构 [J]. 财经法学，2021 (2)：60-78.

别信息要正当、必要，在我国非必要不具正当性应用人脸识别的典型表现有：不提供其他选择，比如"人脸识别第一案"的"刷脸入园"等；不够节制，比如"人脸识别进课堂"；非必要场景的应用，比如济南某售楼处用人脸识别区分不同来源的客户等。这些都会造成因"过度"收集而滥用人脸信息，需要处理者在尊重社会公德，遵守商业道德，诚实信用和承担社会责任的基础上进行选择。

这项原则可以尽量保证人脸识别的全过程符合法律目的，符合国家利益、集体利益和信息主体利益。对于违法行为，其处理措施和手段也要适当合理，在确实无法避免危害结果发生时，必然要进行利益的平衡，采取损害最小的方式。该原则是对信息保护手段与目的联系的考量，也是实现多元价值或利益平衡的重要手段。防范人脸识别技术的侵权风险，实现利益保护十分重要。

这些内容是防范人脸识别技术侵权非常需要的，但也存在不足。比如，法律没有明确哪些目的才能处理个人信息，《个人信息保护法》第26条虽然有"所收集的个人图像、身份识别信息只能用于维护公共安全的目的"，但随之"取得个人单独同意的除外"使法律中唯一关于人脸识别技术应用目的的限制放开了。第28条第2款中的"具有特定的目的和充分的必要性"，措辞过于宽泛，不易把握。所以，在实践中，政府基于公共管理和社会服务的目的容易判断，但对于大量的商业使用目的，则不容易进行正当性区分，这为人脸识别信息处理的随意性和违法性提供了方便，也为监督和诉讼带来了困难。知情同意在实践中没有得到符合立法初衷的落实，"告知形式化"和"同意虚化"普遍。"正当、合理""过度"等的界限不清晰，不易把握，违反者众多。

2. 公开、透明原则。落实公开透明原则，不仅需要人脸信息处理者对信息主体保持足够的诚信，也需要对国家和社会具有高度责任感。

如《个人信息保护法》第7条"公开个人信息处理规则"，第4条"处理包括个人信息的收集、存储、使用、加工、传输、提供、公开、删除等"，《网络安全法》第41条"公开收集、使用规则"。公开、透明原则一般可以从语义上理解为公开处理、透明使用人脸信息，是指除法律允许的情形以外，人脸信息处理者必须向信息主体及时、准确、全面地公布信息收集、储存、应用、流转、使用目的、方式、范围、安全状况以及销毁的全过程，和处理人脸识别信息的必要性及对个人权益产生的影响，尤其是在信息数据被频繁处理和多次利用的需求下，要求持续进行信息披露，以保证信息主体及时了解与自身密切相关的风险问题，做好风险应对措施。

但在法律的规定中，用语是"公开个人信息处理规则"，没有规定公开的具体内容要求。而《个人信息保护法》的第二章标题就是"个人信息处理规则"，包括第一节"一般规定"、第二节"敏感个人信息的处理规则"和第三节"国家机关处理个人信息的特别规定"，从逻辑上理解，第二章的内容都属于公开之列，这明显与立法初衷不符。需要公开且能公开的内容应该采用"列举+抽象"的兜底条款的方式加以明确，可能更容易把握，不然就更需要信息处理者的道德素养和社会责任感来保障法律原则的落实不偏离正确方向。

3. 知情同意原则。知情同意是处理人脸信息的合法性基础，也是合理性的表现。根据法律规定，处理个人人脸信息，应当在具有特定的目的和充分的必要性，并采取严格保护措施的情形下进行。在处理个人人脸信息前，信息处理者应当履行告知义务，以显著方式、清晰易懂的语言，真实、准确、完整地向个人告知下列事项：个人信息处理者的名称或者姓名和联系方式；个人信息的处理目的、处理方式，处理的个人信息种类、保存期限；个人行使本法规定权利的方式和程序；处理人脸识别信息的必要性和对个人权益的影响；法律、行政法规规定应当告知的其他事项。并取得个人的单独同意。处理不满十四周岁未成年人人脸信息的，应当取得未成年人的父母或者其他监护人的同意，并制定专门的个人信息处理规则。

落实知情同意原则，需要信息处理者根据具体情况，探索采用合适的知情同意方式，做到法律要求的充分告知、单独同意。

首先，信息处理者在履行法律规定的告知义务时，对专业性强、不易充分理解的重要事项需要进行特别告知，通过移动端推送或服务内弹窗等形式进行强调，提请人脸信息主体关注。若告知中存在预设格式条款或系统预设模式，应由国家监管机构进行预先审查。

其次，在对人脸信息这类敏感信息进行处理前，应当由有权机构如

"人脸识别国家标准工作组"就人脸识别服务中的同意模式进行审查，以判断技术应用场景下是否做到保证充分告知、单独同意、保障自主选择权（同意、拒绝和撤回），以免信息处理者利用技术设置规避法律。只有切实执行这些要求，才能维护人脸信息处理与个人权利保护之间的平衡。

最后，信息处理者进行个人信息保护影响评估，应当由履行个人信息保护职责的部门监督进行，以确定个人信息的处理目的、处理方式等是否合法、正当、必要，对个人权益的影响及安全风险，所采取的保护措施是否合法、有效并与风险程度相适应。

个人信息处理者可参考国家标准中的模板设计交互式功能界面，保障个人信息主体能充分行使其选择同意的权利。

功能界面模板

页面一：基本业务功能收集的个人信息说明

本产品（或服务）的基本业务功能为：
【赋值:个人信息控制者定义的基本业务功能及功能描述】
一、为完成基本业务功能所需，您需要填写以下个人信息：
【赋值:个人信息控制者定义的个人信息名称】 文本输入框
【赋值:个人信息控制者定义的个人信息名称】 文本输入框
……
二、为完成基本业务功能所需，我们还会自动采集以下个人信息：
【赋值：个人信息控制者定义的个人信息名称】
【赋值：个人信息控制者定义的个人信息名称】
……
如您选择不提供或不同意我们采集、使用以上这些个人信息，将导致本产品（或服务）无法正常运行，我们将无法为您服务。

商业广告：我们可能会将您的个人信息用于向您推送您感兴趣的商业广告。您可以通过以下方式退订商业广告【赋值，个人信息控制者定义的操作】。

☐ 我已知晓本产品（或服务）的基本业务功能收集上述个人信息，并同意对其的收集、使用行为。

取消   下一页

第五章 人脸识别技术侵权风险治理的系统方案

续表

说明	1. 为向个人信息主体清晰展示收集个人信息的目的、种类等，并分情形征得个人信息主体同意，建议个人信息控制者采用分阶段、分窗口、分屏幕等方式向个人信息主体展示模板中的功能界面。 2. 个人信息控制者需明确定义其产品或服务的基本业务功能，识别其所需收集的个人信息。 3. 模板中的赋值需要个人信息控制者根据实际情形给出，且内容应清楚明白易懂，不应使用概括性、模糊性语句描述所收集的个人信息。 4. 个人信息控制者可结合实际的产品或服务形态，考虑适宜、便捷等因素实现模板中的功能。 5. 个人信息控制者在实现功能界面时，"勾选处"不应采用预填写的方式。
功能界面模板	

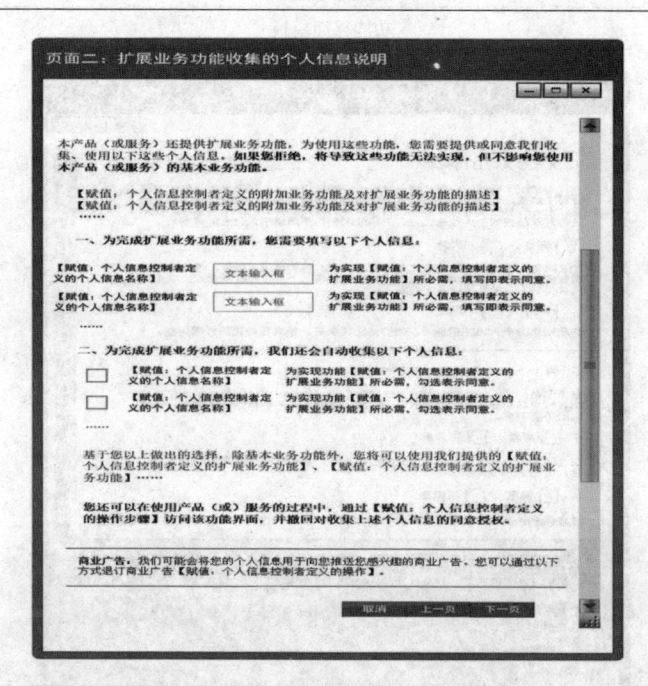

页面二：扩展业务功能收集的个人信息说明

本产品（或服务）还提供扩展业务功能，为使用这些功能，您需要提供或同意我们收集、使用以下这些个人信息。如果您拒绝，将导致这些功能无法实现，但不影响您使用本产品（或服务）的基本业务功能。
【赋值：个人信息控制者定义的附加业务功能及对扩展业务功能的描述】
【赋值：个人信息控制者定义的附加业务功能及对扩展业务功能的描述】
……
一、为完成扩展业务功能所需，您需要填写以下个人信息：
【赋值：个人信息控制者定义的个人信息名称】 [文本输入框] 为实现【赋值：个人信息控制者定义的扩展业务功能】所必需，填写即表示同意。
【赋值：个人信息控制者定义的个人信息名称】 [文本输入框] 为实现【赋值：个人信息控制者定义的扩展业务功能】所必需，填写即表示同意。
……
二、为完成扩展业务功能所需，我们还会自动收集以下个人信息：
☐ 【赋值：个人信息控制者定义的个人信息名称】 为实现【赋值：个人信息控制者定义的扩展业务功能】所必需，勾选表示同意。
☐ 【赋值：个人信息控制者定义的个人信息名称】 为实现【赋值：个人信息控制者定义的扩展业务功能】所必需，勾选表示同意。
……
基于您以上做出的选择，除基本业务功能外，您将可以使用我们提供的【赋值：个人信息控制者定义的扩展业务功能】、【赋值：个人信息控制者定义的扩展业务功能】……

您还可以在使用产品（或）服务的过程中，通过【赋值：个人信息控制者定义的操作步骤】访问该功能界面，并撤回对收集上述个人信息的同意授权。

商业广告，我们可能会将您的个人信息用于向您推送您感兴趣的商业广告，您可以通过以下方式退订商业广告【赋值：个人信息控制者定义的操作】

取消 上一页 下一页

187

续表

说明	6. 扩展业务功能是基本业务功能之外的其他功能，常见的扩展业务功能，如基本业务功能基础上的一些衍生服务或新型业务、提高产品或服务的使用体验的附加功能（如语音识别、图片识别、地理定位等）、提升产品或服务的安全机制的扩展功能等（如收集密保邮箱、指纹等）。 7. 扩展业务功能一般具有可选择、可退订、不影响基本业务等特点，个人信息控制者在识别扩展业务功能时需要充分分析其是否具备这些特点，不应将扩展业务功能等同于基本业务功能，强制收集个人信息。 8. 在此页面中，综合个人信息主体主动填写的个人信息项和同意自动采集的个人信息项，个人信息控制者可即时展示个人信息主体可使用的扩展功能。 9. 个人信息控制者应告知个人信息主体再次访问该功能界面的方法，保障个人信息主体撤回授权同意的权利。
功能界面模板	

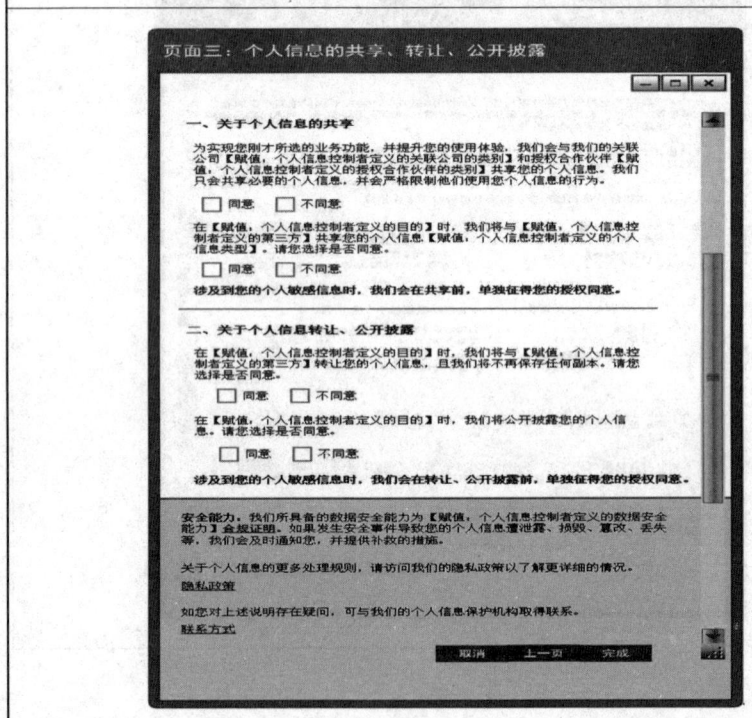

续表

说明	10. 与第三方共享、转让和公开披露的情形可能因业务功能复杂的原因变得多样化。个人信息控制者可酌情在此页面增加共享、转让、公开披露的场景，或在个人信息主体使用过程中以弹窗等形式单独告知，并征得同意。 11. 数据安全能力指个人信息控制者保护个人信息保密性、完整性和可用性的能力，个人信息控制者可以通过开展相关的国家标准合规工作证明其数据安全能力，并将相关证明以链接形式向个人信息主体展示。 12. 个人信息控制者应向个人信息主体提供针对处理规则的答疑渠道，如果个人信息主体不认可其处理规则，可以选择不继续使用该产品或服务。 13. 应向个人信息主体告知与个人信息控制者联系的方式。 14. 应明示个人信息保护政策的链接，以便个人信息主体查阅。

图 5-1 交互式功能界面模板[①]

（二）落实相关主体的权利、义务和责任规定

在人脸信息处理中，涉及的主体包括履行个人信息保护职责的部门[②]、信息处理者和人脸信息主体。

根据法律规定，人脸信息主体的权利主要有：对信息处理享有知情权、决定权，查阅、复制、更正、删除个人信息权，要求信息处理者对处理信息规则进行解释说明权等。

人脸信息处理者的义务主要有：信息安全保障义务，告知义务，对个人信息处理遵守法律、行政法规的情况进行合规审计义务，个人信息保护影响评估义务。提供重要互联网平台服务、用户数量巨大、业务类型复杂的个人信息处理者，还应当履行的义务有：按照国家规定建立健全个人信息保护合规制度体系，成立主要由外部成员组成的独立机构对个人信息保护情况进行监督；遵循公开、公平、公正的原则，制定平台规则，明确平台内产品或者服务提供者处理个人信息的规范和保护个人信息的义务；对严重违反法律、行政法规处理个人信息的平台内的产品或者服务提供者，

---

① 取自《信息安全技术 个人信息安全规范》（GB/T35273—2020）。
② 包括国家网信部门、国务院有关部门和县级以上地方人民政府有关部门。

停止提供服务；定期发布个人信息保护社会责任报告，接受社会监督。

履行个人信息保护职责的部门的职责主要有：开展个人信息保护宣传教育，指导、监督个人信息处理者开展个人信息保护工作；接受、处理与个人信息保护有关的投诉、举报；组织对应用程序等个人信息保护情况进行测评，并公布测评结果；调查、处理违法个人信息处理活动；法律、行政法规规定的其他职责。

违法处理人脸信息的法律责任主要有：由履行个人信息保护职责的部门责令改正，给予警告，没收违法所得，对违法处理个人信息的应用程序，责令暂停或者终止提供服务；拒不改正的，并处100万元以下罚款；对直接负责的主管人员和其他直接责任人员处1万元以上10万元以下罚款。情节严重的，由省级以上履行个人信息保护职责的部门责令改正，没收违法所得，并处5000万元以下或者上一年度营业额5%以下罚款，并可以责令暂停相关业务或者停业整顿、通报有关主管部门吊销相关业务许可或者吊销营业执照；对直接负责的主管人员和其他直接责任人员处10万元以上100万元以下罚款，并可以决定禁止其在一定期限内担任相关企业的董事、监事、高级管理人员和个人信息保护负责人。

相对于人脸识别市场的规模和数字经济的有秩序发展的需要，这样的处罚力度是否具有足够的威慑力，值得思考。但无论如何，通过法律规范达到人们不想违法、自觉守法才是法律实施的理想状态。

二、修改完善相关法律

在人脸识别保护领域，目前形成了以《民法典》《个人信息保护法》《数据安全法》《中华人民共和国消费者权益保护法》《网络安全法》《中华人民共和国电子商务法》《中华人民共和国刑法》《中华人民共和国刑法修正案（九）》和《全国人民代表大会常务委员会关于加强网络信息保护的决定》等法律为主，以《最高人民法院、最高人民检察院关于办理侵犯公民个人信息刑事案件适用法律若干问题的解释》和《规定》等司法解释为辅，以《互联网信息服务算法推荐管理规定》等文件和国家标准等为具体化补充的规范框架，但在现行框架下，人脸识别技术侵权乱象治理并没有达到人们期待的状态。究其原因，主要是法律规定不够完善，没有与现实很好对接来形成良性互动。

法律制定、实施和社会现实之间存在密切的互动关系，法律的不足在实施过程中才会得到全面呈现，通过法律的不足呈现可以反映出社会现实的真正需要，根据现实需要进行法律修改是法律得以完善的基本路径。所以，修改完善相关法律是从法律实施之初就需要正视的问题。修改完善相关法律包括两个内容：一是为什么要修改完善；二是如何修改完善。

（一）为什么要修改完善相关法律

修改完善相关法律唯一的原因就是在法律实施过程中，发现了法律存在的不足，不能很好地对社会现象进行调整。在我国，法律存在的不足主要有：

1. 立法理念滞后。我国个人信息保护立法的理念是"识别"，比如《网络安全法》第42条规定："网络运营者不得泄露、篡改、毁损其收集的个人信息；未经被收集者同意，不得向他人提供个人信息。但是，经过处理无法识别特定个人且不能复原的除外。"第76条规定："个人信息，是指以电子或者其他方式记录的能够单独或者与其他信息结合识别自然人个人身份的各种信息，包括但不限于自然人的姓名、出生日期、身份证件号码、个人生物识别信息、住址、电话号码等。"《民法典》和《个人信息保护法》也规定了类似的内容，都是立足于保护特定个人不被"识别"出来。《个人信息保护法》第4条和第73条"在概念界定上进一步借鉴了欧盟《一般数据保护条例》的规定，在'识别说'的基础上，又加上了'关联说'的标准"[①]，虽然在一定程度上扩张了个人信息的范围，但并没有对"识别说"进行实质性改变。

随着信息和人工智能技术的发展，信息利用方式和目的已经发生了变化。个人信息的处理并不只是为了识别出某个人，而是为了分析信息，找出更优化的商业模式或决策依据。数字经济是共享经济，信息数据共享和分析是发展的必然趋势和重要特征，立法理念应从"识别"转变到"共享

---

① 王利明，丁晓东. 论《个人信息保护法》的亮点、特色与适用[J]. 法学家，2021，(6)：1-16，191.

和分析","可识别数据和不可识别数据之间的区别已经变得毫无意义,所有数据都可以成为个人数据并影响个人"。①

2. 内容规定不够完善。(1)缺乏对数据权利的明确规定。法律之所以具有定分止争功能的一个重要原因就是能够明确权利所属,减少纠纷。②在学术研究领域,数据赋权是多数学者的主张,但法律中并没有对数据权属的明确规定,更没有对个人信息数据的权属规定。

《民法典》第127条规定:"法律对数据、网络虚拟财产的保护有规定的,依照其规定。"其第一次在民事法律中明确规定"数据",确实填补了我国在数据、网络虚拟财产保护上的法律空白,但其宣示性、概括式的特点,表明这条规定更多的意义在于对其他民事立法起到法治统一的作用,或者说提供基本法的合法性依据,并不是对数据权的明确法律规定,具体保护还需要其他法律细化。同时,这条规定可以解读为数据、网络虚拟财产的规定留待其他法律规定,也可以解读为如果其他法律对数据、网络虚拟财产没有规定的,不能依照本法本条进行保护,这一作用从第128条③的规定中也能清楚地看出来。

权属不清,会淡化各主体权利界限,不仅会使权利人对所享有的权利认识模糊,行使不积极,客观上纵容了个人信息数据的非法处理,在行业内形成"谁收集,谁使用"数据使用规则,掩盖侵权的事实,还会对数据交易带来合法性质疑。

(2)有些法律规定不好落实。法律中很多内容的规定切实符合社会的需要,称得上"良法",但实际实施没有取得期待的社会效益,造成这种现状的原因如下。

一是技术的原因,权利无法实现。比如,法律规定的删除权和撤回权。网络中的个人信息主要以数据形式表现,数据具有可复制性和传播

---

① 玛农·奥斯特芬. 数据的边界:隐私与个人数据保护[M]. 曹博,译. 上海:上海人民出版社,2020:209.
② 商鞅在《商君书注释》一书中讲:"一兔走,百人逐之,非以兔可分为百也,由名分未定也。夫卖兔者满市,而盗不敢取,由名分已定也。"
③ 《民法典》第128条:"法律对未成年人、老年人、残疾人、妇女、消费者等的民事权利保护有特别规定的,依照其规定。"

性,删除和撤回同意并不能保证信息没有被保留,实际上数据是很难被删除的,尤其是进入使用链中的信息数据。数据是一种特殊的资源,没有任何公司和个人能够有效地监督数据的销毁。"一件有形的东西给了别人,你可以再要回来,或者监督别人销毁,但数据一旦给出,就永远无法真正收回。"①

二是欠缺有效机制,规定无法落实。比如,个人信息保护负责人和个人信息保护影响评估等内容,因缺乏有效的工作机制和监督机制,法律规定往往得不到真正的实施。

三是措辞宽泛,边界不清,不易具体落实。法律规定的"具有特定的目的和充分的必要性"、不得"过度"收集个人信息、"合理"处理等显得不够具体,现实中不易把握合法性界限,判断上容易具有主观随意性。

(3) 技术专业性内容欠缺。信息领域的立法,具有一定程度的技术性,人脸识别侵权也有技术性的原因,对技术的研发、应用过程中技术性内容的规定是法律不能回避的;否则,会造成信息主体权利和监督、评估等监管措施的虚置。比如信息主体删除权的实现,侵权主体将信息主体要求删除的信息彻底删除的判断,人脸图像处理目的、信息处理的安全评估等,都需要技术性的立法内容规范,才能使法律规定取得实效。目前法律中存在技术性留白较多,对技术应用的规制、引导和促进作用难以奏效。

(4) 有些概念逻辑关系不清晰。比如,人脸特征信息、生物识别信息、敏感个人信息和个人信息属于包含与被包含的关系,理论上逻辑关系较为清晰,但在法律规定上,又没有体现出这种清晰的关系,容易让人对法律的理解发生歧义。

在《个人信息保护法》第13条规定了个人信息处理者可以处理个人信息的情形,除了取得个人的同意以外,采取"列举+概括"的方式,规定了不需要取得个人同意的六种情形,作为合理的例外,其中多数和公共利益相关。因为法律没有特别说明,按照常理,这里的"个人信息"应该包括人脸信息,正确理解没有问题。第29条规定了处理敏感个人信息应当

---

① 涂子沛. 数文明:数据如何重塑人类文明、商业形态和个人世界[M]. 北京:中信出版社,2018:13.

取得个人的单独同意，第 28 条明确敏感个人信息包括生物识别信息。人脸信息属于生物识别信息的一种，所以人脸信息是敏感个人信息，单独理解也不会有问题。但是，综合上述几条的规定，就会让人产生理解上的困惑。第一种理解是：第 13 条中的"个人信息"是不是不应该包括"敏感个人信息"？如果包括的话，第 13 条的规定是不是和第 29 条的规定产生了矛盾？尤其是再加上第 26 条的规定，这种困惑可能会更强烈。第二种理解是：因为第 13 条是第一章个人信息处理规则中第一节一般规定的内容，个人信息不包括敏感个人信息；第 29 条是第二节敏感个人信息处理规则中的内容，属于特别规定，二者属于并列的关系。这两种理解可能都不正确。这需要通过法律的完善解除人们理解上的疑惑。

私密信息属于个人信息，但人脸特征信息、生物识别信息、敏感个人信息和私密信息是什么关系则不清楚，是包含与被包含的关系还是交叉关系？逻辑关系不清楚，会造成有些信息保护手段和信息处理规则不明确，经常使人产生人脸特征信息或敏感个人信息是私密信息的错觉。

另外，数据和个人信息的关系，虽然通常认为数据是信息的表现形式，信息是数据的内容，但显然，二者的关系并不是这么简单，在保护方式和权利赋予上也不完全一样。

（5）有些内容法律之间的规定不够衔接。比如，《民法典》第 1036 条规定了个人信息处理者不承担民事责任的情形，因为不够具体，《规定》对其进行了细化。《个人信息保护法》第 13 条规定了个人信息处理者不需要取得个人同意的情形，法律规定不需要取得个人同意也可以处理个人信息，个人信息处理者当然不需要承担民事责任，两部法律虽然从不同角度进行了规定，但内容应该一致。实际上，二者的规定并不完全一致，会造成理解和法律适用上的不统一，影响法治的统一。

表 5-1 法律规定对照表

《民法典》第1036条	《规定》第5条	《个人信息保护法》第13条
处理个人信息，有下列情形之一的，行为人不承担民事责任： （一）在该自然人或者其监护人同意的范围内合理实施的行为； （二）合理处理该自然人自行公开的或者其他已经合法公开的信息，但是该自然人明确拒绝或者处理该信息侵害其重大利益的除外； （三）为维护公共利益或者该自然人合法权益，合理实施的其他行为	有下列情形之一，信息处理者主张其不承担民事责任的，人民法院依法予以支持： （一）为应对突发公共卫生事件，或者紧急情况下为保护自然人的生命健康和财产安全所必需而处理人脸信息的； （二）为维护公共安全，依据国家有关规定在公共场所使用人脸识别技术的； （三）为公共利益实施新闻报道、舆论监督等行为在合理的范围内处理人脸信息的； （四）在自然人或者其监护人同意的范围内合理处理人脸信息的； （五）符合法律、行政法规规定的其他情形	符合下列情形之一的，个人信息处理者方可处理个人信息： （一）取得个人的同意； （二）为订立、履行个人作为一方当事人的合同所必需，或者按照依法制定的劳动规章制度和依法签订的集体合同实施人力资源管理所必需； （三）为履行法定职责或者法定义务所必需； （四）为应对突发公共卫生事件，或者紧急情况下为保护自然人的生命健康和财产安全所必需； （五）为公共利益实施新闻报道、舆论监督等行为，在合理的范围内处理个人信息； （六）依照本法规定在合理的范围内处理个人自行公开或者其他已经合法公开的个人信息； （七）法律、行政法规规定的其他情形。 依照本法其他有关规定，处理个人信息应当取得个人同意，但是有前款第二项至第七项规定情形的，不需取得个人同意

3. 民事法律责任较少。对于个人信息的保护，法律中规定的侵权人承担行政责任或者刑事责任，民事责任规定较少。尤其是对人脸信息等敏感

个人信息的保护，适用的归责原则不严格，保护力度不够。

从《民法典》第1165条"依照法律规定推定行为人有过错，其不能证明自己没有过错的，应当承担侵权责任"和《个人信息保护法》第69条"处理个人信息侵害个人信息权益造成损害，个人信息处理者不能证明自己没有过错的，应当承担损害赔偿等侵权责任"的规定中可以看出，个人信息处理者侵权承担民事责任的归责原则是过错推定。

（1）过错推定责任。过错推定是过错原则适用的一种特殊情况，是指受害人若能证明其受损害是由行为人所造成的，而行为人不能证明自己对造成损害没有过错，则法律就推定其有过错并就此损害承担侵权责任。

过错推定较之一般的过错责任，更有利于保护受害人的利益，因为它将过错的举证责任转移给了行为人，适用举证责任倒置规则，从而减轻了受害人的举证责任，加重了行为人的证明责任。因此，只有在法律有明确规定的情况下，才能适用过错推定责任。

在个人信息保护上，适用过错推定责任，在法律对个人信息保护有规定的情况下，信息主体基于损害是由个人信息处理者造成的，个人信息处理者若不能证明信息主体损害的发生自身没有过错，那么就推定其在个人信息处理行为中存在过错而承担侵权责任。

这项归责原则正确回应了社会发展的需求，因为随着自动化决策、算法黑箱等技术问题的出现，信息技术越来越复杂和专业，对个人信息保护适用过错责任已经不能解决个人信息被侵害问题。在适用过错责任的情况下，信息主体必须举证证明，个人信息处理者的处理行为存在过错，可是，信息智能化技术的复杂性和专业性导致信息主体和个人信息处理者之间的证明能力差距较大，信息处理者掌握着海量的信息资源，有专业化技术支撑的处理行为，尤其是信息在平台之间共享的行为，使侵权行为越来越多样化和隐秘化，信息主体多为普通民众，缺乏信息保护的专业知识，在诉讼中证明信息处理者行为有过错是非常困难的。因此，适用过错推定责任，既保护了信息主体的合法权益，也更加符合公平正义的法律要求。适用无过错责任又有加重信息处理者的责任之嫌，打击个人信息处理者对技术研发和技术应用的热情和积极性。

（2）无过错责任。无过错责任是指在法律有特别规定的情况下，只要有损害结果的发生，与该损害结果有因果关系的行为人，无论其有无过错，都要承担侵权赔偿责任的归责原则。《民法典》第1166条规定："行为人造成他人民事权益损害，不论行为人有无过错，法律规定应当承担侵权责任的，依照其规定。"无过错责任的规定是为了更严格地约束行为人，但应该谨慎使用，只有在法律明确规定的情况下才能使用。我国仅在产品责任、环境污染和生态破坏责任等特殊侵权行为适用无过错责任原则。对于人脸信息等敏感个人信息，则应该区别于一般个人信息的保护，加大保护力度，对侵权行为实行更为严格的无过错责任。

因为，第一，人脸信息等敏感个人信息处理一旦出现侵权，往往波及面广、规模大、后果严重，原则上应当禁止。但涉及国家利益、公共利益等的需要，法律规定了经过信息主体单独同意允许处理的情形，所以个人信息处理者处理人脸信息等敏感个人信息时要承担更为严格的责任。第二，个人信息处理者对其掌握的个人信息具有控制力，允许对敏感个人信息的随意处理就是在客观上开启了危险源头，基于这一理论，个人信息处理者应承担无过错责任，也就是危险责任。[①] 第三，无过错责任的适用，无疑会增加信息处理者的责任风险，不敢随意处理人脸信息等敏感个人信息，一定程度上起到了保护信息主体权益的作用。

4. 监管体制不健全。（1）《个人信息保护法》第60条确立的监管体制是多机构混合且分散监管的模式，监管主体包括国家网信部门、国务院有关部门、县级以上地方人民政府有关部门；《数据安全法》第6条按照地区、部门确定了不同的数据监管部门，有工业、电信、交通、金融、自然资源、卫生健康、教育、科技等的主管部门，公安机关、国家安全机关、国家网信部门等。好处是国家网信部门进行协调，其他主体在各行业履行监管职责，能够更专业、更加及时高效地进行监管，但也可能带来分工不清、相互推诿、怠行职权的情况。毕竟，个人信息类型多样，比如个人财产信息、个人身份信息、个人教育工作信息、个人生物识别信息、联系人信息等，但这些信息类型并不能按照法律规定的监管主体类型进行清

[①] 程啸. 论我国个人信息保护法中的个人信息处理规则［J］. 清华法学，2021，（3）：55-73.

晰归类划分，信息的处理更具有综合性，会造成行业监管困难。

（2）监管路径、监管方式不明确。除了"组织对应用程序等个人信息保护情况进行测评，并公布测评结果"以外，其他监管职责的履行多有事后性和被动性倾向。事前、事中和主动性监管缺乏明确要求，可能导致监管不力。

（3）算法的技术特征对监管带来了挑战。人工智能算法的迭代与进化高度依赖外部的数据输入，这一技术特性会带来两方面的影响。一方面，人工智能的分析能力和决策能力以大数据技术为基础[1]，并且这是一个动态的过程，始终依赖数据的持续更新，不存在单机或者脱网运行的技术基础。[2] 另一方面，人工智能算法在数据规模和更新频率方面的需求，也极大地抬高了相关市场的进入门槛，给相关的市场行为监管、竞争状态分析乃至安全评估等活动带来了挑战。[3]

5. 人脸识别技术应用的法律规定欠缺。虽然目前的法律可以涵盖人脸信息保护，比如对敏感个人信息保护的内容可以适用，但只是对信息处理环节的规制。人脸识别之所以滥用高发和侵权难以监管，更多的是主体多、程序乱导致的，哪些主体能够研发人脸识别设备、哪些主体能够使用人脸识别、技术使用边界、使用目的、使用程序、是否需要审批或备案等需要国家管控的内容，法律中是没有的，法律的针对性和有效性就会打折扣。

除此之外，如前所述，个人信息、数据立法还存在立法分散，法律中的重复、相似性内容较多，规定较为粗略，从体系化视角看，系统性不够，有待增加社会亟须立法等问题。这些问题有些能够通过修改法律解决，有些需要借用其他法律和制定专门立法才能解决。

6. 知情同意机制不够健全。我国个人信息处理采取的是"概括同意+特定例外"的形式，既给予个人信息处理者一定的自由空间，应对场景变

---

[1] 陈景辉. 人工智能的法律挑战：应该从哪里开始？[J]. 比较法研究，2018（5）：136-148.

[2] 王德夫. 知识产权视野下的大数据[M]. 北京：中国科学文献出版社，2018：33.

[3] 王德夫. 论人工智能算法的法律属性与治理进路[J]. 武汉大学学报（哲学社会科学版），2021（5）：29-40.

化,又对重要的个人信息给予了特殊保护。但对于知情同意不设置监管或审查的话,只由信息处理者自己掌握,可能仍然会形成虚置状态。

个人信息处理者与信息主体专业知识不对等,信息处理者的告知没有提供不同意选择,告知内容冗长难懂,个人信息处理者和信息主体直接沟通存在障碍,信息主体存在工作、环境压力等,造成"同意不是自由做出"是知情同意机制中要重点解决的问题。

(二)如何修改完善相关法律

针对现状,应以加强法律的体系化、实用性和技术性为导向,进行法律修改。

1. 转变立法理念。在个人信息保护中,"识别"曾经是制度设计的核心,立法主要是保证特定的人不被识别出来;否则,信息处理者就构成侵权。但是,信息技术、人工智能和数字经济发展迅猛,对信息的利用目的和方式发生了较大的改变,"信息分析和共享"成为时代特征。虽然法的权威性天然地要求稳定性,但科技发展迅猛的现实,使科技立法稳定性的相对性更加凸显,立法理念发生变化实属必然,理念的变化必然对个人信息处理者和信息主体的权利和义务带来相应的变化。法律中应适时增加"信息分析和共享"的保护制度。

2. 明确数据权。数据是人工智能发展的基础元素,数据流动和数据交易需要以合法的数据权属为依据。最好的方式是在《民法典》第127条中规定保护民事主体的数据权,数据权利的具体分配规则、内容、转让、交易等,由《民法典》专章规定,放在信息权之前。这些内容的增补具有较大的可行性,我国关于数据和数据交易的地方立法和实践,已经积累了很多的经验,吸收进全国统一立法的时机已然成熟。

虽然数据是信息的表现形式,信息是数据的内容,但数据的范围远远大于个人信息的范围,数据权应予单独保护是时代趋势。个人信息数据权只是数据权利的一种,并不等同于数据权利,以《民法典》第127条为基础,对数据权利进行法律制度设计,完善数据权利、义务体系,增加数据处理者对数据贡献者的民事责任,是现实的需求;否则,可能影响数据秩序。对于数据和信息的关系,需要进行理论研究,厘清二者的关系,为制度规范提供理论指引。

对于不同种类的个人信息，可以加大标准文件的宣传，因为在国家标准《信息安全技术 个人信息安全规范》（GB/T 35273—2020）中对各种信息进行了分类举例。明确个人信息种类和性质，便于在对信息分级分类保护时，制定和完善个人信息处理和权利保护规则。

表5-2 个人敏感信息举例[①]

个人财产信息	银行账户、鉴别信息（口令）、存款信息（包括资金数量、支付收款记录等）、房产信息、信贷记录、征信信息、交易和消费记录、流水记录等，以及虚拟货币、虚拟交易、游戏类兑换码等虚拟财产信息
个人健康生理信息	个人因生病医治等产生的相关记录，如病症、住院志、医嘱单、检验报告、手术及麻醉记录、护理记录、用药记录、药物食物过敏信息、生育信息、以往病史、诊治情况、家族病史、现病史、传染病史等
个人生物识别信息	个人基因、指纹、声纹、掌纹、耳郭、虹膜、面部识别特征等
个人身份信息	身份证、军官证、护照、驾驶证、工作证、社保卡、居住证等
其他信息	性取向、婚史、宗教信仰、未公开的违法犯罪记录、通信记录和内容、通信录、好友列表、群组列表、行踪轨迹、网页浏览记录、住宿信息、精准定位信息等

---

① 取自《信息安全技术 个人信息安全规范》（GB/T35273—2020）。

表 5-3　个人信息举例[①]

个人基本资料	个人姓名、生日、性别、民族、国籍、家庭关系、住址、个人电话号码、电子邮件地址等
个人身份信息	身份证、军官证、护照、驾驶证、工作证、出入证、社保卡、居住证等
个人生物识别信息	个人基因、指纹、声纹、掌纹、耳郭、虹膜、面部识别特征等
网络身份标识信息	个人信息主体账号、IP 地址、个人数字证书等
个人健康生理信息	个人因生病医治等产生的相关记录，如病症、住院志、医嘱单、检验报告、手术及麻醉记录、护理记录、用药记录、药物食物过敏信息、生育信息、以往病史、诊治情况、家族病史、现病史、传染病史等，以及与个人身体健康状况相关的信息，如体重、身高、肺活量等
个人教育工作信息	个人职业、职位、工作单位、学历、学位、教育经历、工作经历、培训记录、成绩单等
个人财产信息	银行账户、鉴别信息（口令）、存款信息（包括资金数量、支付收款记录等）、房产信息、信贷记录、征信信息、交易和消费记录、流水记录等，以及虚拟货币、虚拟交易、游戏类兑换码等虚拟财产信息
个人通信信息	通信记录和内容、短信、彩信、电子邮件，以及描述个人通信的数据（通常称为元数据）等
联系人信息	通信录、好友列表、群列表、电子邮件地址列表等

[①] 取自《信息安全技术 个人信息安全规范》（GB/T35273—2020）。

续表

个人上网记录	指通过日志储存的个人信息主体操作记录，包括网站浏览记录、软件使用记录、点击记录、收藏列表等
个人常用设备信息	指包括硬件序列号、设备 MAC 地址、软件列表、唯一设备识别码（如 IMEI/AndroidID/IDFA/OpenUDID/GUID/SIM 卡 IMSI 信息等）等在内的描述个人常用设备基本情况的信息
个人位置信息	包括行踪轨迹、精准定位信息、住宿信息、经纬度等
其他信息	婚史、宗教信仰、性取向、未公开的违法犯罪记录等

3. 增加技术专业性内容。在法律中的一些权利义务要求，需要通过技术专业性手段才能实现，比如个人信息保护影响评估、技术监管、删除等，需要在法律中补充技术性内容。可以由科技部或者工业和信息化部用部门规章的形式补充立法，规定法律制度落实的具体技术路径。

4. 完善监管体制。国家网信部门进行协调，其他部门明确化，职责具体化，监管路径、监管方式、监管阶段、监管情况反馈等应制度化，尤其是对自动化决策中算法的监管需要更专业的制度。

5. 加强立法或司法解释。对于措辞宽泛、边界不清等问题，尽量由制定机关进行立法解释，根据立法目的和适用场景，做出具体化的解释，增加法律制度的可操作性；或者由最高人民法院进行司法解释，结合具体案件的处理，更易于做出切合实际需要的解释，直接指导司法实践。

关于《个人信息保护法》第 13 条和第 29 条的理解，在法律当中直接说明，就能很好地解决问题。

6. 完善知情同意机制。针对同意表达不自由、不充分的原因，知情同意机制的完善更多地需要个人信息处理者做好"告知"工作。个人信息处理者要根据法律规定，结合个人信息处理规模大和远程采集等特征，采取适当手段，真实地、毫不隐瞒地、用普通公众能够理解的方式，充分告诉信息主体个人信息被谁、用什么方式、在什么时间、在什么地点使用过，以及风险、安全保护、存储时限、最后处理方式、权利受侵犯的救济途径和方法等，让信息主体在不受任何压力的情况下做出同意或者不同意的选择，并接受和尊重信息主体的选择。

7. 完善人脸识别应用的法律规定。（1）在《民法典》侵权责任篇中增加一章，敏感个人信息处理的无过错责任原则，并细化原则的使用。

（2）增加"禁止再次识别匿名化信息"的条款。关于人脸信息被匿名化的问题，目前《个人信息保护法》中规定个人信息不包括匿名化后的信息，也就是说企业可以自行处理匿名化信息。由于匿名化后的信息也存在重新进行数据聚合从而具有再识别的可能性，所以要想从根本上保护人脸信息不被滥用，应该增加反对再识别的条款。建议在《个人信息保护法》第51条第1款下新增1款，作为第51条第2款。具体内容为："个人信息处理者应承诺信息在进行匿名化处理后不会进行信息的再次识别，任何再识别的处理都将被视为个人信息处理行为，须承担相应的法律后果。"

（3）补充"人脸识别技术侵权损害"的内容。人脸识别技术侵权造成的损害有财产损害和精神损害。

首先，在财产损害的认定上，我国遵循弥补已经造成的财产损失。但在人脸信息泄露后，法院对当前的损害结果做出判定时，可能下游犯罪尚未开始，一些损害还尚未发生，受害者的损失无法得到根本保障。所以建议在《个人信息保护法》第69条第2款下新增1款，作为第69条第3款。具体内容为："因人脸识别技术给信息主体造成的财产损害应包含实际损害和推定损害。"其次，对精神损害的赔偿要求也不一定非要达到"严重"的程度，因为在生物识别信息纠纷中，对于人格尊严的侵害往往大于财产损失，信息主体更在乎的是精神损害方面的赔偿。所以，应适当降低对精神损害赔偿的过高限制。建议在《个人信息保护法》中补充第69条第2款的规定。补充后第69条第2款的具体内容为："前款规定的损害赔偿责任按照个人因此受到的损失或者个人信息处理者因此获得的利益确定；个人因此受到的损失和个人信息处理者因此获得的利益难以确定的，根据实际情况确定赔偿数额。被侵权人产生对未来可能发生的风险焦虑、对社会评价降低的恐惧等精神损害时，可以请求一定数额的精神损害赔偿。"

（4）补充"人脸识别技术利用者的民事责任"的条款。当前的法律法规中，涉及人脸识别技术和生物识别信息保护责任承担的规定，主要是行政责任和刑事责任，对民事责任部分提及较少。所以建议在《个人信息保护法》第69条后面增加1条，作为第70条。具体内容为："处理个人信息侵害个人信息权益造成损害，技术使用主体应当立即停止违法处理行为，避免损害进一步扩大；给面部信息主体造成严重负面影响的，应当公开道歉，并尽力消除影响。给面部信息主体造成财产损失的，应对实际损失和推定损失给予赔偿。"原来的第70条改为第71条，其他条款逐条发生相应变动。

三、借用其他法律

司法判决具有重要的社会导向性特征，也是宣传普及法律的有效方式。在没有专门立法之前，有关司法案件的依法解决，需要借助联系较为密切的法律，通过案件审理和判决的社会导向作用的发挥，促进专门立法的进程。

（一）典型案件：郭某与杭州野生动物世界有限公司（以下简称野生动物世界）服务合同纠纷案

2019年4月27日，郭某购买野生动物世界双人年卡，留存相关个人身份信息，并录入指纹和拍照。后野生动物世界将年卡入园方式由指纹识别调整为人脸识别，并向郭某发送短信通知相关事宜，要求其进行人脸激活，双方协商未果，遂引发本案纠纷。

2020年11月20日，杭州市富阳区人民法院做出一审判决，判令野生动物世界赔偿郭某合同利益损失及交通费共计1038元，删除郭某办理指纹年卡时提交的包括照片在内的面部特征信息，驳回郭某要求确认店堂告示、短信通知中相关内容无效等其他诉讼请求。郭某与野生动物世界均不服，向杭州中院提起上诉。2020年12月11日，杭州中院立案受理该案，并于同年12月29日公开开庭进行审理。

杭州中院经审理认为，郭某在知悉野生动物世界指纹识别店堂告示内容的情况下，自主做出办理年卡的决定并提供相关个人信息，该店堂告示对双方均具约束力,且不符合格式条款无效的法定情形;而人脸识别店堂告示并非双方的合同条款,对郭某不发生效力。野生动物世界为游客游览提供了不同入园方式的选择,郭某知情同意后办理指纹年卡,其选择权未受到侵害。某生动物世界亦不存在欺诈行为,但其单方变更入园方式构成违约,应承担违约责任。一审法院判决野生动物世界赔偿郭某合同利益损失678元、交通费360元均属适当。野生动物世界欲将其已收集的照片激活处理为人脸识别信息,超出事前收集目的,违反了正当性原则,故应当删除郭某办卡时提交的包括照片在内的面部特征信息。鉴于野生动物世界停止使用指纹识别闸机,致使原约定的入园服务方式无法实现,亦应当删除郭某的指纹识别信息。据此,二审在原判决的基础上增判野生动物世界删除郭某办理指纹年卡时提交的指纹识别信息。①

这个案件被称为我国"人脸识别第一案",因涉及"人脸识别信息"处理而被广泛关注。法院以违约为由,判决被告(杭州野生动物世界有限公司)欲将其已收集的照片(这是原告同意的)激活处理为人脸识别信息,超出事前收集目的,违反了正当性原则而败诉。判决依据有《消费者权益保护法》《民法典》和《民事诉讼法》。当然,这样使用是因为《个人信息保护法》还没有生效,人脸识别专门立法存在空白。

本案的重要意义在于发挥法的价值引导作用,提醒国家、社会和公众对人脸识别滥用的关注,引发对个人信息保护的重视和思考;同时,也凸显了专门立法的迫切性和必要性。

(二)其他案件②

因为涉及人脸识别信息数据的案件具有范围广、规模大的特征,除"人脸识别第一案""大数据杀熟第一案"等以外,其他有影响力的案件较少。选用其他案件只是为了说明在没有专门立法可以适用之前,借用其他

---

① 余建华,钟法."人脸识别第一案"二审宣判[N].人民法院报,2021-4-10(1).
② 均来自中国裁判文书网。

法律处理数据纠纷的必要性。

1. 案件一：某宝（中国）软件有限公司诉安徽某信息科技有限公司不正当竞争纠纷案。

某宝公司系某某某巴卖家端"生意参谋"零售电商数据产品的开发者和运营者。某宝公司通过"生意参谋"面向淘宝网、天猫商家提供可定制、个性化、"一站式"的商务决策体验平台，为商家的店铺运营提供数据化参考。"生意参谋"提供的数据内容是淘宝公司经用户同意，在记录、采集用户于淘宝电商平台（包括淘宝、天猫）上进行浏览、搜索、收藏、加购、交易等活动所留下的痕迹而形成的海量原始数据基础上采取脱敏处理，在剔除涉及个人信息、用户隐私后再经过深度处理、分析、整合，加工形成的诸如指数型、统计型、预测型的衍生数据。某宝公司通过"生意参谋"，为商家的店铺经营、行业发展、品牌竞争等提供相关的数据分析与服务并收取费用，已形成特定稳定的商业模式，给其带来了较大的商业利益。安徽某信息科技有限公司系"咕咕互助平台"软件、"咕咕生意参谋众筹"网站的开发商与运营商。该公司通过"咕咕互助平台"软件、"咕咕生意参谋众筹"网站，用多种方式分享"生意参谋"产品数据内容，并从中牟利。①

2. 案件二：深圳市某米科技有限公司（以下简称某米公司）与被告武汉某光科技有限公司（以下简称某光公司）、邵某某、陈某、刘某某、刘某某、张某不正当竞争纠纷案。

某米公司为开发和运营"酷米客"APP（提供实时公交查询服务），与公交公司达成合作，在公交车上安装定位器，以获取实时公交位置数据。某米公司所收集的实时数据不仅被用于酷米客 App 运

---

① 浙江省高院. 淘宝（中国）软件有限公司与安徽美景信息科技有限公司不正当竞争纠纷案 [EB/OL]. 浙江法院新闻网，2019-04-12.

营,还被提供给深圳市交委。深圳市交委基于信息化建设工作将该实时数据提供给深圳北斗应用技术研究院开展研究工作。经深圳市交委同意,深圳北斗应用技术研究院将深圳公交电子站牌数据测试接口开放给被告某光公司"车来了"(提供实时公交查询服务)App应用。深圳公交电子站牌数据测试接口数据包含某米公司所收集的公交车实时数据。但相比某米直接从定位器上获取的实时数据,某米提供给深圳市交委的数据存在一定的延迟。2015年11月至2016年5月,为了获取更加精准的数据,某光公司破解了某米公司的酷米客App加密系统,并利用"爬虫"技术爬取了酷米客App内的实时数据。[1]

在上海汉涛信息咨询有限公司与北京百度网讯科技有限公司、上海杰图软件技术有限公司不正当竞争纠纷案中,2016年5月26日,浦东新区法院做出一审判决,判定百度公司大量抄袭、复制大众点评网点评信息的行为构成不正当竞争。法院规避了数据权利问题,将百度的行为认定为"未经许可使用他人劳动成果",依据《中华人民共和国反不正当竞争法》进行了裁判。[2] 百度公司不服,向上海知识产权法院提起上诉,2017年8月30日,上海知识产权法院做出二审判决,驳回百度公司的上诉请求,维持原判。[3]

因为没有专门的数据立法,上述案件的审判都使用了《反不正当竞争法》。

在"人脸识别第一案"中适用《消费者权益保护法》,是因为《消费者权益保护法》主要调整经营者和消费者之间的关系,二者之间可能存在权利失衡和信息不对称,而侧重于对消费者的保护。数据时代,处理信息数据的主体多是经营主体,信息数据主体多是消费者,消费者和信息数据主体可以重叠,人脸信息数据主体可以界定为消费者。

其他因数据发生的纠纷案件使用《反不正当竞争法》,是因为《反不

---

[1] 广东省深圳市中级人民法院,(2017)粤03民初822号。
[2] 上海市浦东新区人民法院,(2015)浦民三(知)初字第528号。
[3] 上海知识产权法院,(2016)沪73民终242号。

正当竞争法》是通过规制不正当竞争行为维护市场秩序，是调整经营者与经营者之间为了占领市场优势地位进行的活动。数据之争可以被看作竞争的一种手段，在没有数据专门立法之时，可以适用。

从司法实践来看，目前，我国在案由中有"数据"二字的就是刑事案件中非法获取计算机信息系统数据罪，民事案由没有关于"数据"的纠纷，都是以"反不正当竞争纠纷"进行的判决，但从司法判决中可以看出，内容上已经越来越触及"数据纠纷"。"新规则的出现是缓慢的，但终究会取代旧规则。对一个社会而言，对新生事物较为稳妥的态度是用既有的制度和规则进行解释和比拟，直到该事物发展成完全不同的物种，以至于无法用旧规则进行管理，这时新规则就会开始逐步取代旧规则。"[①] 所以，在借用其他法律解读新型案件的同时，立法确立新规则是必然的选择。

四、进行人脸识别专门立法

（一）人脸识别专门立法体系

制定专门立法的主要目的就是在人脸识别领域清楚规定各主体的权利和义务，当发生侵权事件时，受害人可以在较短时间内获得法律救济，或者是执法主动介入，或者是司法被动处理。而不至于执法视而不见，司法需要花费时间和精力去寻找和解释所要使用的相关法律，降低成本支出，提高信息保护效率，实现法的公平正义价值。

自《个人信息保护法》实施后，我国对个人信息的保护有了比较全面的法律依据，法律对敏感个人信息也做了特殊保护性规定，但缺乏对面部特征信息全方位保护性规定，对引发面部特征信息被不当收集、使用的人脸识别技术更缺乏有效规制，这使人脸识别侵权案件不能获得最直接的法律救济。

虽然"人脸识别第一案"广受社会关注，但并没有多少人真正了解案件全过程。国家有关机关也没有组织对该案进行广泛宣传。为了全面了解案情，笔者在中国裁判文书网上进行了多次查询，但均没有显示出结果。

---

① 胡凌. 网络技术呼唤立法思路更新 [J]. 社会科学文摘, 2013 (2): 34.

案件原告哪些诉求没有得到法院支持，为什么没有得到支持，解决这类案件应该重点关注哪些内容等，都没有统一的解读和释疑。该案对人脸识别技术侵权治理的理论意义和实践价值没有得到充分发挥，尤其是对人脸识别立法所起的作用，没有得到充分挖掘。

通过该案，反映出制定人脸识别专门立法的必要性：这样一个科技对国家、社会和个人影响巨大的时代，给人类提出了一个重大的社会课题"科技如何更好地为人类服务"。为了回答这个时代课题，国家和社会各界都应该付出巨大努力。多发的人脸识别侵权现象对立法提出了要求，法律应该对社会需要进行回应。"任何一种技术的利用都需要法律进行回应，以期通过法律规则和权威机构，创造灵活的公共秩序，保障公众福祉，同时确定技术价值的社会意义。"①

就人脸识别技术与社会主体互动中产生的价值冲突，导致乱象频生的治理，立法思路应该是：立足于我国人工智能领域相关立法欠缺现状，由全国人大常委会制定《人脸识别技术应用法》，并制定其他相关立法形成体系，是回应社会需求的最佳选择。

《人脸识别技术应用法》的立法宗旨是规范技术应用，保障人脸信息主体的权益和社会公共利益，维护人脸特征信息的处理秩序。

主要内容包括四个部分：

一是应用主体分类。根据公主体与私主体，对政府使用、事业单位使用和商业目的使用进行"列举+抽象"的方式明确规定，且对政府使用人脸识别目的进行严格备案要求，向同级人大备案。事业单位的使用由政府主管部门进行合法性、合理性审核，商业目的使用由工商管理机关审核其合法性、合理性。根据维护个体利益、企业利益和社会公共利益平衡的需要，考虑应用主体的规模、应用目的和社会影响，合理配置各主体的权利和义务，对人脸信息主体作为公民应为国家技术发展应当承担的义务做出明确规定。

二是强化知情同意机制。其他法律有规定的，不做重复性规定，对人

---

① 周坤林，李悦. 回应型理论下人脸数据运用法律规制研究［J］. 观察思考，2019（12）：78-87.

脸信息处理者的告知事项做更具体的要求：处理者对信息数据进行处理的具体做法；采取什么保障措施以防止人脸信息数据的安全；对所告知的事项如何查询；对人脸信息主体的删除、纠正等要求，积极配合；严格按照个人信息保护政策模板发布个人信息保护政策。

三是人脸识别技术国家标准工作组的职责。[①] 对人脸识别的安全性、侵权性和潜在的风险提出建议，研究人脸识别的质量、准确性和有效性，对技术监管提出建议，就法律的充分性和有效性提出建议。

四是建立监管体系。明确监管机构，国家网信部门负责协调，备案、审核部门负责具体监管；监管常态化、制度化，在审核时评估特定应用场景下使用人脸识别技术的必要性和可能的影响，一定时间（半年或三个月等）进行技术使用情况检查，当技术使用出现或可能出现不公平的结果时，启动问责机制。创立面部特征信息销毁机制，在合理保存期限到来之际，由监管部门监督销毁。

对法律用语宽泛，不易统一理解和把握落实的问题，可以通过加强司法解释、立法解释或制定实施细则的方式，加以明确，增加法律制度的可操作性。

法律发挥作用不是独立的，是相互配合的结果。除了要制定《人脸识别技术应用法》，还应该制定《知情同意程序法》《数据权利保护法》《生物信息保护法》和《人脸识别信息工程师法》等法律，相关行政法规、地方性法规和规章等多元前瞻的立法，形成保护公民人脸信息数据的系统化立法。

（二）生物识别信息立法的域外镜鉴

面部特征信息保护是全球面临和各国不断立法试图解决的问题，由于面部特征信息属于生物识别信息，域外各主要国家有的从人脸识别进行规范，有的从生物识别信息入手进行调整，共同点是把生物识别信息作为一类特殊的敏感个人信息进行严格保护。

[①] 2019年11月27日正式成立由27家企业机构成员共同组成的人脸识别技术国家标准工作组，工作组组长为商汤科技，成员中不乏知名的人脸识别头部企业，如腾讯、中国平安、蚂蚁金服、大华股份、科大讯飞、小米等，代表了我国人脸识别理论研究、技术开发、应用实践的最高水平。

美国是对面部特征信息实行严格保护的国家，目前有10个城市禁止包括警察部门在内的政府机构在公共场合使用人脸识别技术。

在州的立法中，伊利诺伊州的《生物识别信息隐私法案》（*Biometric Information Privacy Act*，BIPA）最为严格，也最具代表性和影响力。其要求拥有生物识别信息的企业、协会和其他组织必须制定包括生物识别信息被保存的时间表以及销毁准则等书面政策并向大众公开。对于生物识别信息的收集和获取，必须满足以下条件：一是以书面形式正式告知信息主体，包括收集、保存和使用生物识别信息的特定目的、期限，并且得到信息主体的书面明示同意；二是应遵循行业内的保护标准来收集、保存和传输生物识别信息，应采取与保护"机密敏感信息"方式相同或者更为严格的方式来收集、保存和传输所有生物识别信息。还明文规定了基于生物识别信息受到损害的个人诉权，使个人可以无须通过集体诉讼就可以维护其个人权益，原告无须证明"实际损害"即可获得赔偿。[1]

欧盟的GDPR被称为"欧洲史上最严隐私条例"，是个人面部特征信息保护最直接的法律依据。GDPR采取综合立法模式，将各种不同性质、种类和级别的个人信息以及民事、行政和刑事法律保护统一纳入立法当中，对于个人面部特征信息的收集和处理，规定了较为严格的条件。一是在通常情况下，数据控制者无权处理个人的面部特征信息。二是在信息主体明确同意的情况下，数据控制者可在法定范围内处理个人的面部特征信息。三是规定了数据控制者可以在采取恰当的保护措施的情况下，不经面部特征信息主体的同意处理其面部特征信息：维护社会重大利益、公共利益、信息主体和第三人的重大利益，履行工作职责和行使特定权利的必要，基于提起、行使或辩护法律性主张的必要，以及基金、协会或其他具有政治、哲学、宗教或工会目的的非营利机构的正当性活动中所进行的处理。

---

[1] 潘林青.面部特征信息法律保护的技术诱因、理论基础及其规范构造［J］.西北民族大学学报（哲学社会科学版），2020（6）：75-85.

第二节 探索有效的技术方案

人脸识别侵权治理除了法律规制以外，应该回归技术本身，从研发、设计、使用全过程进行信息安全防范。

一、制定人脸识别应用技术标准体系

1. 国家标准。国家网信部门应积极履行"制定个人信息保护具体规则、标准；对人脸识别、人工智能等新技术、新应用，制定专门的个人信息保护规则、标准"的法定职责，牵头制定人脸识别应用技术国家标准，明确对人脸识别软硬件应用的安全技术要求。

2. 各行业标准。因为人脸识别技术应用场景太多，不同行业又有不同的安全要求，在国家基本标准的基础上，由各行业制定本行业技术标准，要高于国家基本标准，与国家基本标准一起，形成人脸识别应用技术标准体系，作为人脸识别技术应用和监管的技术依据。2021年3月，中国信息通信研究院云计算与大数据研究所启动了发起"可信人脸识别守护计划"，已得到腾讯云、蚂蚁金服、百度、京东、商汤多家公司参与。目前已经形成了《人脸识别系统通用可信能力要求》，构建了威胁情报共享机制并发布"护脸计划·安全动态"等。同时，"护脸计划"成员单位正在加快编写《人脸识别数据合规操作指引》等研究报告，为人脸识别相关企业处理人脸数据提供参考依据，切实保护大众的人脸数据安全。[①]

二、提升完善人脸识别技术

技术需要驱动力，发明新技术的初衷是让生活变得更美好。面对技术的异化，甚至可能出现的技治主义，法律对权利保护和信息安全要求越来越高，倒逼防侵权保安全的新技术应用于信息数据领域。

[①] 刘育英. 中国遏制人脸识别滥用 [EB/OL]. 中国新闻网，2021-08-05.

(一) 尝试研发、使用新技术

1. 毫米波雷达。毫米波雷达是一种避免隐私泄露的探测雷达，因为雷达的数据信息是完全匿名的。其工作原理是把无线电波（雷达波）发出去，然后接收回波，根据收发之间的时间差测得目标的位置数据。

2. 新式传感器。在信息采集端出现的一些不涉及隐私信息的传感器。

3. 隐私计算。隐私计算也称为隐私保护技术、隐私保护计算，是面向隐私信息全生命周期保护的计算理论和方法，具体是指在处理视频、音频、图像、图形、文字、数值、泛在网络行为信息流等信息时，对所涉及的隐私信息进行描述、度量、评价和融合等操作，形成一套符号化、公式化且具有量化评价标准的隐私计算理论、算法及应用技术，支持多系统融合的隐私信息保护。[1] 使用目的是在不泄露数据隐私的情况下利用信息数据价值，就是利用信息数据，但是看不到信息数据本身。

从技术机制来看，隐私计算主要分为三大技术路线：一是基于密码学的安全多方计算、差分隐私、同态加密等技术，二是融合人工智能技术的联邦学习及机密计算等技术，三是基于可信硬件的可信执行环境研究。安全多方计算在保证参与方获得正确计算结果的同时，无法获得计算结果之外的任何信息。在整个计算过程中，参与方对其所拥有的数据拥有绝对控制权。

差分隐私保护技术曾在美国2020年人口普查中被大规模应用，它在最大限度利用数据资源的同时保障了个人隐私安全。同态加密技术对密文空间中的数据进行身份加密，在保护隐私和提升数据保密性的同时，也保障了批量验证和数据交易过程。与传统加密方案相比，由于签名得到了所有数据供给方和需求方的真实身份信息保障，数据也很难在流通过程中被恶意篡改。联邦学习理论通过统筹协调众多结构松散的智能终端实现语言预测模型更新。中央服务器通过不断地将本地不同终端训练好的模型进行云端融合以优化预测模型，由于整个过程中，终端只需要将待优化的模型进行下载和上传，无须对交易数据进行任何操作，所以并不存在数据泄露的

---

[1] 李凤华，李晖，牛犇，等．隐私计算：概念、计算框架及其未来发展趋势［J］．Engineering，2019（6）：1179-1192，1307-1322．

风险。可信执行环境是一种基于硬件特性的安全架构。可信执行环境技术可确保任何外部攻击者，包括系统管理员，无法窃取运算环境内部的机密数据，也无法恶意控制运算环境算法的执行，充分保证了机密数据的隐私性、完整性与计算正确性。①

（二）完善现有技术

1. 把法律要求纳入技术设计。为保障人脸识别更好地为人类服务，在尊重其发展规律的基础上，系统设计者在设计之初，就应当将在经过综合分析后确定的隐私设计原则的九项法律需求，即目的特定、最小化、数据质量、透明公开、被遗忘权、用户权利、数据携带权、数据违反通知、责任和合规引入系统之中，将法律要求转化成系统可识别的代码，以杜绝深度伪造技术等情形出现。②

2. 建立人脸信息使用的审查系统。为数据库人脸信息集设置守门人，建立一个用于审查人脸信息数据集访问与使用的系统，以此保护数据库中人脸信息的安全，进一步规范人脸信息的使用行为。系统主要关注请求者使用该信息的场合与目的，并要求信息使用者遵循信息使用的伦理合理性；如若隐瞒或者歪曲意图，则需要承担相关责任，譬如，失去数据库的访问与使用权限、赔偿巨额罚款等。这就使得你无论决定做什么，都把前因后果考虑进去。

3. 发展复合识别技术。为了避免单一人脸识别的负面影响，科学家在不断研究各种识别技术的复合技术，集人脸识别、声音识别、指纹识别、心脏几何图形识别等于一体的复合识别技术，保障信息的安全。当前，蚂蚁金服就采用了复合型生物识别技术来保障客户的资金安全。③北京中关村科金技术有限公司通过自主研发的"得助多模态生物核验与防伪平台"

---

① 曾坚朋，赵正，杜自然，等.数据流通场景下的统一隐私计算框架研究：基于深圳数据交易所的实践［J］.数据分析与知识发现，2022（1）：35-42.

② 张宇轩.人脸识别技术下的个人信息保护：以设计保护为进路［J］.河南理工大学学报（社会科学版），2021（2）：18-24.

③ 蒋福明，曾慧平.人脸识别技术应用中的隐私伦理问题及其消解路径［J］.山西高等学校社会科学学报，2020（9）：19-24.

的人脸识别防伪能力已达到行业领先水平。①

4. 完善人脸识别系统功能。完善信息安全嵌入系统,像手机的防盗功能、笔记本电脑的指纹识别等一样,将需求嵌入设备系统设计中,对使用功能没有影响。信息保护直接嵌入系统成为默认设置,使信息保护和系统运行融为一体。设定默认保护和使用开启,人脸识别技术研发者开发技术,信息处理者在人脸识别系统默认情况下,系统可将面部信息的收集设置为关闭状态,用户可在需要时再主动要求启用人脸识别模式,结合区块链技术,随意开启收集设置,根据记录,要被追究责任。同时,引入"元数据标签",通过默认的方式将预期信息的处理轨迹绑定在信息储存的全周期,有效地防止用户的面部信息在不知情的情况下被收集。②

5. 确立风险评估设计。人脸信息数据泄露的风险可能来自系统本身的缺陷、用户自身的原因、数据控制人的非法收集和控制,也有可能来自第三人。不同的风险来源需要不同的应对手段。风险的表现形式也是多种多样的,比如非法流转、过度收集等。面对不同的表现形式,应对策略和系统设计方式也应当有所不同。在系统设计时,设计者应当对于可能出现的负面影响进行分析,采取相应的应对手段,并将上述的策略转化为代码输入系统中,减少大部分的风险。根据不同风险,信息控制者可设置不同的处理模式,并及时更新系统内部管理体系。③

---

① 国内首家!中关村科金一次性通过中国信通院人脸防伪能力检测[EB/OL].科技快报网,2021-09-08.北京中关村科金技术有限公司(简称"中关村科金")自主研发的"得助多模态生物核验与防伪平台"正式通过中国信通院"可信AI"人脸防伪能力检测。平台安全防护能力被评为"优秀级",成为唯一一家一次性通过全部防伪项的产品,也是首家拿到信通院检测报告的产品。本次防伪测试项包括电子图像攻击、真人视频攻击、合成视频攻击、2D照片攻击、挖孔照片攻击、3D面具攻击、注入攻击等攻击方式,完全覆盖了公安部2020年11月公布的7项人脸攻击风险。
② 张宇轩.人脸识别技术下的个人信息保护:以设计保护为进路[J].河南理工大学学报(社会科学版),2021(2):18-24.
③ 张宇轩.人脸识别技术下的个人信息保护:以设计保护为进路[J].河南理工大学学报(社会科学版),2021(2):18-24.

三、构建数字监管体系

安全有序的信息使用秩序，需要信息数据处理者和国家共同施策，构建完备的技术监管体系。

前面介绍的技术手段能够成熟并且使用的话，对信息流转全过程的安全能起到有效的保障作用。但多种技术目前仍处于探索阶段，尤其是隐私计算可以对信息全生命周期进行保护，但其合法性、合规性等需要法律等制度认可，技术的可靠性、安全性等有待验证，大规模应用仍需要些时日。

对国家来讲，随着新信息技术的发展，国家监管需要及时转换理念，采取新的措施，构建制度加技术支撑的风险防范体系，建立技术驱动型监管模式，提升科技监管能力，对信息数据的起点、流转和终点实行强有力的监管。

（一）采用区块链技术

区块链技术的主要特点是去中心化、公开、难以篡改和可追溯性。让信息来源、流通路径都变得清晰透明，对信息来源、信息流通和信息利用实现清晰监管。信息数据一旦上链，即便经过无数次的转载、复制和交易，依然能够非常容易地确认信息的生产者、拥有者和使用者，从而为数据交易打下坚实的基础。[1] 运用区块链技术不仅可以实现数据的确权，还可以实现数据定价和价值交换，使数据贡献者享受数据红利。

（二）发挥监管机构的技术监管效能

保障信息安全和合法使用，不仅需要信息处理者提升技术，外部监管技术也需要随之加强，不然，监管对象的专业性、技术性较强，制度监管可能起不到监管作用。[2] 比如对信息数据保护情况的测评、对信息数据处理活动调查、对算法审查和对数据交易的监管等都需要技术支撑。

---

[1] 井底望天，蒋晓军，相里朋，等. 区块链与产业创新 [M]. 北京：人民邮电出版社，2018：157.

[2] 北京市消费者协会公布的调查数据显示，86.91%的受访者表示有过被大数据杀熟的经历。受访者认为，监管手段跟不上（88.01%）、隐蔽性太强（85.95%）、相关法规不健全（82.32%）、不容易取证（79.53%）等是大数据杀熟屡禁不止的原因。

这就需要信息数据监管部门树立技术监管理念，认识到监管不仅需要依据制度规范，更需要依靠技术，构建数字监管体系。要积极研发新技术，提升监管效能。比如，异常状况预警技术，进行数据安全的监测，及时发现问题和漏洞；信息安全防御体系，利用技术手段，打通多元监管主体之间信息和情报的查询、交互和共享，实现跨区域、跨层级的协同监管。同时，制定监管的技术标准，不仅可以提高后期对算法违规情况的审查准确度和权威性，还可以有效监管算法设计人员研发行为的合法合规性。

信息数据领域的技术监管非常具有挑战性，技术的进步日新月异，监管技术也要不断创新。

四、算法伦理功能的技术实现

没有数据的算法是空洞的，没有算法的数据是不能形成数据价值链的。智能化时代，算法泛在，作为颠覆性的技术创新，算法应用为人们带来了贴心的服务。比如，算法推荐技术通过抓取用户日常的使用数据，分析得出人们的行为、习惯和喜好，进而精准化地提供信息、娱乐、消费等各类服务，但也给人们带来了如算法歧视、算法黑箱等诸多伦理和传统法律无法有效规制的侵害风险；不仅引发了公众对算法的忧惧心理，[1] 也使得如何确保算法的安全性和可靠性成为全球性的研究焦点。

对算法侵害的治理思路是，在制度规范的同时，应当回归到技术本身。因为，算法本身就是一种通过代码实现的计算机软件技术规则，是为完成某项任务在设计软件时所嵌入的数字化流程，通过路径、机制的设定，运算出相应的结果。[2]

（一）算法承载的伦理功能

基于算法在人工智能时代的核心驱动力地位和算法侵害的多种表现，

---

[1] 由北京大学互联网发展研究中心与互联网公司联合发布的《中国大安全感知报告（2021）》显示，有七成受访者感到算法能获取自己的喜好、兴趣从而"算计"自己，近五成受访者表示，在算法束缚下想要逃离网络、远离手机。

[2] 玛农·奥斯特芬. 数据的边界：隐私与个人数据保护[M]. 曹博，译. 上海：上海人民出版社，2020：主编序 4.

算法的社会要求不断提高，它承载着越来越多的责任和价值，算法本身的伦理属性以及算法所体现出来的伦理功能及其实现，比如，尊严、法治、责任、人权、平等、诚信、美德等，对于减少算法带来的风险，化解人机之间的矛盾，促进社会的发展具有重要的理论和现实意义。① 通过技术实现算法的伦理功能，建立可靠、安全以及可信任的算法，可以使算法更好地为人类决策服务。而且，对算法输入元素的技术调整既能够客观地反映数据的输入属性，又能以中立的方式计算出符合平等原则的结果。比如克里斯托·杨（Crystal Yang）等学者所设计的犯罪预测算法虽然将种族作为数据识别的特征加以输入，但通过调整统计方式，将种族因素进行中立化处理，在纽约市预审系统实地应用中得出了比常规算法更为符合平等保护条款的计算结果。②

（二）算法伦理功能的实现

对于算法的规制可以提前到算法设计的阶段。在算法设计当中融入绿色、伦理、守法、自由、尊严、关爱等"善"的因素，使算法符合善的要求。通过价值嵌入改变从外部进行技术评估的传统路径，转而从内部进行价值赋予。③ 在网络空间重提"共同善"促使法律对算法等技术的规制不得不转变立场，即由通常的事后责任调整到事前的合法性考察。④ 把法律规制转换成与之对应的法律技术化规制，"在重构模式之下，应对算法歧视或偏见的方案是将法律嵌入算法实践的正义空间，重塑算法应用的社会结构"⑤。欲全面、系统地防治算法侵害，就需要转变数据保护思维模式，将目光从数据源头和结果拓展到算法自动决策过程，需要结合算法自动决

---

① 郭林生，李小燕．"算法伦理"的价值基础及其建构进路［J］．自然辩证法通讯，2020（4）：9-13.
② SEE C S. Y, WILL D. Equal Protection Under Algorithms: A New Statistical and Legal Framework［J］．*Michigan Law Review*，2020，119（2）：346-350.
③ 彼得·保罗·维贝克．将技术道德化：理解与设计物的道德［M］．闫宏秀，杨庆峰，译．上海：上海交通大学出版社，2016：序言1.
④ 王聪．"共同善"维度下的算法规制［J］．法学，2019（12）：66-77.
⑤ 郑玉双．计算正义：算法与法律之关系的法理建构［J］．政治与法律，2021（11）：91-104.

策的技术特征实现从静态规制到动态、全流程规制的转变。①

"在道德分歧严重、社会合作面临各种压力的现代社会，法律回应技术发展的最合理方式，是进入与科技的重构模式之中，技术的工具价值和社会价值被纳入法律的价值世界之中，法律自身也针对技术价值而做出价值调整，进而产生法律规范的改变。"② 通过在算法中嵌入社会主义核心价值观，不管是在弱人工智能阶段，还是在未来的强人工智能阶段，是防止人工智能偏离为人类服务轨道的必经之路。这需要在算法研发阶段通过大量的案例训练，使人工智能形成符合社会主义核心价值观要求的规则，即使在领先的深度学习算法中也能自然地具有这些规则。

比如，在数据收集并通过算法处理后，通过搜索引擎给用户推荐他们感兴趣的内容时，算法中应当嵌入推荐引擎应当遵守的道德伦理甚至是法律的约束。这些道理伦理甚至是法律规则是在系统研发阶段，研发者通过案例来定义推荐引擎应遵守的约束，然后，AI会检查这些案例以及与它们相关的数据，以创建自己的道德规则或法律规则。与所有机器学习系统一样，提供给系统的案例越多、数据越多，创建规则的效果就越好。当然，在强人工智能阶段这样做更有必要。

2022年3月1日起施行的《互联网信息服务算法推荐管理规定》，对算法推荐服务提供者保障算法安全的技术要求较高，比如第7条、第8条、第9条、第10条、第11条、第12条等的规定，但这些义务算法推荐服务提供者是否履行，应该由监管者履行监管职责，对监管部门的技术要求则会更高。

在科技时代，法律与科技之间的关系是复杂的，如果它们形成了良性的互动关系，法律制度对科技的促进、规范和指引是成功的。如果它们之间在功能价值或社会价值上存在冲突，在法律上建构前瞻性防范方案则是最佳选择，由于技术和监管技术是最有效的方法，法律对技术和监管技术的合理性进行确认即可。

---

① 王莹. 算法侵害类型化研究与法律应对：以《个人信息保护法》为基点的算法规制扩展构想 [J]. 法制与社会发展，2021（6）：133-153.
② 郑玉双. 破解技术中立难题：法律与科技之关系的法理学再思 [J]. 华东政法大学学报，2018（1）：85-97.

第三节 构建综合方案

人脸识别的融合度深，应用规模大，对人脸识别侵权风险的治理需要构建多元主体参与的综合方案。

一、提高科技治理能力

对科技治理的一种理解是用科技手段进行社会治理，另一种理解是运用多种方法对科技创新进行治理。本书是在第二种理解上使用科技治理的。

随着科学技术与社会的高度融合，对发展迅猛的科学技术进行治理成为社会发展的必然，治理状况取决于治理主体的治理能力和治理体系。实现对人工智能、数字社会的有效治理需要健全治理体系，提高治理能力，实现科技治理体系和治理能力现代化。

（一）治理主体

习近平总书记在党的十九大报告中指出："打造共建共治共享的社会治理格局。加强社会治理制度建设，完善党委领导、政府负责、社会协同、公众参与、法治保障的社会治理体制，提高社会治理社会化、法治化、智能化、专业化水平。"各主体要围绕促进科技发展，维护社会秩序的治理目标，立足党情、国情和民情，放眼全球科技发展现状，站在国家发展的角度，一国对先进科技的掌握程度和治理效果，不仅直接影响科技发展，还直接影响国家安全和在国际上的话语权的高度认识科技治理的重要性。

对人脸识别侵权风险的治理，政府、市场和社会主体根据不同的性质定位，发挥不同的国家治理主体的功能，坚持动态治理和技术治理，共同推进治理能力现代化。其不仅包括治理体系的构建和完善，还包括治理内容、手段、过程和效果等。

（二）治理体系

党的十九届四中全会审议通过的《中共中央关于坚持和完善中国特色

社会主义制度 推进国家治理体系和治理能力现代化若干重大问题的决定》提出"加强数据有序共享,依法保护个人信息""健全科技伦理治理体制"。习近平主席强调:"中国高度重视科技创新,致力于推动全球科技创新协作,将以更加开放的态度加强国际科技交流""积极参与全球创新网络,共同推进基础研究,推动科技成果转化,培育经济发展新动能,加强知识产权保护,营造一流创新生态,塑造科技向善理念,完善全球科技治理,更好增进人类福祉"。[①]

健全和完善科技治理体系,需要从静态和动态两个方面进行考察:静态上构建以国家战略、国家立法、国家政策和科技规范、科技标准等为内容的制度体系;动态上要保证制度落实的有效性,提升制度的权威性,保证科技活动依照静态制度体系运行,形成科技发展秩序。

科技治理体系主要包括法律法规治理体系和伦理治理体系。

我国科技创新法律法规体系主要包括科技创新主体法律法规、科技创新事务法律法规、科技创新相关法律法规和科技创新专门领域法律法规四个方面。

科技创新主体法律法规涉及各类科技创新主体及管理主体,在我国没有专门立法,相关内容体现在科技创新事务法律法规中;科技创新事务法律法规是目前我国科技立法的主体内容,主要有科技成果转化法和科技普及法等;科技创新相关法律法规主要是知识产权法等;科技创新专门领域如信息科技、生物科技和金融科技的人工智能、生物安全、大数据、基因工程等,是我国亟须加强立法的领域。

我国目前形成了以《中华人民共和国促进科技成果转化法》和《中华人民共和国科技进步法》为核心的科技法律法规体系,主要包括《中华人民共和国生物安全法》《中华人民共和国密码法》《中华人民共和国科学技术普及法》《中华人民共和国动物防疫法》《中华人民共和国进出境动植物检疫法》《中华人民共和国电子商务法》《中华人民共和国畜牧法》《网络安全法》《个人信息保护法》《数据安全法》等法律,《国家科学技术奖励

[①] 完善全球科技治理 更好增进人类福祉:习近平主席向2021中关村论坛视频致贺引发国际社会积极反响[N].人民日报,2021-09-26(2).

条例》《中华人民共和国人类遗传资源管理条例》《政府信息公开条例》《重大动物疫情应急条例》《农业转基因生物安全管理条例》《人体器官移植条例》和《国家自然科学基金条例》等行政法规，《科学技术活动违规行为处理暂行规定》《高等级病原微生物实验室建设审查办法》《科学技术保密规定》《国家科学技术奖励条例实施细则》《社会力量设立科学技术奖管理办法》《国家科技计划实施中科研不端行为处理办法（试行）》《国家科技计划项目评估评审行为准则与督查办法》《关于受理香港、澳门特别行政区推荐国家科学技术奖的规定》《国家科技计划项目管理暂行规定》等部门规章，以及各地方科技立法。

人工智能领域立法数量少，内容分散，没有形成体系化立法。人脸识别作为人工智能的一个分支，静态的制度体系需要健全，动态的制度应用需要监管落实。

科技伦理治理体制需要制定、健全。

（三）加强对人脸识别侵权的行政执法

不管是从个人信息保护角度，还是从数据安全抑或市场监管的角度，政府都应该依法积极制定执法标准、依据，依法加强行政执法，管控人脸识别的滥用。

在人脸识别侵权治理中，执法机关发挥着不可替代的重要作用。因为职权的分工，司法机关行使职权具有被动性，没有主体提起诉讼，司法机关不能主动、提前介入人脸识别侵权事件，而我国目前公众的相关知识和维权意识决定了他们提起诉讼的可能性较低，消费者权益保护委员会、检察机关和监管部门主动提起的诉讼也较少，司法机关在人脸识别侵权治理中的作用发挥具有局限性。

能够主动、事前、事中和事后全过程介入人脸识别侵权事件的只有执法机关。执法机关只要能树立以人民为中心的思想，严格按照法律规定，创新执法手段，积极履行职责，就能够在很大程度上防范人脸识别侵权事件的发生和发展。

1. 营造良好的应用环境。根据法律规定，有权的政府部门要积极履行法律规定的职权，做到公正执法，严格执法，违法必究。鼓励各主体依法依规研发、使用人脸识别技术和设备，甚至利用掌握信息的优势，为企业合作创造条件，解决企业发展中遇到的问题，发挥服务作用。把握科技带来的经济效益和社会效益之间的平衡，在鼓励企业进行科技创新，增加其经济效益的同时，也要规制科技创新活动，对违法违规行为进行惩治，对社会影响大、受害人数多、具有普遍性和典型性的人脸识别侵权行为，开展专项整治行动，进行问责，并且关注行动的后续效果，持续跟进，彻底解决问题，并制定制度落实的长效机制，在全社会创造健康、安全的运营环境。

《GDPR执法案例全景白皮书（2019.5—2020.5）》统计数据表明，在欧盟的GDPR生效的第一年，欧洲各国执法机构共做出了48项51833345欧元的处罚决定。2019年下半年以来，执法机构接连开出了英航[①]、万豪[②]上亿欧元和奥地利邮政、Deutsche Wohnen SE等上千万欧元的罚单。截至2020年5月，已办结GDPR违规处罚的案件共183件，发生于2019年5月至2020年5月，涵盖了欧洲经济区19个国家的执法案例[③]。

瑞典数据保护机构曾于2019年8月因瑞典一中学在学校教室里安装人脸识别设备用于学生考勤，对其处以2万欧元的罚款。尽管得到了学生和家长的知情同意，但数据保护机构仍认为这项计划中数据的收集者和被收集者间存在着明确的不平等关系[④]，违反GDPR的"数据处理最小必要性原则"和"同意须为自由做出"规定而处以罚款。

---

① 2018年6月起英国航空公司网站发生了数据泄露事件，9月英国航空公司向ICO通报该数据泄露事件。该事件导致约50万名英航乘客的个人信息被泄露。在该事件中，用户流量被移转到虚假网站，攻击者通过这个虚假网站收集了客户详细信息，包括客户个人信息和银行卡信息，如姓名、地址、邮箱，以及信用卡的号码、有效期和背面的验证码（CV）等。2019年7月，其被以"缺乏保障信息安全的技术和组织措施"罚款2.04亿欧元。
② 2018年11月，万豪国际集团公开披露其旗下喜达屋酒店客房预订系统数据事件。该事件导致3.39亿酒店客户信息被黑客窃取，涉及3000万来自31个欧洲经济区（EEA）国家的居民，其中包括700万英国居民。万豪国际在2016年9月收购了喜达屋酒店。据ICO调查，喜达屋酒店客房预订系统因黑客攻击导致的数据漏洞自2014年7月起便存在，直到2018年才发现此漏洞。2019年7月，其被处以1.1亿欧元的罚款。
③ GDPR执法案例全景白皮书（2019.5—2020.5）[EB/OL]．豆丁网，2020-08-30．
④ 柳书琪．人脸识别技术进课堂，隐私保护边界在哪里？[EB/OL]．新浪财经-新浪网，2019-09-03．

西班牙一家体育酒吧因安装的摄像机的观察角度延伸到公共交通区域于 2019 年 11 月被罚款 6000 欧元。①

除了各国严格执法以外,欧盟基本权利局(European Union Agency for Fundamental Right,"FRA")于 2019 年 11 月发布专项报告《人脸识别技术:执法中的基本权利考虑》,指出人脸识别技术利益相关方在应用该技术时应尤其考虑五方面:一是必须有明确详细的法律框架来监管人脸识别技术的部署和使用,确定对面部特征信息进行必要的、合比例的处理的条件,以及为保护面部特征信息的信息主体免受可能的负面影响而采取的保障措施;二是必须区分面部特征信息处理用于身份验证和个体识别的目的;三是在公共场所部署设备提取面部特征信息时,可能会引发民众对于国家与公民之间权力失衡的担忧,因此应严格限制人脸识别技术的使用场景;四是在使用算法对面部特征信息进行处理时,可能会存在偏差并造成偏见和歧视,导致部分信息主体被错误地标记,因此在使用算法进行自动化处理时,应采取措施将该类风险降到最低,保证每位公民的人格尊严不被侵犯;五是必须由独立的监督机构对人脸识别技术的发展进行密切的监控。②

可见,立法、执法和人脸识别技术应用要求密切配合,才能使立法发挥出应有的效力。

2. 创新执法手段。不同的方法和手段可能会取得不同的执法效果,为了督促人脸信息处理者履行义务,可以创新举报、投诉的方式,使人脸识别受到公众的监督,定期开展个人信息保护的法律宣传、知识竞赛等活动,提高信息处理者和所有社会成员的知识和意识,提高守法自觉性和维权能力。

在人脸识别侵权行为发生时,除了加大违法行为的处罚力度,还要做好舆情引领、心理干预工作,合理引导并优化社会认知,避免让人们形成被侵权而不自知、不救济的内隐性社会认知,为公众提供更明确的指引,

---

① GDPR 执法案例全景白皮书(2019.5—2020.5)[EB/OL].豆丁网,2020-08-30.
② 潘林青.面部特征信息法律保护的技术诱因、理论基础及其规范构造[J].西北民族大学学报(哲学社会科学版),2020(6):75-85.

对个人信息处理者形成更强有力的威慑，进而推动其积极承担个人信息保护的责任，由不敢违法逐渐形成不愿违法的理想治理状态。另外，重视监管技术手段的利用，有助于保障行政执法效果。虽然人脸信息数据具有巨大的财产价值，但法律中很少规定对受害人的财产赔偿责任，政府应建立侵权风险备用金，对于因为政府、企业问题导致公民财产或隐私信息泄露或由非公民原因导致的不同问题，应开展及时补救或进行有效补偿，可减轻因人脸识别技术侵权对公民造成的财产损害。

实施预见型治理。预见型治理具有临时性、灵活性、可变性和动态性等特点，是针对新技术的复杂性和不确定性而衍生的新型治理模式。[1] 预见型治理要求政府在人脸识别技术领域的治理体现前瞻性和预见性，创新治理方式，主动出击，从理念、制度上都要体现出政府治理的前瞻性，增强人脸识别技术治理的针对性。此外，面对新技术，政府还应当提升治理的敏捷性，及时行动，以灵活、动态的方式应对人脸识别技术治理中的科技风险和侵权风险。同时在人脸识别治理过程中要不断进行自我调整、自我改进，适应治理新变化，实现治理目标。

3. 加强执法宣传。党的十八届四中全会明确提出实行国家机关"谁执法谁普法"普法责任制。为健全普法宣传教育机制，落实国家机关普法责任，进一步做好国家机关普法工作。2017年5月17日，中共中央办公厅、国务院办公厅印发了《关于实行国家机关"谁执法谁普法"普法责任制的意见》。[2] 通过执法和普法，可以提高国家工作人员的法律素质，增强社会公众的法治意识，提高社会治理法治化水平。

在人脸识别治理中，执法机关在加强执法监管的同时，开展普法活动，通过人脸识别的政策宣讲和法律法规讲解，把人脸识别各相关主体的矛盾冲突化解与法律法规宣传教育有机结合起来，把普法教育贯穿于事前、事中、事后全过程，让公众在解决问题中学习人脸识别技术知识和法律知识，树立权利保护、义务履行、法律面前人人平等、权利义务相一致

---

[1] 刘成，张丽. "刷脸"治理的应用场景与风险防范[J]. 学术交流，2021（7）：151-162.

[2] 中共中央办公厅国务院办公厅印发意见 实行国家机关"谁执法谁普法"普法责任制[N]. 人民日报，2017-05-18（6）.

等法治观念,更好地遵守人脸识别相关的法律规定,减少侵权事件的发生。

(四)强化司法保护及宣传

1. 强化司法保护。针对人脸识别侵权,强化司法保护主要体现在三个层面。

(1)强化立法指引。立法是处理人脸识别侵权纠纷的最直接依据,但《民法典》和《个人信息保护法》中涉及的人脸识别规定,存在内容较少、不具体、不明确的缺陷,使目前的立法对多发的人脸识别侵权行为的司法指引功能的发挥存在局限。社会现实和立法现状决定了制定人脸识别专门立法的价值。

(2)强化司法解释指引。最高人民法院发布的《规定》,是目前处理人脸识别侵权纠纷最直接、最具体的制度指引。从制定宗旨"保护当事人合法权益,促进数字经济健康发展"到具体内容,体现了对个人权益保护和公共利益保护之间的平衡。比如,第5条在吸收个人信息保护法立法精神的基础上,对《民法典》第1036条进行了细化,明确规定了使用人脸识别不承担民事责任的情形,充分考虑人脸识别技术的积极作用。一方面规范信息处理活动,保护人脸信息;另一方面注重促进数字经济健康发展,保障人脸识别技术的合法应用。为避免对信息处理者课以过重责任,妥善处理好惩戒侵权和鼓励数字科技发展之间的关系,第3条规定认定信息处理者的民事责任应结合《民法典》,综合考量受害人是否为未成年人、告知同意情况以及信息处理的必要程度等多种因素。第16条明确规定不溯及既往的基本规则,内容符合我国实际,应当在具体司法实践中遵照执行。

同时,《规定》强化了对人脸信息的司法保护。比如,第一,合理分配举证责任。第6条规定:"当事人请求信息处理者承担民事责任的,人民法院应当依据民事诉讼法第64条及《最高人民法院关于适用〈中华人民共和国民事诉讼法〉的解释》第90条、第91条,《最高人民法院关于民事诉讼证据的若干规定》的相关规定确定双方当事人的举证责任。信息处理者主张其行为符合民法典第1035条第1款规定情形的,应当就此所依据的事实承担举证责任。信息处理者主张其不承担民事责任的,应当就其行为符合本规定第5条规定的情形承担举证责任。"其体现了《规定》在现有举证责任法律适用规则的基础上,结合《民法典》规定,充分考虑双方当事人的经济实力不对等、专业信息不对称、举证能力不同等因素,在举证责任分配上课以信息处理者更多的举证责任。第二,合理界定财产损失范围。第8条规定:"信息处理者处理人脸信息侵害自然人人格权益造成财产损失,该自然人依据民法典第1182条主张财产损害赔偿的,人民法院依法予以支持。自然人为制止侵权行为所支付的合理开支,可以认定为民法典第1182条规定的财产损失。合理开支包括该自然人或者委托代理人对侵权行为进行调查、取证的合理费用。人民法院根据当事人的请求和具体案情,可以将合理的律师费用计算在赔偿范围内。"这是考虑到侵害人脸信息可能并无具体财产损失,但被侵权人为维权支付的相关费用却较大,如不赔偿,将会造成被侵权人维权费用过高、侵权人违法成本反而较小的不合理状态。第三,明确规定民事公益诉讼。第14条规定:"信息处理者处理人脸信息的行为符合民事诉讼法第55条、消费者权益保护法第47条或者其他法律关于民事公益诉讼的相关规定,法律规定的机关和有关组织提起民事公益诉讼的,人民法院应予受理。"这是根据实践中人脸识别侵权受害者规模大但比较分散、个人维权成本较高且社会作用较小、举证能力不足等状况而做出的符合实际的规定。

(3)强化司法实践。司法实践是直接处理人脸识别侵权纠纷的第一线,是制度规定和社会现实的连接点。司法人员要加强对新制度规定的学习,正确理解制度制定的背景、宗旨和内容,并具体应用在司法实践中。对具体的人脸识别侵权纠纷,要及时立案、审判,将法律阐释贯穿审判全过程,让当事人和社会公众感受到司法公正。

2. 丰富司法宣传。司法不仅解决当事人之间的纠纷,还承担价值评判和法律评价的作用,发挥着对社会进行社会主义核心价值观普及和行为模式的引导作用。针对我国民众普遍缺乏信息和数据保护意识的现状,司法机关在办案过程中要落实好以案释法制度,利用办案各个环节宣讲法律,及时解疑释惑,就人脸识别案件的审理和判决法律依据进行深度解读,判决书等法律文书应当围绕争议焦点充分说理。对典型案件要通过公开开庭、巡回法庭、庭审现场直播、生效法律文书统一上网和公开查询等生动直观的形式,开展以案释法。同时,加强收集、整理、研究和发布工作,充分发挥典型案例的引导、规范、预防与教育功能,使各主体认识到自己在人脸识别技术研发和应用上的权利和义务,预测自己的行为及后果,从而选择合法行为。①

从 2017 年开始,我国通过人脸识别技术侵犯公民个人信息的案件逐渐增多,除了"人脸识别第一案"等民事案件外,刑事案件较多。比如,2019 年审结的发生在四川省成都市的一起性质严重的"人脸识别案"。该案中,唐杰非法获取唐某的支付宝账户信息和人脸肖像后,采用制作唐某 3D 人脸动态图的方式突破了支付宝人脸识别认证系统,后又将唐某的支付宝账户信息提供给张某,张某采取相关手段盗窃了唐某支付宝账户内的人民币 2.4 万余元。②

该案的严重性体现在唐杰非法获取唐某的生物识别信息后非法提供给他人,引发了财产犯罪,最终导致唐某的财产遭受侵害。但容易被忽略而更值得注意的是,即便唐某得知其人脸信息被泄露后想及时"止损",都无法通过"换脸"的方式直接、迅速地修改该密码,而只能向支付宝企业申请停用该密码。更为麻烦的是,唐某还必须在所有运用其人脸信息的场合一一申请停用该密码,这可能造成其在支付、出行等各方面的不方便。此外,唐某在所有的场合都成功申请停用该密码之前,如果该密码继续被他人以各种方式利用,甚至有人利用该密码"刷脸"进入其居住的小区和

---

① 陈瑞英. 铁路客运应用人脸识别技术侵权防范的思考[J]. 铁道运输与经济,2021(6):69-73.
② 2018 年 8 月,被告人唐杰通过他人介绍先后两次前往山东省菏泽市被告人李某某处学习制作用以破解支付宝人脸识别认证系统的 3D 人脸动态图,并从被告人李某某处购买了相关设备,支付被告人李某某人民币 2.3 万元。后被告人唐杰在网络上发布信息称能够提供破解支付宝人脸识别认证的服务。2018 年 9 月,被告人唐杰从"半边天"(另案处理)处获得唐某的支付宝账户信息,受"半边天"委托破解支付宝对唐某账号的限制,被告人唐杰采用制作唐某 3D 人脸动态图的方式突破了支付宝人脸识别认证系统,解除了支付宝对唐某账号的限制登录,后被告人唐杰将唐某支付宝账户信息提供给被告人张某,被告人张某通过伪造唐某手持身份证、承诺函的照片并拨打支付宝客服电话的方式解除了支付宝对唐某账户的资金冻结,后被告人张某采用购买话费的形式将唐某支付宝账户内的人民币 2.4 万余元转移。

住宅，唐某遭受的侵害可能不仅仅来源于财产犯罪，甚至可能是人身犯罪。① 这也反映出人脸识别立法不能仅仅局限于民事责任和行政责任。

2021年2月26日，公安部新闻发布会上透露，2020年全国公安机关共侦办侵犯公民个人信息刑事案件3100余起，其中，破获窃取、贩卖人脸数据案件22起，抓获犯罪嫌疑人60名。②

国际范围内，相关的案例比国内多。2019年5月英国南威尔士公民爱德华·布里斯奇在英国知名人权组织的支持下，以午餐时间被人脸识别摄像头拍摄并被侵犯人格权利为由，将南威尔士警方告上法庭。2020年8月，上诉法院最终支持原告诉求，认为公共监控中使用人脸识别侵犯公民隐私权，违反《人权和基本自由欧洲公约》第8条、英国2018年《数据保护法案》第64条以及2010年《平等法案》第149条。随后，当地人权组织将人脸识别技术称为"具有威胁性的危险技术"，并呼吁禁止在公共领域使用该技术。③

2020年5月，美国公民自由联盟以美国面部识别公司Clearview AI违反《伊利诺伊州生物识别信息隐私法》，侵犯用户人脸权益，将其告上伊利诺伊州法院。2022年5月10日，Clearview AI接受伊利诺伊州法院提供的解决方案，同意在提供数据库方面被限制，不再对大多数私企或者个人提供免费或者付费的数据库服务。同时，该公司同意在五年内停止对伊利诺伊州的政府机构提供数据库，仅对美国联邦政府以及除伊利诺伊州以外

---

① 王德政．针对生物识别信息的刑法保护：现实境遇与完善路径：以四川"人脸识别案"为切入点［J］．重庆大学学报（社会科学版），2021（2）：133-143.
② 张书乐．Facebook终于"放下"人脸识别了吗？［EB/OL］．中国经营报，2021-11-04.
③ 石佳友，刘思齐．人脸识别技术中的个人信息保护：兼论动态同意模式的建构［J］．财经法学，2021（2）：60-78.

的政府提供服务。①

通过宣传相关案例和事例，一是可以向人们普及人脸识别基础知识及相关应用情况、安全情况，教育、鼓励面部信息所有者，面对公司的考勤、学校的查人、小区的门禁时，我们不是只能服从他们的安排，做被动接受的那一方，相反我们应该意识到刷脸背后的风险；二是教育人脸信息的处理者、研发者，不要触碰数据安全、信息泄露的红线，维护好信息主体的个人面部信息，履行好自己的义务；三是鼓励人们在遭遇个人生物信息被泄露、个人隐私被侵犯后，以诉讼方式积极维权，全社会共同守护面部信息的安全；四是通过对案件的审理过程和判决结果的分析，发现制度和社会的价值冲突，及时调整，使二者形成良性互动。

3. 提升司法人员的科技素养。为了提高司法人员对科技创新类案件的审判能力，保证案件的公正审判，需要审判人员及时更新知识储备。人脸识别技术属于人工智能新科技的一种，具有科技风险复杂性、利益冲突性等特点。由此，在对人脸识别相关案件进行司法审理时，审判人员是否知晓、了解人脸识别技术的系统运作过程、面部识别过程、侵害路径，是否具有大数据技术、算法技术等知识背景，将对案件审判的公正性产生重要影响。

因此，法院需要选拔部分专业法官，专门处理人脸识别技术的侵权行为。定期或不定期地开展讲座学习以及专门培训等方式，丰富司法工作人员相关知识背景，以提高司法审判能力，更好地应对人脸识别技术的侵权风险。在调查取证方面，证据是否充分关乎诉讼的结果，法院需要建立个人生物识别信息风险规制咨询专家库，优化个人生物识别信息诉讼的调查取证人才队伍。

---

① 作为美国著名人脸识别公司，Clearview AI 成立于 2017 年，拥有已知最大的数据库，其中包含 100 多亿张来源仅限公共的网络（如新闻媒体、面部照片网站、公共社交媒体等）的面部图像。因其应用程序能够在用户上传某人面部信息后，提供对应面部拥有者的相关信息，并由此引发争议。Clearview AI 官方网站显示，开发面部识别功能是为给美国相关部门执法带来便利。21 世纪经济报道. 历经两年尘埃落定！美国一人脸识别公司将被限制对私企或个人提供服务［EB/OL］. 东方财富网，2022-05-12.

司法保护具有被动性，需要人脸信息权利人提起诉讼，司法才有介入侵权纠纷的可能。这需要提起诉讼的公民具有一定的法律、权利、人脸识别、信息、数据等方面的知识和意识，甚至还要有社会责任感和直面困难的勇气。

二、呼唤科学家、企业家的社会责任

在大数据时代，信息和算法基本由商业平台和开发设计者等精英群体所掌控，占有信息和掌握算法的群体能够获取大量财富和社会地位。这些精英群体不应该加剧信息的垄断，只考虑本企业的发展，而应该树立共同体意识，应当适当考虑社会公平，在数字发展领域承担更多的社会责任。通过从事社会公益活动，生成和强化人们的共同体感，在不同个体和群体之间创造和维持一种资源、情感和价值等的共享感，这种共享感是共同体感的基础。这样不仅能增进各主体对他人进而对整体社会秩序的亲和感，有助于构造和维持稳定和谐的社会秩序，还能激发各主体的利他感，对各主体的价值结构产生影响，从而减少甚至杜绝人脸识别隐性侵权的发生。

（一）应自觉履行社会责任

作为个人信息的研发者和处理者，科学家和企业应该比普通人更明白专业知识的边界、科学研究和应用的后果和风险、人脸识别对个人权利的侵犯和危害，基于公民的良知，应该自觉履行社会责任。

1. 坚持"科技造福人类"的善良意图进行个人信息的技术和商业利用。合法、合理使用信息主体的信息，承认信息主体的权利并在使用时对信息主体的贡献进行合理回报。

2. 在培育数字技术、人工智能等高新科技和应用创新人才中发挥独特作用。在国家加强专业人才培养中，这些领域的科学家和企业家应当参与编制系统权威的专业教材，利用多种媒体进行相关知识、应用结果、可能导致的现实或潜在的影响等的说明，主导、参与技术标准和规则的制定，并对科研和应用进行监督。

3. 启发普通民众的个人信息意识。企业用个人信息应用所带来的巨大利润，投资社会化教育，开展信息数据知识普及和启蒙教育，提高社会整体对信息数据的认知和应用水平。对侵权行为形成民间监督系统做出贡献。

4. 引导著名个人信息处理者树立尊重法律、尊重权利的行为，充分发挥其在整个行业中的示范作用。

5. 适当参与政府的决策过程，提供客观的咨询意见，为纠纷的解决提交科学的证据或证言。

（二）企业的法律义务和责任

作为人脸识别技术的研发者和人脸信息的处理者，企业要承担法律规定的义务，不履行法定义务要承担相应的法律责任。但法律不可能规定履行义务的具体方式，这需要企业通过加强行业自律来实现。

当代社会治理正走向多样化、自组织的科学管理范式。在人脸识别法律制度不完备时，需要提升企业的道德水平和强化行业自律。在一定程度上，人脸信息权利的实现和企业的道德水平紧密相关。人脸识别技术领域的行业自律可以通过几个方式得到强化：增强企业的责任意识和道德感，坚持科技为人类服务的宗旨；树立行业榜样，发挥示范和辐射作用；形成行业治理共识，制定行业规范和标准，并认真执行。[1]

1. 树立责任共同体意识。与传统单一的技术责任主体不同，现代技术责任主体已转变为类、群体等整体性主体，风险后果的承担也呈现出链条化、联动性的特征，形成一个利益共同体。在人脸识别技术应用中，不同环节的主体承担着不同的责任，共同维护面部信息安全。企业应该要求相关工作人员在事前签订保密协议，并使用信用机制来增强其责任意识。对员工定期开展权利保护方面的培训，以增强他们的信息保护意识。通过考核形成奖惩机制，保障人脸信息主体的合法权益。

2. 强化行业自律。（1）制定行业自律规范。在集中行业共识的基础上，不违反法律的前提下，制定行业自律规范，对人脸识别技术研发和应用提供统一的技术标准和行为标准，作为法律在企业的具体化，来保障人脸识别技术的有序发展和应用。（2）健全行业自律组织。通过行业协会等组织，加强

---

[1] 陈瑞英. 铁路客运应用人脸识别技术侵权防范的思考 [J]. 铁道运输与经济, 2021, (6): 69-73.

对本行业的领导和监管，辅助行政机关对人脸识别技术进行规制。

行业自律组织既能确保技术的更新迭代，又能对违法利用技术的情形率先发现并进行处理。在企业内部设立面部信息安全应急领导小组，平时负责人脸识别系统的维护和监督，定期开展应急演练，不断完善应急预案，提高事件处理效率；在发生面部信息数据泄露事件时，及时反应并做出应对决策，督促企业内部的技术人员第一时间找出具体泄露途径，核查被泄露信息的数量、内容，在源头上解决问题，防止损害的进一步扩大。在不能证明责任归属时，对信息主体进行先行赔付，保障信息主体的利益。加入技术安全保障联盟，如国家数据安全技术创新联盟、企业数据安全技术联盟、互联网金融身份认证联盟等[1]，为人脸识别侵权防范提供专业安全的技术支撑。

三、改变公众的人脸识别弱势状况

（一）弱势群体和人脸识别弱势群体

弱势群体是指因为自身、社会结构等原因而在经济、政治、社会等领域处于不利地位，仅仅依靠自身努力不能改变的主体人群。在人脸识别技术面前，除了人脸识别技术的研发者和人脸信息处理者，普通公众都是弱势群体。

在数字时代，确实悄然兴起了一个新型的"数字弱势群体"，学者对"数字弱势群体"进行了多角度的界定和研究，并对这个群体的信息权益保护问题提出了多种化解方案。[2]

在社会生活中划分弱势群体是为了针对这个群体的特殊性，采取更有

---

[1] 周坤琳，李悦. 回应型理论下人脸数据运用法律规制研究[J]. 西南金融，2019，(12)：78-87.

[2] 宋保振. "数字弱势群体"信息权益保障的法律路径[J]. 东北师大学报（哲学社会科学版），2021（5）：91-100，107. 其认为"数字弱势群体"是指在智能技术运用及数字信息获取和使用中处于弱势地位的主体. 高一飞. 智慧社会中的"数字弱势群体"权利保障[J]. 江海学刊，2019，163（5）：169. 其认为"数字弱势群体"是在智慧社会，由于数字科技的固有特征、不均衡传导以及社会既有结构等客观因素，导致权利缺失、能力不足，进而展现出地位边缘、资源匮乏、易受挫伤等特征的特定群体.

针对性的政策法律制度，改变其弱势地位，如青少年、老人、妇女和消费者等弱势群体，通过形式上的不平等达到实质上的平等。

人脸识别弱势群体的研究，是在数字国家、智慧社会建设的智能化时代，一部分人确实为国家建设贡献了自己的信息数据，非但不能享受到发展的红利，反而会因为无偿贡献信息数据受到侵害，有违公平。因为人脸识别的便利性和普遍性，这个群体的数量巨大。不管个人其他状况如何，只要使用人脸识别且不了解信息数据的处理，就成了"人脸识别弱势群体"。

（二）人脸识别弱势群体的成因

人脸识别弱势群体的形成原因，主要在于技术、制度和自身方面。数字科技的强专业化和复杂性、对专业知识的拥有程度是造成人脸识别"强势"和"弱势"地位差别的根本原因。制度规定的实施效果不尽如人意加大了这个群体的弱势程度。其实，在社会生活中，每一个人都有弱势的方面，没有一个人是生活的专家，生活的各个方面都了解，各种技能都拥有，但是，如果法律、政策等规定的权利都得到了实现，就没有必要区分地位的"强""弱"。目前，我国虽然对人脸识别信息权利保护做了制度规定，但实施效果并不理想，侵权事件层出不穷。如果人脸识别弱势群体的弱势地位不改变，会对信息处理的秩序化和法治化进程起阻碍作用，影响国家战略的实施。人脸识别弱势群体自身的法治和权利的知识及意识的缺乏、对诉讼的畏难情绪等，导致对自身权利受损的现实不关注，权利受侵害之后不积极寻求保护，导致沦为人脸识别弱势群体的人数众多。

（三）人脸识别弱势群体的改变

人的行为一方面取决于自身情感机制的判定与认知的权衡，另一方面受社会文化因素的影响。改变人脸识别弱势群体的关键就在于利用情感、认知与行动之间的联动性，从个体的内部塑造其形态，在人的内心形成一个理性认知与习惯，继而外化于行，规范与引导自身的实践。

1. 加强知识的传递。知识主要包括三方面：一是法治知识。法律是以规定权利、义务为主要内容，并规定权利救济的方式、途径和义务不履行应当承担的责任。二是权利知识。权利告诉公民可以做哪些行为，哪些行为是受到国家保护的。通过这些知识，公众可以形成自己对自身权利和法律的认知、感受、观点和看法，进而培育起法律意识和权利意识，当意识到权利受损害时，积极维护自己的权利。三是信息数据知识。在这样一个高度智能化的时代，没有对信息数据的认知，就是新时代的"文盲"，尤其是中青年群体。在知识的基础上，提升数字科技的应用能力，而不限于初级阶段的休闲、娱乐和生活基本需求，也应当逐渐面向更深层次的发展。只有在这样的基础上，公众才能辨识侵权行为，并积极尝试使受损的权利得到救济的方式，使认知能力和权利保护能力得到提高。

传递这些知识需要有人采用适当的方式去做。除了国家机关以外，社会和人脸识别强势群体都有义务，采取国家政策解读、专题讲座、电视节目、新媒体等多种方式对公众进行相关知识的普及。对人脸识别弱势群体的教育，需要方式明确，内容通俗简洁。具体有效的方式包括多处使用提醒大家重视的广告语，出租车上、路上等；在使用APP之前的知识宣传，类似于香烟上的"吸烟有害健康"；散发宣传图册等，并保持这种教育宣传的常态化。

2. 强化权利保护效果。对信息数据主体的权利保护要取得实效，需要立法机关及时立法，完善信息数据和人脸识别的法律制度体系，执法机关监督法律落到实处，司法机关及时提供权利保护。

落实"共建共治共享"原则。其中，"共建"意味着从边缘向中心靠拢，数字弱势群体的形成同个人能力关联更为密切，唯有将被动性的救助转变为参与式的共建，才有可能从根本上减少数字弱势群体的规模；"共治"强调多元化治理及其过程性，以此通过对政府、企业、个人三者权利、义务和责任的再分配，弥合个体与组织间日渐扩大的鸿沟；"共享"则意在遏止"数据垄断""算法专制"等集中化趋向，将数字红利尽可能便捷地惠及每一社会成员。[①] 信息处理者遵守法律规定，履行法律义务，强化企业的行业自律和社会责任感，研发人员有强烈的道德观念，人脸识别信息主体积极维护权利，这些措施有助于权利保护取得实际效果，通过综合施治，改变人脸识别弱势群体地位。

[①] 高一飞. 智慧社会中的"数字弱势群体"权利保障[J]. 江海学刊, 2019 (5)：163；169.

第六章

结　语

在人脸识别技术发展和社会应用不断普及的过程中，个人信息被不当收集、利用和泄露等，严重侵害了信息主体的人身权和财产权。如何保护信息主体的权利，对人脸识别技术侵权进行治理，成为全球共同面临的问题。各主要国家和经济体根据各自的实际情况，制定了各具特色的人脸识别规范制度。

人脸识别侵权治理，一方面需要依靠技术的提升，从技术角度保护个人信息安全；另一方面，需要完善立法保护。

在通过立法对个人信息保护过程中，要根据我国实际需要，具有国际视野，站在促进科技发展和平衡各主体权利的角度，既要对新技术的应用和新产业的发展保持开放包容的心态，也要注重对信息权利的保护。

对人脸识别技术侵权的治理，要对时代背景下的风险收益进行合理分配、平衡，培育共同体意识，对人脸信息主体、信息处理者和监管者之间的权利、义务和职责进行合理划分，在强化信息监管者和信息处理者的职责和义务的同时，对信息主体作为公民的责任提出一定要求。基于这一理念和原则，我们可以在权利主体、规范体系与多重治理机制方面做出相应的努力。在开放包容的心态下采取措施，形塑数字权利主体的数字理性，使其能够对新技术带来的便利保持理性，对随之而来的风险收益有基本的认知。最重要的是，制定《人脸识别技术应用法》，并建构一系列与之配套的、具有可操作性的多重规范体系，弥补目前法律的不足。通过公开、民主、专业化的方式，形成基于责任和参与的社会规范集合和多重治理机制。通过塑造新时代的数字理性主体、完善法律规范体系和多重治理机制，以多层次、多面向的方式，健全事前引导、事中防范、事后监管相衔接的治理体系，完善国家和社会治理体系和提高治理能力现代化水平。

参考文献

[1] 习近平. 习近平谈治国理政：第2卷[M]. 北京：外文出版社，2017.

[2] 《习近平法治思想概论》编写组. 习近平法治思想概论[M]. 北京：高等教育出版社，2021.

[3] 习近平. 论坚持全面依法治国[M]. 北京：中央文献出版社，2020.

[4] 俞可平. 国家底线：公平正义与依法治国. 北京：中央编译出版社，2014.

[5] 大数据战略重点实验室. 块数据5.0：数据社会学的理论与方法[M]. 北京：中信出版社，2019.

[6] 张重生. 人工智能：人脸识别与搜索[M]. 北京：电子工业出版社，2020.

[7] 季卫东. 通往法治的道路：社会的多元化与权威体系[M]. 北京：法律出版社，2014.

[8] 亚里士多德. 政治学[M]. 吴寿彭，译. 北京：商务印书馆，2009.

[9] 弗雷德里希·奥古斯特·冯·哈耶克. 自由秩序原理[M]. 邓正来，译. 北京：生活·读书·新知三联书店，1997.

[10] 连玉明. 数权法1.0[M]. 北京：社会科学文献出版社，2018.

[11] 孟德斯鸠. 论法的精神：上[M]. 张雁深，译. 北京：商务印书馆，1997.

[12] 海德格尔. 演讲与论文集[M]. 孙周兴，译. 北京：生活·读

书·新知三联书店，2011.

[13] 芬伯格．在理性与经验之间：论技术与现代性［M］．高海青，译．北京：金城出版社，2015.

[14] 莎拉·芭氏，蒂莫西·M.亨利．IT之火：计算机技术与社会、法律和伦理［M］．郭耀，译．北京：机械工业出版社，2020.

[15] 马克思，恩格斯．中共中央马克思恩格斯列宁斯大林著作编译局编译．马克思恩格斯全集：第1卷［M］．北京：人民出版社，1995.

[16] 秦小建．宪法的道德使命：宪法如何回应社会道德困境［M］．北京：法律出版社，2015.

[17] 马克思恩格斯全集：第9卷［M］．北京：人民出版社，1963.

[18] 《法理学》编写组．法理学：第2版［M］．北京：人民出版社，高等教育出版社，2020.

[19] 涂子沛．数文明［M］．北京：中信出版社，2018.

[20] 井底望天，蒋晓军，相里朋，等．区块链与产业创新［M］．北京：人民邮电出版社，2018.

[21] 玛农·奥斯特芬．数据的边界：隐私与个人数据保护［M］．曹博，译．上海：上海人民出版社，2020.

[22] 张凌寒．算法：从数学到黑箱［M］．上海：上海人民出版社，2021.

[23] 凯伦·杨，马丁·洛奇．驯服算法：数字歧视与算法规制［M］．彭诚信主编．林少伟，唐林垚，译．上海：上海人民出版社，2020.

[24] 托马斯·威施迈耶，蒂莫·拉德马赫．人工智能与法律的对话2［M］．彭诚信，主编．韩旭至，李辉，等译．上海：上海人民出版社，2020.

[25] 瑞恩·卡洛，迈克尔·弗鲁姆金，尹恩·克尔．人工智能与法律的对话［M］．彭诚信，主编．陈吉栋，董惠敏，杭颖颖，译．上海：上海人民出版社，2018.

[26] 博登海默．法理学：法律哲学与法律方法［M］．邓正来，译．北京：中国政法大学出版社，2004.

[27] 柏拉图．理想国［M］．郭斌，张竹明，译．北京：商务印书

馆，1986.

[28] 约翰·罗尔斯. 正义论 [M]. 何怀宏, 何包钢, 廖申白, 译. 北京：中国社会科学出版社, 1988.

[29] 唐文剑, 吕雯. 区块链将如何重新定义世界 [M]. 北京：机械工业出版社, 2016.

[30] 孙宪忠. 中国物权法总论 [M]. 北京：法律出版社, 2018.

[31] 曹林. 人脸识别与人体动作识别技术及应用 [M]. 北京：电子工业出版社, 2015.

[32] 程啸. 个人信息保护法理解与适用 [M]. 北京：中国法制出版社, 2021.

[33] 刘金瑞. 个人信息与权利配置：个人信息自决权的反思和出路 [M]. 北京：法律出版社, 2017.

[34] 丁晓东. 个人信息保护：原理与实践 [M]. 北京：法律出版社, 2021.

[35] 谢远扬. 个人信息权的司法保护 [M]. 北京：中国法制出版社, 2016.

[36] 黄薇：中华人民共和国民法典人格权编释义 [M]. 北京：法律出版社, 2020.

[37] 卡尔·拉伦茨. 法学方法论 [M]. 陈爱娥, 译. 北京：商务印书馆, 2003.

[38] 齐爱民. 大数据时代个人信息保护法国际比较研究 [M]. 北京：人民法院出版社, 2016.

[39] 龙卫球. 中华人民共和国个人信息保护法释义 [M]. 北京：中国法制出版社, 2021.

[40] 尤瓦尔·赫拉利. 未来简史 [M]. 林俊宏, 译. 北京：中信出版社, 2017.

[41] 王利明, 程啸. 中国民法典释评·人格权编 [M]. 北京：中国人民大学出版社, 2020.

[42] 张凌寒. 权力之治：人工智能时代的算法规制 [M]. 上海：上海人民出版社, 2021.

[43] 郑智航, 雷海玲. 代码技术对传统自由的挑战与法律应对 [J]. 西安交通大学学报 (社会科学版), 2022 (2): 139-148.

[44] 王利明, 丁晓东. 论《个人信息保护法》的亮点、特色与适用 [J]. 法学家, 2021 (6): 1-16+191.

[45] 顾理平. 无感伤害: 大数据时代隐私侵权的新特点 [J]. 新闻大学, 2019 (2): 24-32+118.

[46] 陈景辉. 人工智能的法律挑战: 应该从哪里开始? [J]. 比较法研究, 2018 (5): 136-148.

[47] 张宇轩. 人脸识别技术下的个人信息保护: 以设计保护为进路 [J]. 河南理工大学学报 (社会科学版), 2021 (2): 18-24.

[48] 李醒民. 科学家对社会的道德责任 [J]. 河池学院学报, 2011 (3): 1-14.

[49] 曾坚朋, 赵正, 杜自然, 洪博然, 等. 数据流通场景下的统一隐私计算框架研究: 基于深圳数据交易所的实践 [J]. 数据分析与知识发现, 2022 (1): 35-42.

[50] 李凤华, 李晖, 牛犇, 陈金俊, 等. 隐私计算: 概念、计算框架及其未来发展趋势 [J]. Engineering, 2019 (6): 1179-1192+1307-1322.

[51] 王德夫. 论人工智能算法的法律属性与治理进路 [J]. 武汉大学学报 (哲学社会科学版), 2021 (5): 29-40.

[52] 王文敬, 洪晓楠. 法兰克福学派的科学技术价值观批判 [J]. 科学技术哲学研究, 2017 (6): 100-106.

[53] 郭林生, 李小燕. "算法伦理"的价值基础及其建构进路 [J]. 自然辩证法通讯, 2020 (4): 9-13.

[54] 王聪. "共同善"维度下的算法规制 [J]. 法学, 2019 (12): 66-77.

[55] 郑玉双. 计算正义: 算法与法律之关系的法理建构 [J]. 政治与法律, 2021 (11): 91-104.

[56] 王莹. 算法侵害类型化研究与法律应对: 以《个人信息保护法》为基点的算法规制扩展构想 [J]. 法制与社会发展, 2021 (6): 133-153.

[57] 郑玉双. 破解技术中立难题: 法律与科技之关系的法理学再思

[J]．华东政法大学学报，2018（1）：85-97．

[58] 潘林青．面部特征信息法律保护的技术诱因、理论基础及其规范构造[J]．西北民族大学学报（哲学社会科学版），2020（6）：75-85．

[59] 王德政．针对生物识别信息的刑法保护：现实境遇与完善路径：以四川"人脸识别案"为切入点[J]．重庆大学学报（社会科学版），2021，(2)：133-143．

[60] 石佳友，刘思齐．人脸识别技术中的个人信息保护：兼论动态同意模式的建构[J]．财经法学，2021（2）：60-78．

[61] 陈瑞英．铁路客运应用人脸识别技术侵权防范的思考[J]．铁道运输与经济，2021（6）：69-73．

[62] 周坤琳，李悦．回应型理论下人脸数据运用法律规制研究[J]．西南金融，2019（12）．

[63] 宋保振．"数字弱势群体"信息权益保障的法律路径[J]．东北师大学报（哲学社会科学版），2021（5）：78-87．

[64] 高一飞．智慧社会中的"数字弱势群体"权利保障[J]．江海学刊，2019（5）：163-169．

[65] 张凌寒．算法权力的兴起、异化及法律规制[J]．法商研究，2019（4）：63-75．

[66] 王利明．人格尊严：民法典人格权编的首要价值[J]．当代法学，2021（1）：3-14．

[67] 林凌．人脸识别信息"人格权：用益权"保护研究[J]．中国出版，2021（23）：41-46．

[68] 丁晓东．论算法的法律规制[J]．中国社会科学，2020（12）：138-159+203．

[69] 丁晓东．基于信息自动化决策：算法解释权的原理反思与制度构建[J]．中国法学，2022（1）：99-118．

[70] 龙卫球．数据新型财产权构建及其体系研究[J]．政法论坛，2017（4）：63-77．

[71] 龙卫球．科技法迭代视角下的人工智能立法[J]．法商研究，2020（1）：57-72．

[72] 齐延平. 数智社会的法律调控 [J]. 中国法学, 2022 (1): 77-98.

[73] 李成. 人工智能歧视的法律治理 [J]. 中国法学, 2021 (2): 127-147.

[74] 郑智航. 网络社会法律治理与技术治理的二元共治 [J]. 中国法学, 2018 (2): 108-130.

[75] 贾开. 人工智能与算法治理研究 [J]. 中国行政管理, 2019 (1): 17-22.

[76] 高福平. 数据生产理论：数据资源权利配置的基础理论 [J]. 交大法学, 2019 (1): 5-19.

[77] 张保生. 人工智能法律系统的法理学思考 [J]. 法学评论, 2001 (5): 11-21.

[78] 林曦, 郭苏建. 算法不正义与大数据伦理 [J]. 社会科学文摘, 2020 (8): 3-22.

[79] 田海平, 郑春林. 人工智能时代的道德：让算法遵循"善法" [J]. 东南大学学报（社会科学版）, 2020 (5): 5-13+146.

[80] 王聪. "共同善"维度下的算法规制 [J]. 法学, 2019 (12): 66-77.

[81] 姜潭. 美国《关键和新兴技术国家战略》评析 [J]. 未来与发展, 2021 (5): 41-48.

[82] 陆江兵. 中立的技术及其在制度下的偏向 [J]. 科学技术与辩证法, 2000 (5): 53-57.

[83] 张成岗. 西方技术观的历史嬗变与当代启示 [J]. 南京大学学报（哲学·人文科学·社会科学版）, 2013 (4): 60-67+158-159.

[84] 肖峰. "技术负载价值"的哲学分析 [J]. 华南理工大学学报（社会科学版）, 2017 (4): 47-55.

[85] 周汉华. 习近平互联网法治思想研究 [J]. 中国法学, 2017 (3): 5-21.

[86] 张新宝. 从隐私到个人信息：利益再衡量的理论与制度设计 [J]. 中国法学, 2015 (3): 38-59.

[87] 苏力. 法律与科技问题的法理学重构 [J]. 中国社会科学, 1999 (5): 57-71+205.

[88] 黄旭巍. 快播侵权案与技术无罪论 [J]. 中国出版, 2016 (23): 50-53.

[89] 陈兴良. 快播案一审判决的刑法教义学评判 [J]. 中外法学, 2017 (1): 7-28.

[90] 谢晖. 法律至上与国家治理 [J]. 比较法研究, 2020 (1): 46-62.

[91] 罗斌, 李卓雄. 个人生物识别信息民事法律保护比较研究: 我国"人脸识别第一案"的启示 [J]. 当代传播, 2021 (1): 77-81.

[92] 朱巍. 人脸识别的法律性质认定 [N]. 检察日报, 2019-11-06 (7).

[93] 蒋洁. 人脸识别技术应用的侵权风险与控制策略 [J]. 图书与情报, 2019 (5): 58-64.

[94] 蒋福明, 曾慧平. 人脸识别技术应用中的隐私伦理问题及其消解路径 [J]. 山西高等学校社会科学学报, 2020, 32 (9): 19-24.

[95] 杨建军, 李童心. 人脸识别技术运用的法律原则 [J]. 南宁师范大学学报（哲学社会科学版）, 2020, 41 (3): 37-47.

[96] 姬蕾蕾. 大数据时代个人信息财产权保护研究 [J]. 河南社会科学, 2020, 28 (11): 21-30.

[97] 张忆然. 大数据时代"个人信息"的权利变迁与刑法保护的教义学限缩: 以"数据财产权"与"信息自决权"的二分为视角 [J]. 政治与法律, 2020, (6): 53-67.

[98] 郭春镇. 数字人权时代人脸识别技术应用的治理 [J]. 现代法学, 2020, 42 (4): 19-36.

[99] 潘林青. 面部特征信息法律保护的技术诱因、理论基础及其规范构造 [J]. 西北民族大学学报（哲学社会科学版）, 2020 (6): 75-85.

[100] 吕廷君. 数据权体系及其法治意义 [J]. 中共中央党校学报, 2017, 21 (5): 81-88.

[101] 周斯佳. 个人数据权与个人信息权关系的厘清 [J]. 华东政法

大学学报, 2020, 23 (2): 88-97.

[102] 王利明. 论个人信息在人格权法中的地位 [J]. 苏州大学学报 (哲学社会科学版), 2012 (6): 68-75+199-200.

[103] 杨立新. 个人信息: 法益抑或民事权利: 对《民法总则》第111条规定的"个人信息"之解读 [J]. 法学论坛, 2018 (1): 34-45.

[104] 向秦, 高富平. 论个人信息权益的财产属性 [J]. 南京社会科学, 2022 (2): 92-101.

[105] 王琨, 朱勇建, 黄荟霖, 马乾然, 等. 人脸识别技术的应用与发展现状研究 [J]. 科技创新导报, 2020, 17 (10): 128-129.

[106] 沈玺, 康家梁, 王伟鹏, 等. 安全人脸识别解决方案研究 [J]. 计算机系统应用, 2021, 30 (4): 227-233.

[107] 吕炳斌. 个人信息权作为民事权利之证成: 以知识产权为参照 [J]. 中国法学, 2019 (4): 44-65.

[108] 魏书音, 刘玉琢. 国外人脸识别技术应用管理及启示 [J]. 网络空间安全, 2020, 11 (11): 76-78.

[109] 叶金强.《民法总则》"民事权利章"的得与失 [J]. 中外法学, 2017, 29 (3): 645-655.

[110] 袁俊. 论人脸识别技术的应用风险及法律规制路径 [J]. 信息安全研究, 2020 (12): 1118-1126.

[111] 张林. 算法推荐时代凝聚价值共识的现实难题和策略选择 [J]. 思想理论教育, 2021 (1): 86-92.

[112] 梅夏英. 民法权利思维的局限与社会公共维度的解释展开 [J]. 法学家, 2019 (1): 15-35+191.

[113] 程啸. 论我国民法典中个人信息权益的性质 [J]. 政治与法律, 2020 (8): 2-14.

[114] 程啸. 侵害个人信息权益的侵权责任 [J]. 中国法律评论, 2021 (5): 59-69.

[115] 程啸. 论我国个人信息保护法中的个人信息处理规则 [J]. 清华法学, 2021 (3): 55-73.

[116] 刘品新. 论区块链证据 [J]. 法学研究, 2021, 43 (6):

130-148.

[117] 陈吉栋. 智能合约的法律构造 [J]. 东方法学, 2019 (3): 18-29.

[118] 陈吉栋. 个人信息的侵权救济 [J]. 交大法学, 2019 (4): 40-53.

[119] 刘薇. 区块链智能合约的法律性质 [J]. 法治论坛, 2020 (2): 69-81.

[120] 朱广新. 书面形式与合同的成立 [J]. 法学研究, 2019, 41 (2): 59-76.

[121] 蒋丽华. 无过错责任原则：个人信息侵权损害赔偿的应然走向 [J]. 财经法学, 2022 (1): 32-44.

[122] 田野, 张耀文. 个人信息侵权因果关系的证明困境及其破解：以相当因果关系理论为进路 [J]. 中南大学学报社会科学版, 2022 (1): 58-69.

[123] 郭慧云, 丛杭青, 朱葆伟. 信任论纲 [J]. 哲学研究, 2012 (6): 3-12+111+127.

[124] 刘云. 论个人信息非物质性损害的认定规则 [J]. 经贸法律评论, 2021 (1): 60-72.

[125] 杨立新. 个人信息处理者侵害个人信息权益的民事责任 [J]. 国家检察官学院学报, 2021 (5): 38-54.

[126] 张哲飞, 王华薇. 科技风险治理的行政法治：实践、理念与建构：基于若干实例的分析 [J]. 科技与法律, 2017 (4): 20-29.

[127] 张新宝. 从隐私到个人信息：利益再衡量的理论与制度安排 [J]. 中国法学, 2015 (3): 38-59.

[128] 陈春润. 人工智能时代的技术扩张与社会保护：以"中国人脸识别第一案"为例 [J]. 行政与法, 2021 (6): 95-108.

[129] 邓臻宇. 浅析人脸识别技术应用的现状与法律问题：以小区门禁人脸识别为例 [J]. 经济与法, 2021 (7): 143-145.

[130] 林凌, 贺小石. 人脸识别的法律规制路径 [J]. 法学杂志, 2020 (7): 68-75.

[131] 王俊秀. 数字社会中的隐私重塑：以"人脸识别"为例［J］. 探索与争鸣，2020（2）：86-90+159.

[132] 徐尚昆. 社会转型、文化制度二重性与信任重建［J］. 中国人民大学学报，2018（2）：152-161.

[133] 贾成强，戴琳琳，徐海涛，苏建飞. 基于人脸识别技术的铁路实名制进站核验系统研究及设计［J］. 铁路计算机应用，2018，27（7）：49-53+63.

[134] 韩旭至. 大数据时代下匿名信息的法律规制［J］. 大连理工大学学报（社会科学版），2018，39（4）：64-75.

[135] 石佳友. 人脸识别治理的国际经验与中国模式［J］. 人民论坛，2022（4）：48-53.

[136] 山世光. 人脸识别中若干关键问题的研究［D］. 北京：中国科学院，2004.

[137] 王利明. 数据共享与个人信息保护［J］. 现代法学，2019（1）：45-57.

[138] 胡凌. 数字社会权力的来源：评分、算法与规范的再生产［J］. 交大法学，2019（1）：21-34.

[139] 郭哲. 反思算法权力［J］. 法学评论，2020（6）：33-41.

[140] 李立丰. 《个人信息保护法》中"知情同意条款"的出罪功能［J］. 武汉大学学报（哲学社会科学版），2022（1）：143-156.

[141] 袁银传，郭亚斐. 试论当代中国价值共识的凝聚机制［J］. 思想理论教育导刊，2018（7）：74-78.

[142] 张珺. 个人信息保护：超越个体权利思维的局限［J］. 大连理工大学学报（社会科学版），2021（1）：90-97.

[143] 郭江兰. 个人信息保护制度的反思与改进：以主体利益冲突与衡平为视角［J］. 科技与法律（中英文），2021（6）：48-57.

[144] 蔡苗. 人脸信息收集中知情同意规则的构建［J］. 网络安全技术与应用，2022（2）：139-140.

[145] 田野. 大数据时代知情同意原则的困境与出路：以生物资料库的个人信息保护为例［J］. 法制与社会发展，2018（6）：111-136.

[146] 杨立新, 赵鑫. 利用个人信息自动化决策的知情同意规则及保障: 以个性化广告为视角解读《个人信息保护法》第 24 条规定 [J]. 法律用, 2021 (10): 22-37.

[147] 程啸. 论个人信息处理中的个人同意 [J]. 环球法律评论, 2021, 43 (6): 40-55.

[148] 王利明. 敏感个人信息保护的基本问题: 以《民法典》和《个人信息保护法》的解释为背景 [J]. 当代法学, 2022, 36 (1): 3-14.

[149] 张子卓, 陈焱光. 人脸识别技术的侵权风险及其规制 [J]. 中国新通信, 2021, 23 (8): 128-129.

[150] 唐超. 说明义务的类型化与知情同意权否定论: 兼及意志自主如何保护 [J]. 河北法学, 2018, 36 (11): 87-97.

[151] 蔡星月. 数据主体的"弱同意"及其规范结构 [J]. 比较法研究, 2019 (4): 71-86.

[152] 王鑫媛. 人脸识别技术应用的风险法律规制 [J]. 科技与法律 (中英文), 2021 (5): 93-101.

[153] 邢会强. 人脸识别的法律规制 [J]. 比较法研究, 2020 (5): 51-63.

[154] 唐林垚. 刷脸支付的法律挑战及规制路径 [J]. 北方法学, 2022, (1): 15-25.

[155] 黄涛. 主体性时代的权利理论: 改革开放以来中国权利理论的逻辑演进 [J]. 法制与社会发展, 2019 (1): 51-67.

[156] 陈洪兵. 论技术中立行为的犯罪边界 [J]. 南通大学学报 (社会科学版), 2019 (1): 58-65.

[157] 黄涛. 从个体到共同体: 当代中国权利理论的逻辑发展 [J]. 法治现代化研究, 2019 (2): 33-52.

[158] 刘士国. 信息控制权法理与我国个人信息保护立法 [J]. 政法论丛, 2021 (3): 80-91.

[159] 刁胜先, 何琪. 论我国个人信息泄露的法律对策: 兼与 GDPR 的比较分析 [J]. 科技与法律, 2019 (3): 49-57.

[160] 江波, 张亚男. 大数据语境下的个人信息合理使用原则 [J].

交大法学, 2018 (3): 108-121.

[161] 刘国. 个人信息保护的公法框架研究: 以突发公共卫生事件为例 [J]. 甘肃社会科学, 2020 (4): 155-162.

[162] 树宏玲. 论个人信息权益与公共利益的平衡 [J]. 法制与社会, 2021 (3): 7-9.

[163] 高富平. 个人信息使用的合法性基础: 数据上利益分析视角 [J]. 比较法研究, 2019 (2).

[164] 江海洋. 论疫情背景下个人信息保护: 以比例原则为视角 [J]. 中国政法大学学报, 2020 (4).

[165] 闫双巧. 人脸识别等生物识别技术侵权救济: 以个人信息保护为视角 [J]. 河南工学院学报, 2020 (6).

[166] 郭春镇. 数字人权时代人脸识别技术应用的治理 [J]. 现代法学, 2020 (4).

[167] 胡凌. 刷脸: 身份制度、个人信息与法律规制 [J]. 法学家, 2021 (2): 41-55+192.

[168] 左卫民. 关于法律人工智能在中国运用前景的若干思考 [J]. 清华法学, 2018 (2): 108-124.

[169] 齐爱民, 李维波. 数据挖掘中的权利冲突与法律规制 [J]. 广西政法管理干部学院学报, 2018 (4): 3-8.

[170] 武长海, 常铮. 论我国数据权法律制度的构建与完善 [J]. 河北法学, 2018 (2): 37-46.

[171] 张建文. 网络大数据产品的法律本质及其法律保护: 兼评美景公司与淘宝公司不正当竞争纠纷案 [J]. 苏州大学学报 (哲学社会科学版), 2020 (1): 35-46+191.

[172] 马长山. 智慧社会的基层网格治理法治化 [J]. 清华法学, 2019 (3): 18-27.

[173] 闫晓丽. 美国对人脸识别技术的法律规制及启示 [J]. 信息安全与通信保密, 2020 (11): 94-101.

[174] 张勇. 个人生物信息安全的法律保护: 以人脸识别为例 [J]. 江西社会科学, 2021 (5): 157-168+255-256.

[175] 程啸. 论大数据时代的个人数据权利 [J]. 中国社会科学, 2018 (3): 102-122+207-208.

[176] 岳平, 苗越. 社会治理: 人工智能时代算法偏见的问题与规制 [J]. 上海大学学报 (社会科学版), 2021 (6): 1-11.

[177] 赵加兵. 论作为数据权益客体的数据集合 [J]. 河北法学, 2021 (7): 111-127.

[178] 吴梓源. 从个体走向共同体: 当代基因权利立法模式的转型 [J]. 法制与社会发展, 2021 (1): 189-209.

[179] 毛高杰. 论数据权分配规则的生成逻辑 [J]. 河北法学, 2020 (12): 120-135.

[180] 罗斌, 李卓雄. 个人生物识别信息民事法律保护比较研究: 我国"人脸识别第一案"的启示 [J]. 当代传播, 2021 (1): 77-81.

[181] 王洪亮. 民法典与信息社会: 以个人信息为例 [J]. 政法论丛, 2020 (4): 3-14.

[182] 许可. 驯服算法: 算法治理的历史展开与当代体系 [J]. 华东政法大学学报, 2022 (1): 99-113.

[183] 庄薪霖. 人脸识别方法综述 [J]. 科技创新与应用, 2022 (2): 130-132.

[184] 金梦. 立法伦理与算法正义: 算法主体行为的法律规制 [J]. 政法论坛, 2021 (1): 29-40.

[185] 胡键. 算法治理及其伦理 [J]. 行政论坛, 2021 (4): 41-49.

[186] 杨学科. 论智能互联网时代的算法歧视治理与算法公正 [J]. 山东科技大学学报 (社会科学版), 2019 (4): 33-40+58.

[187] 胡键. 中美竞合关系: 从零和博弈到正和博弈何以可能? [J]. 国际观察, 2022 (1): 54-75.

[188] 李振林. 非法取得或利用人脸识别信息行为刑法规制论 [J]. 苏州大学学报 (哲学社会科学版), 2022 (1): 72-83.

[189] 李文, 刘艳丽, 邢冠宇, 等. 深度人脸识别的光照分析 [J]. 计算机辅助设计与图形学学报, 2022 (1): 74-83.

[190] 刘佳明. 人脸识别技术正当性和必要性的质疑 [J]. 大连理工

大学学报（社会科学版），2021（6）：90-96.

[191] 张华韬. 我国人脸识别侵权责任制度的解释论[J]. 社会科学家，2021（7）：97-103.

[192] 张新宝，葛鑫. 人脸识别法律规制的利益衡量与制度构建[J]. 湖湘法学评论，2021（1）：36-51.

[193] 高志宏. 个人信息保护的公共利益考量：以应对突发公共卫生事件为视角[J]. 东方法学，2022（3）：17-32.

[194] BACCHINI F, LORUSSO L. Race, again: how face recognition technology reinforces racial discrimination [J]. *Information Communication and Ethics in Society*, 2019, 03 (17): 321-335.

[195] AKHTAR Z, Rattani A Face in any Form: New Challenges and Opportunities for Face Recognition Technology [J]. *Computer*, 2017, 50 (4): 80 – 90.

[196] PLICHOSKI G F, CHIDAMBARAM C, PARPINELLI R. A face recognition framework based on a pool of techniques and differential evolution [J]. *Information Sciences*, 2021 (543): 219-241.

[197] NESTEROVA I. Mass data gathering and surveillance: the fight against facial recognition technology in the globalized world [J]. *Collaborative Economics and Digital Platforms*, 2020 (74): 1-8.

[198] CHOUDHURY Z H, M. Munir Ahamed Rabbani. Biometric Passport for National Security Using Multibiometrics and Encrypted Biometric Data Encoded in the QR Code [J]. *Journal of Applied Security Research*, 2020, 15 (2): 199-229.

[199] KOMKOVA G, AMELIN R, KULIKOVA S. Legal Protection of Personal Image in Digital Relations: Leading Trends Social Science [J]. *Education and Humanities Research*, 2019 (6): 199-229.

[200] HILDEBRANDT M. Algorithmic regulation and the rule of law [J]. *Royal Society*. 2018, 12 (12): 1-4.

[201] Abeba Birhane. Algorithmic injustice: a relational ethics approach [J]. *Physical Sciences and Engineering*. 2021, 02 (2): 1-9.